新潮文庫

AI監獄ウイグル

ジェフリー・ケイン
濱野大道訳

新潮社版

11879

目次

本書での主な出来事

	中国政府のウイグル政策	米中テクノロジー企業の動き	メイセムの日常
1998		マイクロソフト・リサーチ・アジア設立	※時系列をあえて不鮮明にしていると著者が本文内で説明
2001	（米国同時多発テロ発生） ウイグル人過激派への「対テロ戦争」開始		
2005	監視システム「スカイネット」構築開始		
2007			北京の大学入学
2009	（ウルムチでウイグル人差別抗議デモ）		イリハム・トフティの講座受講
2010		グーグル、中国から撤退 米中間のサイバー・スパイ活動が活発化 音声認証企業が新疆に研究所設立 ファーウェイ、新疆の地方政府に機器販売	
2011		テンセント（騰訊）、「微信」公開 メグビー（曠視科技）設立	
2012	習近平、中国共産党の総書記に		
2013	経済圏構想「一帯一路」開始 （天安門広場でウイグル人自爆テロ事件）	ファーウェイ副会長、JFK空港で身柄拘束	大学卒業、トルコの大学院進学
2014	習近平が対テロ対策指示。ウイグル人連行・失踪増加	センスタイム（商湯科技）設立 産業スパイ容疑で米企業がファーウェイ告訴	（イリハム・トフティ逮捕）

	カシュガルの「セーフ・シティー」計画発表 社会信用スコア計画始動		一時帰国、当局職員から警告
2015	国家安全法成立 「スカイネット」完成	米企業とセンスタイム、新疆に監視技術提供 米中サイバー・セキュリティー協定締結	
2016	「予測的取り締まりプログラム」開始 強制収容所開設	米大手企業、中国企業に半導体供給 米企業、DNA採取装置を新疆警察に販売 米遺伝学者と中国公安研究員、ウイグル族のDNA特定	一時帰国、家族のDNA採取 再教育センター、拘留センターへ収容。トルコへ脱出
2017	エジプトのウイグル人亡命者強制送還開始 国家情報法成立		大学院に復学、結婚 中国諜報員から「微信」で連絡
2018	ウイグル人警察通報ソフト開発	ファーウェイとAT&T提携中止 豪州、ファーウェイによる5G排除 ファーウェイ副会長、カナダの空港で逮捕	
2019		米政府、中国IT企業各社を制裁対象に 国連人権理事会に「ウイグル問題」書簡提出 ロス市警、「予測的取り締まり」終了	
2020	新疆の「戦時状態」を宣言 トルコとの犯罪者引き渡し条約批准	米政府、ファーウェイへの半導体供給停止決定 IBM、顔認証開発から撤退	
2021		米・カナダ「ウイグル問題」をジェノサイドに認定	

ロシア
モンゴル
北朝鮮
韓国
北京
天安門広場
新疆ウイグル
自治区
中国
武漢
重慶
チベット自治区
ヒマラヤ山脈
台湾
広州
深圳
香港
昆明
タイ
カンボジア
0
1000km

中国と新疆ウイグル自治区、そしてユーラシア

はるか東の北京から飛行機で7時間近く離れた場所にあるにもかかわらず、カシュガルは首都と同じタイムゾーンに設定されているため、午前10時まで空は暗いままだった（34〜35頁）

地図作成　アトリエ・プラン

一、本文中の人物の肩書はすべて当時のものである。

一、本文中、［ ］内の文は訳者による。

一、著者による原注（1、2、3……）と
訳者による訳注（i、ii、iii……）は、次のサイトに掲載。
https://www.shinchosha.co.jp/book/507261/

ＡＩ監獄ウイグル

世界の状況に眼を向けるべきだと教えてくれた母に

注記　調査方法について、ウイグル族と漢族の名前について

２０１７年８月から２０２０年９月まで、私は１６８人のウイグル人の難民、技術労働者、政府関係者、研究者、学者、活動家、亡命準備中の元中国人スパイにインタビュー取材をした。そのほとんどの人々が、インタビュー内容を発表する場合には仮名を使うよう要望した。

中国西部で弾圧を受けているウイグル族、カザフ族、そのほかの民族集団についての正確な情報にもとづく本を執筆するには、仮名を使う以外に方法はなかった。取材を受けてくれた人々の家族はいまも中国国内で暮らし、警察や諜報《ちょうほう》機関による嫌がらせや拷問《ごうもん》を受ける危険に日々さらされている。取材対象者のなかには、すでに自身の物語が広く知られている著名人もおり、彼らの一部は実名を出すことを望んだ。

本書の主人公である「メイセム」は、私が２０１８年10月にトルコの首都アンカラで出会った若いウイグル人女性の仮名である。２０１８年10月から２０２１年2月までのあいだ、私は14回にわたって彼女にインタビューを行なった。

本書の調査を進めながら、私はこう自問することになった。取材した難民たちは偽名という匿名《とくめい》性のもとで、耐えがたいトラウマと向き合うために自身の物語をわざと誇張したり、説明を変えたりする可能性があるのではないか？　そのような人々にインタビューするのは正しいことなのか？

実際、ジャーナリストや学者の世界では、政治的混乱や人権侵害について記録する際に難民の証言に頼るという長い伝統があり、ときに相手の名前を伏せたまま情報を確定することがある。研究者や作家は古くから、白系ロシア人、ユダヤ人、キューバ人、中国人、北朝鮮人の難民たちの証言に頼ってきた。

そのような書き手と同じように私も、海外特派員としてのキャリアのなかで、困難な状況に置かれた人々や難民にインタビューをしてきた。彼らはみな、仕事や人生が危険にさらされている人々だった。私としては、この種の取材にひそむ欠点を回避する方法を心得ているつもりだ。

本書のおもな登場人物の発言については、その人物を以前から知り、その人物の物語をすでに聞いた経験がある人々に確認してしっかりと裏取りするようにした。くわえて、取材対象者の発言をつぎの情報と照合した。ほかの難民の説明、メディアによる報道、公式記録上の出来事の時系列、shahit.biz のウイグル人犠牲者データベース、中国国営メディア内の指導者たちの発言。ヒューマン・ライツ・ウォッチ、ウイグル人権プロジェクト、アメリカ連邦議会や国務省が出した人権報告書も参考にした。さらに、衛星画像、コンピューター・データ、中国企業の報告書を分析する小さな研究者集団による調査結果も参照した。

主要なインタビューについては、相手が世界のどこにいる場合でも4回から25回にわたって話を聞いた。各々《おのおの》への取材時間は8時間から60時間におよび、何度も同じ質問に立ち返り、矛盾や省略がないかを注意深くたしかめた。１６８人のうちふたりにたいするインタビューのなかで、会話中に物語が微妙に変わったことに私は気がついた。また、べつのインタビュー中には、取材対象者が自身に都合の悪い情報を隠していることに気づいた。彼は、自分は被害者であって加害者ではないと私に印象づけようと試みていた。

これら3つのインタビューの情報は利用しなかった。

ほかのすべてのインタビューで語られた物語は、日付、場所、住所、名前などの詳細まですべて一貫したものだった。これらの情報の多くについては、以下の資料で裏取りした。グーグルマップの衛星写真、漏洩《ろうえい》した中国の公文書、取材対象者が提供してくれたオンライン上の入札書類、中国企業がオンライン上で発表した年次報告書。また一部の情報に関しては、私自身が新疆《しんきょう》ウイグル自治区で目撃・体験したことにかんがみて正しいと判断した。

２０２０年12月から２０２１年2月にかけて、厳格なファクトチェッカーである李玟儀《りぶんぎ》とともに本書の内容を再確認した。彼女は台湾人の技術ジャーナリストで、北京語のネイティブ・スピーカーである。李はインタビューの録音と書き起こし原稿をふたたびチェックし、取材対象者に電話をかけて証言を再確認し、もういちど話を聞いて変更や省略がないかを見きわめ、英語の報道記事や調査資料のなかで翻訳・引用された北京語の原典を精査した。また、人工知能、顔認証、半導体、ＤＮＡデータ収集、そのほかの技術分野の仕組みに関する記述については、専門家にも内容を確認してもらった。各分野の第一人者を含むそれらの専門家たちは、中国の監視体制についてウイグル人たちが目撃し、私に証言したことが技術的に妥当なものだと請け合った。それでも何かまちがいが残っているとすれば、すべて私の責任である。

中国の監視体制の精度はますます高まっているため、正確な時系列、場所、年齢、出来事のあいだの経過期間など個人の特定につながる情報の一部を隠し、ときに意図的に不明瞭《ふめいりょう》にした。主人公メイセム（ウイグル人の歴史的英雄の名前でもある）のエピソードについての記述では、個人の特定につながる日付と場所の情報を省き、収容中の各出来事のあいだの経過時間を不明瞭にした。情報提供者の安全を守りつつ物語を忠実に描くためには、これが唯一《ゆいいつ》の方法だった。不用意に多くの情報を明らかにすれば、諜報機関はすぐに情報提供者だけでなく、その家族や友人も突き止めてしまうにちがいない。

一般的にウイグル人の名前は「名・姓」、漢族の名前はその反対の「姓・名」の順で表記される。取材に応じてくれた人々に敬意を表し、本書では本人が望むとおりに表記した。漢族の名前でも、一般的な順番（例、習近平）ではなく、「名・姓」という順の英語表記を望む人もいた（例、カイフ・リー）。漢語の単語や名前をアルファベットで表記する場合には、標準中国語のローマ字表記のための国際基準であるピンイン方式を全面的に採用した。

プロローグ　その暗黒郷を〝状況〟と呼ぶ

中国西部の新疆《しんきょう》ウイグル自治区では、人々は自分たちの暗黒郷《ディストピア》を〝状況〟［ウイグル語の weziyet］と呼ぶ。[1]

２０１７年以降、推定１８０万人のウイグル人、カザフ人、そのほかの主としてイスラム系少数民族の人々が、「思想ウイルス」や「テロリスト思考」をもっていると中国政府から糾弾され、地域全体にある何百もの強制収容所に連行された。収容所の多くは高校などの建物が再利用されたもので、そのような一般的な建物が拷問《ごうもん》、洗脳、教化のための拘留施設に変わった。それは第２次世界大戦中のホロコースト以来、史上最大規模の少数民族の強制収容だった。

たとえ収容所送りを免れたとしても、新疆での日々の生活は地獄だ。あなたがウイグル人の女性なら、政府から派遣されてきた見知らぬ人物の隣で毎朝目覚めることになるかもしれない。その男性は、収容所に連行されたあなたのパートナーの代わりを務める人物だ。毎朝の出勤まえにこの監視員は、忠誠心、イデオロギーの純粋さ、共産党との友好関係という国家の美徳をあなたの家族に教え込む。監視員はさまざまな質問を投げかけてあなたの〝成長〟をチェックし、政府が呼ぶところの「心のウイルス」や「3つの悪」（テロリズム、分離主義、過激主義）に〝感染〟していないかをたしかめる。

収容所送りを免れても

朝の教化活動が終わると、こんどはドアをノックする音が聞こえてくる。近隣の10軒の家に眼を光らせるよう国から任命された地域自警団の役員が、「不規則なこと」がないかあなたの家をチェックする。3人以上の子どもはいないか？　宗教関連の本を所有していないか？　自警団の女性役員は、昨日あなたが仕事に遅刻した理由を尋ねるかもしれない。

彼女はきっとこう言う。「近所の人からあなたについて通報があったんですよ」

目覚まし時計をかけ忘れたという犯罪のために、あなたは地元の警察署に出頭して取り調べを受け、「不規則なこと」について説明する羽目になる。

日課の検査を終えた地域自警団の役員は、あなたの自宅のドアに取りつけられた機器にカードをスキャンする。それによって、検査が終わったことが記録される。

出勤まえに車でガソリンスタンドに寄っても、夕食の食材を買いに食料品店に行っても、どの場所でもあなたは、入口に立つ武装警備員のまえでＩＤカードをスキャンすることになる。カードをかざすと、スキャナー横の画面に「信用できる」という文字が表示される。それは政府によって善良な市民だと判断されたという意味であり、そのまま入店することが許される。

「信用できない」と表示された場合、その人物は入店を拒否される。すぐに統計データ記録の簡易チェックが行なわれ、場合によってはさらなる問題に直面することになる。たとえば顔認証カメラが、その男性がモスクで祈りを捧《ささ》げている姿をとらえているかもしれない。あるいは、ビールの6缶パックを買う姿がカメラに記録されており、アルコールに関する問題がある人物だと人工知能（ＡＩ）が疑っているのかもしれない。なぜ「信用できない」と表示されたのか、はっきりとした理由はわからない。しかし、当たり障《さわ》りのない些《さ》細《さい》な問題によって国が信用ランクを下げることもある。そう誰もが知っている。

つぎに警察官がやってきて、「信用できない」男性を尋問する。警官たちは「一体化統合作戦プラットフォーム（ＩＪＯＰ）」と呼ばれるプログラムを使い、スマートフォン上で男性の身元を確認する。ＩＪＯＰのデータベースには、何百万台ものカメラ、裁判記録、市民の内通者などから政府が集めたマスデータが構築されており、それらすべてのデータがＡＩによって処理される。

「予測的取り締まりプログラム」にもとづいてＡＩは、その男性が将来的になんらかの罪を犯すと判定し、強制収容所に送るべきだと勧告する。警察官たちは同意し、男性をパトカーで連行する。男性は「再教育」の期間を終えてどこかの時点で戻ってくるかもしれないし、あるいは二度と戻ってこないかもしれない。

少数民族専用のレジの列に並んだあと、あなたは食料品の代金を支払う。政府の監視カメラとメッセージング・アプリ「微信（ＷｅＣｈａｔ）」によって、あなたの購入履歴はつねに監視されている。食料品店を出て車で職場に向かう道中、あなたは10カ所以上の「コンビニ交番（便民警務《けいむ》站《たん》）」と呼ばれる検問所を通過することになる。誰にとって便利なのかは謎《なぞ》だ。うち2カ所の検問所で警察官があなたを制止し、身分証明書の提示を求め、どこに向かっているのか尋ねてくる。答えに満足すると、警察官はあなたを解放する。しかしそれも、あなたが「信用できる」場合だけだ。

職場では、同僚たちがあなたの一挙手一投足を見つめている。始業まえには全員が立ち上がって国歌を斉唱し、テロリストを見抜く方法を説明する短いプロパガンダ映像を見る。「テロリストはタバコと酒をやめる傾向があり、突如としてそのような行動に出ます」というナレーションが聞こえてきても、けっして笑ってはいけない。なぜなら同僚の誰かが政府からの報酬や高い信用度を狙《ねら》い、そのような無礼な行為を通報するかもしれないからだ。映像が終わるまで黙っているのが身のためだ。

あなたが女性の場合、毎日正午、政府が提供する経口避妊薬を飲むことを求められる。それでも、あなたはまだ幸せなほうだ。政府は女性の同僚たちをたびたび地元の診療所に呼びだし、強制的に不妊手術を受けさせている。少子化が発展につながると政府は主張し、少数民族の出生率を下げようと試みているのだ。

仕事が終わって車に乗ると、道中また10カ所以上の検問所を通過し、自宅のある地区の入口ゲートでIDカードをスキャンする。そこは、IDカードをスキャンせずに出入りすることが許されていない、フェンスやコンクリート塀に囲まれた隔離地区《ゲットー》だ。自宅では子どもたちが、学校でその日に学んだ愛国心と協調という党の美徳について話をする。子どもが学んだことを否定してはいけない。反対意見を言う親がいる場合は報告しろ、と教師が生徒に教え込んでいるからだ。

夕食のあと夜のニュースを見おわると、居間の隅に設置された政府の監視カメラのまえで、政府の監視員とともにベッドに横になる。なんとか眠りにつけますように、とあなたは願う。彼にはベッドのなかであらゆることをする権限がある、とあなたはふと思いだす。なんといっても、その監視員は政府から派遣されているのだ。誘いを断われば、嘘《うそ》の主張をでっち上げられて通報され、あなたは強制収容所送りになるかもしれない。

運のいいことに、今夜は何も起きなかった。しかし、その幸運がいつまで続くかなどわからない。あなたは眠りにつき、翌朝また同じことを繰り返す。これが、新疆ウイグル自治区で生活するウイグル族、カザフ族、そのほかの少数民族の住民の１日だ。

同時多発テロが「好機」に

本書において私は、新疆ウイグル自治区が世界随一の高度な監視ディストピア社会に変貌《へんぼう》を遂げた物語について説明する。〝状況〟はどのように生まれたのか？　ＡＩ、顔認証、監視などの技術における前例のない進歩を受け容《い》れたとき、それは私たちの未来にとって何を意味するのか？

２００１年９月、ニューヨーク世界貿易センターのツインタワーが崩壊した。世界がそれまでに経験したなかでも、もっとも目立つテロ行為だった。1万キロ以上離れた北京の中国政府は、それを独裁支配を強めるための好機とみなした。1カ月後、中国は独自の対テロ戦争をはじめた。その主たるターゲットとなったのが、新疆に住むイスラム系ウイグル人で構成される過激派集団だった。

　ところが石油による富と建設ブームのおかげで、２００１年から２００９年にかけて新疆ウイグル自治区はある程度の平和と繁栄を謳歌《おうか》した。しかし中国は、繁栄の成果を公平に分配しようとはしなかった。歴史的にこの土地に住みつづけてきた新疆の少数民族は蔑《ないがし》ろにされ、富と機会を求めて東部からやってきた漢族の大集団のほうが優遇された。

　10年近くにわたって不満が鬱積《うっせき》したあと、２００９年7月、ウイグル人の暴徒たちは新疆ウイグル自治区の首府ウルムチで街頭デモを行なった。政府は対抗措置としてインターネットと通信回線を遮断し、無数のウイグル族の若い男性たちを拘束した。その一部は、分離主義にもとづく暴力的な陰謀を扇動したとして処刑された。

　２００９年から２０１４年にかけて、迫害を受けた何千人ものイスラム系ウイグル人男性たちがアフガニスタンとシリアに渡り、イスラム国（ＩＳＩＳ）の関連集団による訓練・戦闘に参加した。いつか中国に戻って政府にたいして聖戦《ジハード》をしかける、それが彼らの望みだった。これらの新しいテロリストたちがやがて中国国内で一連の活動をはじめ、銃撃戦、暗殺、刃傷沙汰《にんじょうざた》、飛行機ハイジャック未遂などを起こした。

２０１４年から２０１６年のあいだに中国は、テロ対策の戦術をかつてない水準の残虐《ざんぎゃく》なものへと昇華させていった。解決策として利用されたのは、むかしながらの高圧的な取り締まりと「コミュニティー型警察活動」の取り組みだった。後者は簡単にいえば、家庭、学校、職場で密告者を募るという手法だ。しかしテロの脅威を完全に潰《つぶ》すためには、それでも充分ではないと政府は感じていた。

２０１６年８月、陳全国《ちんせんこく》という実力者が新疆ウイグル自治区の共産党委員会書記に就任し、地域の最高指導者になった。彼は新しいテクノロジーを活用し、住民への監視と支配を強めていった。たとえば、マスデータ（大規模データ）を使った「予測的取り締まりプログラム」の導入によって、罪を犯しそうだとＡＩが予測した容疑者を拘束できるようになった。陳の指示によって何百もの強制収容所が開設された。これらの収容所は正式には「拘留センター」「職業訓練センター」「再教育センター」などと名づけられた。地域に住む１１００万人のウイグル人のうち、それらの施設に収容された人数は２０１７年までに１５０万人に膨れ上がった。

中国政府が目指したのは、ひとつの民族のアイデンティティー、文化、歴史を消し去り、何百万人もの人々を完全に同化させることだった。

「畑の作物のあいだに隠れて生える雑草を1本ずつ抜き、根こそぎにすることはできません。すべてを駆除するためには、農薬を撒《ま》く必要があります」と2018年1月にある当局者は言った。「これらの人々を再教育するのは、畑に農薬を撒くようなものです」[2]

こうして、中国は完璧な警察国家を作り上げた。

第1章　中国の新たな征服地

偉大で、栄光に満ちた、正しい中国共産党に万歳！
——政府のプロパガンダ・スローガン

「テロリストだ。テロリストを攻撃しろ！」と警察官が叫んだ。

青空市場の近くに、長身でがっしりとした体躯《たいく》のテロ対策部隊の警察官が３人いた。黒い特殊部隊の戦闘服、サングラス、防弾チョッキを身につけ、店主たちの列のまえに立っている。訓練に参加する店主らは、それぞれが木製の警棒をぎゅっと握りしめる。警官の合図で非常ベルが鳴り、訓練がはじまる——架空のテロリストを激しく、迅速に攻撃し、地面に押さえつけろ。

「党を愛し、国を愛しています！」と参加者たちはいっせいに叫んだ。

私はとくに深く考えずに携帯電話でその様子を写真に撮り、また歩きはじめた。警察官のひとりが、内蔵カメラ付きサングラスをかけていた。中国の「スカイネット（天網）」監視データベースにリンクしたそのカメラは、ポケット内の小型コンピューターにワイヤーでつながれている。警官は左に向きなおり、私のほうをちらりと見た。もし私が地元住民であれば、名前と国民ＩＤ番号が数秒のうちにレンズに映しだされるにちがいない。[1]気づかぬうちに、私は警察に囲まれていた。彼らがどこから現われたのか、いつから監視していたのかはわからない。しかし、警察官たちは明らかに不機嫌そうだった。

一般的な警察の制服、帽子、白いボタンダウンのシャツを身につけた身長１９０センチ超の男が私の携帯電話をつかみ、パスポートを出せと要求してきた。

「いっしょに来い」

バックパッカーのふりをして

寒さ厳しい２０１７年12月のその日、私はカシュガルでバックパッカーのふりをしながら取材を進めていた。前日の朝、ウルムチで飛行機に乗ってから2時間後、掘っ立て小屋のごとき小さなカシュガル空港に着いた。私がもつ観光ビザでも、外の世界にはほとんど知られていないこの辺境の地を訪れることが許されていた。イスラム教徒の住民が大多数を占める地域一帯には、砂漠のオアシスと極寒の山岳地帯が広がっている。テキサス州のおよそ2倍の広さがある新疆《しんきょう》ウイグル自治区は、アフガニスタンやパキスタンと隣り合う中国最西端の辺境の地だ。

それまで10年にわたって私はジャーナリストとして自分の道を貫き、世界各地の独裁政権の台頭について記録してきた。独裁国家が新しいテクノロジーを駆使し、ますます高度な方法をとおして国民を監視、支配、さらには殺害するプロセスを追った。そして北朝鮮、中国、ミャンマー、ロシア各地で起きた反政府活動、独裁、大量虐《ぎゃく》殺《さつ》について取材した。しかし、カシュガル当局に拘束されたとき、私は驚かされた。これほど入念に築き上げられた威《い》嚇《かく》的な監視国家など、それまで見たことがなかったのだ。

おそらく、到着した瞬間から監視されていたのだろう。出発まえに仲間のジャーナリストたちは、「ホテルの部屋は盗聴されている」「部屋に放置したノートパソコンやスマートフォンはスキャンされる」と私に警告した。中国全土には1億7000万台の監視カメラが設置され、[2] なかには15キロ離れた場所から個人を識別できるカメラもあるという。[3] さらに、「Ｗｉ－Ｆｉスニファー」と呼ばれる政府のデバイスは、一定の範囲内にあるすべてのスマートフォンとコンピューターのデータを収集することができる。[4] 私が飛行機を降りたその瞬間に、多くの個人情報が当局に送信されていたにちがいない。

　捜査や押収《おうしゅう》について大きな権限をもつ「公安官」と呼ばれる警察官が、私のパスポートをたしかめた。

「日本？　カンボジア？　エジプト？」と彼は、出入国スタンプを見ながら疑わしげに言った。「あなたの仕事は？」

「経営コンサルタントです」と私は答えた。「ただの旅行……バックパッキングしているんです」

　私は緊張していた。真冬のその時期、欧米人の「観光客」はひとりも見当たらなかった。くわえて、腕時計にみせかけたボイスレコーダーをこっそり身につけているのがバレるのではないかと不安になった。

　警官は誰かに電話をかけ、厳しい眼つきで私を見た。

「携帯電話の写真をすべて消してください」。数日まえに私は中国でその携帯電話を買い、興味深い建物、プロパガンダの看板、警察官の写真を撮るために使っていた。

写真を削除するのを確認してから、警察官は携帯電話とパスポートを返してくれた。「ようこそ中国へ」と彼は言った。「デリケートな写真は撮らないでください。では、もうホテルに戻ってかまいません」

いつも見られている

　翌朝、ホテルの部屋で眼が覚めたとき、心臓が早鐘を打っていた。２０１７年12月10日、朝8時、まだ外は暗かった。一晩じゅう、遠くでパトカーのサイレンが鳴り響いていた。中国に来てまだ3日しかたっていないというのに、すでに疲労困憊《こんぱい》だった。政府による監視、見張り、それらがもたらす被害妄想の激しさについて、到着するまで私はまったく理解できていなかった。いつも見られているように感じた。しかし、どこで、あるいはどのように見られているのか明確にはわからなかった。

　人類史上もっとも高度な監視装置を中国がいかに作り上げたのかを知るために、私はここにやってきた。人工知能と中国の巨大なカメラ監視ネットワークがどう機能しているのか、その一部を垣間《かいま》見《み》ることができるにちがいないと考えていたのだ。地元住民への取材や警察とのちょっとしたトラブルから情報を手に入れ、それをもとに報道記事を書き上げるつもりだった。代わりに私を圧倒したのは、中国政府のほうが私の情報を得ているという感覚だった。

滞在するチニバグ・ホテルのエレベーターに乗り、ロビー階へと降りていった。かつてイギリス領事館として使われていた建物で、最近改装されたばかりだった。アフガニスタンやイランでよく見かける建物と同じように、豪華な絨毯《じゅうたん》や壁画で外観や室内は派手に飾り立てられていた。歴史的というよりむしろ人工的な建物で、あたかも所有者が何かを証明しようとしているかのようだ。それどころか、何かを隠しているかのようにも感じられた。

洋食ビュッフェの朝食会場に行き、スクランブルエッグとソーセージを食べる。レストランのテレビには、中東のテロと混乱についてのニュース・ドキュメンタリーの映像が流れ、ドラマ『トワイライト・ゾーン』のテーマ曲のような不気味な音楽が聞こえてくる。爆弾が爆発し、埃《ほこり》っぽい砂漠の村でテロリストたちがＡＫ－47を撃つ。イスラム教徒たちは、無実の人々の死をモスクで祈っているかのように描写される。それから、ニューヨークのツインタワーが崩壊する様子が映しだされる。

「党を愛し、国を愛しましょう」とニュース番組のアナウンサーは最後に言った。

はるか東の北京から飛行機で7時間近く離れた場所にあるにもかかわらず、カシュガルは首都と同じタイムゾーンに設定されているため、午前10時まで空は暗いままだった。真っ暗闇《くらやみ》のなかホテルを出た私は、武装警備員が立つゲートを抜けた。街を探索し、路地、市場、広場を歩いてまわった。ほぼすべての角にはポリスボックスがあり、道端の子どもたちまでもが警戒するような表情を浮かべていた。

「パスポート！」と言いながら中国人の警察官が近づいてきて、私の顎《あご》ひげを指さした。「パキスタン人？　アフガニスタン人？　イスラム教徒か？」

　私は首を振った。

「アメリカ人です」と私は中国語で言った。

　警察官はパスポートをたしかめ、検問所のさきへと私をうながしながら警告した。

「あまり遠くに行きすぎないように」

アメリカ人が知らない世界

　２００８年から私はアジアや中東で生活してきた。この経験をとおして、アメリカ人がふだんは出会わない世界に眼を向けることができるようになった。

欧米――大西洋沿いに広がる、北アメリカと北西ヨーロッパのほんの一部からなる地域――では、組織化された国民国家という機構のなかで人々は生活している。そこでは、民族集団、政治的な党派、宗教指導者にたいする忠誠心よりも、国民のあいだで共有される言語や一連の法律と習慣のほうが重要視される。

アジアで生活をはじめてから私は、世界を異なる眼で見るようになった。何世紀にもわたる貿易、征服、考えや信仰の急速な変化によって特徴づけられた地域、それが私にとっての新たな世界だった。新しい考えや信仰は、新しい王国を作りだし、またすぐに滅ぼした。

　私は古地図の三流コレクターだが、ヨーロッパ、東アジア、北アメリカよりもむしろ、中国から地中海へと続く陸塊により興味を惹《ひ》かれた。もちろん、この地域にも独自の物語がある。いわゆるユーラシアとはオアシス、大草原《ステップ》、山々の広がりであり、乱雑で、紛争が絶えず、統治するのがむずかしい場所だった。たとえば、つぎのような地域について考えてみてほしい。バルカン半島諸国、シリア、トルコ、イスラエルとパレスチナ、リビア、ウクライナ、チェチェン、イラク、イラン、アフガニスタン、パキスタン。ユーラシアはさまざまな民族的・宗教的な忠誠心が交錯する地域であり、そのような忠誠心は現代の政府が生まれるまえから存在し、政府よりも上に位置づけられるものだった。今日《こんにち》の世界における暴力的な紛争の多くはユーラシアで起きている。石油、レアアース、鉱物資源が豊富なこの地域には、独裁政権、不平等、宗教原理主義が横溢《おういつ》しているのだ。

私はいつしかシルクロードの歴史に魅了されるようになった。ヨーロッパからアジアまで続く曲がりくねった交易路の糸であるシルクロードをとおして、金《きん》と貴金属が東の中国へと流れ、絹《シルク》が西のヨーロッパへと流れていった。西洋社会でシルクロードがはじめて有名になったのは、13世紀のマルコ・ポーロの冒険のあとだった。私は、世界最大規模を誇る過酷で容赦ないタクラマカン砂漠を横断したヨーロッパ人探検家たちの物語を読みあさった。その砂漠は、ウイグル族にとって中心地となる街であるカシュガルのすぐさきにあった。

「思いもよらぬ時に、空はまっくらになり」とドイツ人考古学者アルベルト・フォン・ル・コックは１９２８年に綴《つづ》った。

太陽は砂塵《さじん》の厚いヴェールを透して、赤黒い火の玉かと見える。おしかぶせたような咆哮《ほうこう》ののちに裂帛《れっぱく》の叫び声がつづく。そして一瞬の後には烈風が隊商めがけてたけり狂う。石をまじえた砂が、大きな塊になって吹き上げられ、捲《ま》きあげられ、人畜の上にたたきつけられる。空はさらに暗くなり、大きな石が空中にまきあげられて、はげしくぶつかりあい、異様なくだけるような嵐《あらし》の咆哮と混じる。いっさいは地獄を解き放したかのようである……

> このように嵐におそわれた旅人は、暑苦しさをがまんしてフェルトですっぽり身を包み、あれ狂う砂礫《されき》の害をさけねばならない。人馬ともに身を伏せ、何時間となくうちつづく颶風《ぐふう》の暴威にたえなければならないのである。[5]

荒れ狂う砂嵐は「黒いハリケーン」と呼ばれ、その嵐のせいでタクラマカン横断はときに命取りになった。カシュガル駐在のイギリス総領事はかつて、この砂漠を「死の土地」と呼んだ。スウェーデンの探検家スベン・ヘディンは、「世界でもっとも危険で最悪の砂漠」と呼んだ。イギリス人ジャーナリストのピーター・ホップカークは、「タクラマカン」は現地のテュルク語で「いったん入ったら出られない[6]」という意味だと説明した。

中国西部の辺境地域の地図上にあるタクラマカン砂漠は、東西に約１０００キロにわたって広がるラグビーボールのように見える。６つのオアシス都市が砂漠を取り囲むその地域は歴史的に「アルティシャフル（６つの都市）」と呼ばれ、西側にカシュガルがあった。[7]何世紀ものあいだマルコ・ポーロのような探検家や商人は、現在のイランやアフガニスタンにある山々を苦難の末に踏破したあと、いったんカシュガルで休憩し、危険な地形が続く砂漠の道のりをさらに進んでいった。[8]

アメリカのイリノイ州シカゴで育った私にとって、ユーラシアと聞いて思い浮かぶのはイラクやアフガニスタンくらいだった。それらの国にとくに注目するようになったのも、9・11同時多発テロのあとのことだった。アゼルバイジャン、ウズベキスタン、タジキスタンについて考えたことなどほとんどなかった。そこは発展の遅れた地域で、旧ソ連諸国がごちゃごちゃと集まるぼんやりとした場所だった。イスラム教徒が多い地域だが、とくに重要な意味をもつ場所ではなかった。しかしアジアに長く滞在すればするほど、そんな欧米中心の私の考え方には大きな欠陥があることを学んだ。

　実際の世界の物語は、私がニューヨーク・タイムズ紙で読んだものとはちがった。民主主義の広がりや自由市場への支持という物語は、私がよちよち歩きの幼児だったときに終わったイデオロギー的な冷戦からの小休止でしかなかった。大人になった私がこの眼で見たのは、ユーラシア全土で民主主義が崩壊し、石油王の新興実業家《オリガルヒ》が権力を握り、宗教や部族の指導者たちが武力衝突を煽《あお》る姿だった。

　歴史や人類学の文献、世界的なニュース報道をさらに読み進めるにつれて私は、自分が生まれ育ったアメリカ中西部には数百年の歴史しかないという事実に衝撃を受けるようになった。一方で、私がその寒い12月の朝に眼を覚ました比較的小さな都市カシュガルには、何世紀もまえからシルクロードの文化と貿易の玄関口として繁栄した歴史があった。かつてこの街は、世界の旅行者のための国際的な休憩所だった。

「一帯一路」の出発地

中国の文化に以前から魅了されていた私は、9・11同時多発テロのあと、新疆ウイグル自治区と呼ばれる地域をとおして西へとその触手を伸ばそうとする中国の動きに注目してきた。2013年以降、中国は1兆ドル規模の道路、港湾、石油パイプライン、鉄道のネットワークを構築してきた。それが「一帯一路」構想と呼ばれるものだ。[9]

すでに過度に開発が進んだ沿岸地域から離れることを望む中国は、太平洋横断ルートの代わりとなりうる国際的な貿易ルートの確立を目指してきた。その一環として中国政府は、各企業にたいして製造拠点を内陸部に移動するよううながしている。たとえば、アップル社のiPhoneを製造する鴻海《ホンハイ》科技集団／富士康科技集団（フォックスコン）は、香港にほど近い深圳《しんせん》の南東部の沿岸で工場を稼働《かどう》させているが、そのような企業にも中国政府は働きかけを続けてきた。内陸部に拠点を移した企業は、輸送コストが安くなりつつある陸路を使い、欧州連合（EU）や中東の市場に向けて製品を輸出することになる。しかし、その裏にはもっと壮大な構想が存在した。中国が目論《もくろ》む歴史的なシルクロードの復活は、今後の世界秩序を変える可能性がある。

「新たな征服地」という意味の新疆は、新しい道路とパイプライン網の出発地点となる地域だった。それがやがて中国でもっともデリケートな国境地域に成り代わり、一帯一路構想のなかで外国の眼に最初にさらされる場所となった。つまり、世界がいちばんはじめに中国と出会う地域だ。ところが問題があった。まず、新疆を平和な状態にする必要があった。

２０１１年から２０１４年にかけてウイグル人テロリストたちは、新疆のみならず中国全土で民間人への攻撃をエスカレートさせていった。天安門広場での爆発を含む、２件の自動車爆弾攻撃が起きた[10]。中国南部の昆明の鉄道駅では、通勤客がナイフで切りつけられて殺された[11]。カシュガルでは著名なイマーム（イスラム教の宗教指導者）が暗殺された[12]。さらに、新疆ウイグル自治区内を飛行中だった民間航空機のハイジャック未遂事件があった。乗客、乗務員、私服警官によって６人のハイジャック犯が機内で取り押さえられ、うちふたりがその場で死亡した[13]。

それらの攻撃は、アフガニスタンとシリアで訓練を受けたウイグル人テロリストからなる非主流派の過激派グループが起こしたものだった。「トルキスタン・イスラム党」と呼ばれるその集団は、新疆と中央アジア全体に「カリフの統治」――預言者ムハンマドの後継者となる宗教指導者が支配するイスラム国家――を成立させるのが目標だと宣した。[14]中国政府はテロ攻撃をチャンスととらえ、それを共通の敵に対抗して国家を団結させる機会に変えた。

政府の代弁者でもある中国国営メディアの新華社通信は、２０１４年8月に記事のなかでこう伝えた。「全国のすべての民族集団は民族の統一を大切にし、分離主義、過激主義、テロリズムという3つの力の政治的意図を阻止するために協力し合うべきである[15]」。それは、政府による正式な意思表示だった。

２０１３年から２０１４年にかけて中国は、冷戦後に築き上げられてきた人種隔離的な政策をさらに強め、国の民族的な基盤がなんたるかをさらに明確化しようとした。ウイグル族はテュルク系民族のひとつで、カザフスタン、キルギス、アゼルバイジャン、そのほか3つの国を建国した先祖と古くから伝統を共有している。6世紀から11世紀にかけて先祖たちは、シベリアと中央アジアの大草原《ステップ》からユーラシア広域へと進出した。そして１４５３年、東ローマ帝国の首都コンスタンティノープル（現在のイスタンブール）を占領し、オスマン帝国を築いた。第1次世界大戦で敗戦するまで、この帝国は４５０年にわたって存在しつづけた。[16]

このような共通の遺産があるにもかかわらずウイグル族は、オスマン帝国の中心からはるか遠く離れた辺境の地を居住地とした。以降この地域ではテュルク系や中国系のさまざまなイスラム指導者たちが、独立した都市国家を統治してきた。あるいは、僻地《へきち》の臣民としてモンゴル、満州、漢族の王朝に忠誠を誓ったこともあった。そして18世紀なかばまでに中国の清《しん》朝が、やがて「新疆」と呼ばれることになるこの地域を占領するようになった。清朝は、地域を牛耳っていたモンゴル系集団との権力闘争のなかで満州族が作った国だった。

　しかし当初の新疆は、攻撃や抑圧を受けることなどほとんどなかった。「地域の不安定化を恐れた清の満州族は、ウイグル人が密集する地域への中国人の入植を禁止した。さらに、ウイグル人の宗教、食事、衣服にも干渉しなかった」とジョージタウン大学の歴史学者ジェームズ・ミルワードは指摘する。「この文化多元的な帝国主義はうまく機能した。中央アジアから新疆南西部への小規模な侵略行為はたびたびあったものの、18世紀なかばから19世紀なかばにかけて、この地域は概して平和を保った。結果としてウイグル族の人口は5倍に増え、経済も成長した[17]」

　しかし１９１２年に清朝が滅亡すると、以降38年にわたって地域全土で、外国の支援を受けた派閥と軍の指導者のあいだの闘争や反乱が続いた。同時に、新疆の学校や社会を改善・近代化しようとする動きも進んだ。そして１９４９年、共産主義のもとに中国が統一されると、[18] ウイグル族やほかのテュルク系民族集団は二流市民に成り下がり、人種隔離の制度のなかに追いやられた。かくして、就職、銀行口座の開設、新車や新居の購入においても、ウイグル族はぞんざいな扱いを受けるようになった。

２０１３年から２０１４年にかけてテロ攻撃が頻発したあと、中国の指導者たちは民族闘争と分離主義に終止符を打つことを誓った。それから6年のあいだに、国家への完全な忠誠心を生みだすことを目的とした抑圧、支配、洗脳の大規模な社会実験が行なわれるようになった。中国政府はこの地域を、ディストピア的な未来を作り上げる最先端の監視技術のための実験場に変えた。

「独裁国家と、豊富なデータをもつこれらの巨大ＩＴ独占企業のあいだで提携が結ばれる可能性があります。結果、企業による初期段階の監視システムと、すでに開発が進められてきた国家主導の監視システムが結びつけられることも考えられます」と投資家のジョージ・ソロスは２０１８年1月の世界経済フォーラムで警告した。「もしかすると、オルダス・ハクスリーやジョージ・オーウェルでさえも想像していなかったような、全体主義的な支配の網が生まれることになるかもしれません」。ソロスは中国こそが、独裁政権とテクノロジー企業による「不道徳な結婚」をはじめに採用する国のひとつになるだろうと予測した。[19]

２０１７年8月、私が新疆への取材旅行の計画を立てはじめたとき、実際に現地を訪れたことのある外国人特派員や外交官がさまざまなアドバイスをくれた。

「カシュガルに着くまではおとなしくしておいたほうがいい」と北京在住のあるジャーナリストは言った。「黙示録さながらの状況だからね」

8月24日、短い休暇で訪れたタイのチェンマイから帰りの飛行機に乗ろうと準備していたまさにそのとき、私の携帯電話にジャーナリストや人権調査員たちから不穏なテキスト・メッセージが届いた。

中国の同盟国であるカンボジア政府がどういうわけか、新疆での私の活動予定についての情報をつかみ、それを陰謀に仕立て上げようとしているというのだ。私の新疆への訪問計画について、カンボジア政府がどのように情報を手に入れたのかはわからない。中国の航空会社の予約データになんらかの方法でアクセスしたのか、あるいは私のソーシャル・メディアの投稿を監視していたのか。とはいえ、新疆の政治状況の悪化についてフェイスブックに投稿したのはいちどきりで、それも政府や諜報《ちょうほう》機関の注意を引かないよう気をつけたうえでの投稿だった。あるいは、気をつけていると自分で思っていただけなのかもしれない。

「ジェフリー・ケインは8月18日にカンボジアを発《た》ち、中国の新疆ウイグル自治区に行った。そこは、ウイグル系民族集団が北京政府にたいして反乱を起こしている地域である」と、カンボジアの有名な英語ウェブサイト「フレッシュ・ニュース」のネット記事には書かれていた。政府系メディアであるこのサイトの報道内容は、カンボジアの主要な夕方のニュース番組や大手新聞でもたびたび取り上げられる。その記事によると、名前が伏せられた「超大国」に雇われたスパイである私が、韓国、カンボジア、および名前が特定されていない第三国などのアジア全土で不安を煽る活動をしているという[20]。

当然ながら、告発はバカげたものだった。私はまだ新疆にいちども行ったことさえなかった。しかしつい最近、あるオーストラリア人映画監督がカンボジア国内で似たようなスパイ容疑で逮捕され、裁判にかけられるという出来事も起きていた[21]。

急遽《きゅうきょ》、私は新疆行きを取りやめた。代わりにタイにしばらくとどまり、それからワシントンDCに戻った。そのあいだに、私がひとりきりで活動する超大国のスパイであるというスキャンダルが収まることを望んだ。

しかし、そうはならなかった。9日後にはカンボジアの野党指導者が、私を含む〝スパイ組織〟と協力した疑いで逮捕された[22]。

カンボジアの首相は「スパイ活動を行なっている疑いのあるすべての米国籍者の存在を調査する」よう政府に命じた。軍司令官たちは「カンボジアを攻撃する意図のある外国人を消し去るために、ひとり残らずたたきのめす」と宣言した。[23]

さらに4カ月にわたって被害妄想が収まるのを待ったが、私はどんどんと落ち着かない気持ちになっていった。世界各地の独裁政権について取材してきたからこそ、未来の監視ディストピアをどうしてもこの眼で見ておきたかった。そして２０１７年12月、私は中国に行った。北京に数日間立ち寄り、新疆をよく知る人々から情報を聞き、アメリカ人の外交官と夕食をともにした。

「つぎはどこに行くんですか？」とその女性は言った。

「新疆です」と私は答えた。「プロジェクトのために」

「行っちゃダメ！」と彼女は甲高い声で言った。「尾行されて、捕まりますよ。あなたの身に危険がおよぶかもしれません！」

第2章　国全体を監視装置に

〈一望監視装置《パノプティコン》〉とは、各種各様な欲望をもとにして
権力上の同質的な効果を生む絶妙な機械仕掛である。

——ミシェル・フーコー『監獄の誕生——監視と処罰』[i]

翌日、飛行機でカシュガルに行き、ガイドのマンスールと落ち合った（彼の身の安全のために名前を変えた）。マンスールは温厚で博識な男性だった。彼の妻は、明確な理由もなくほぼ毎日、何時間も続く愛国教育の授業への参加を強制されているという。マンスールは外の世界に自分の物語を伝えることを望んだ。これまで数カ月にわたって妻は授業に参加し、政府のプロパガンダを学んで復唱してきたと彼は語った。

「〝状況〟についてお話ししましょう」とマンスールは言った。

いっしょに過ごした4日間の1日目、私たちはカシュガルから郊外へと移動し、雪と砂岩に覆《おお》われた田舎に日帰り旅行に行った。監視カメラや密告者から距離を置くためだった。

「旅行ガイドであることが、わたしの外の世界とのつながりです」と彼は説明した。「それが、正気を保つための唯一《ゆいいつ》の方法です。でなければ、頭がおかしくなりますよ。政府は、監視システムのことをスカイネットと呼んでいます」

映画「ターミネーター」シリーズのようなディストピア的未来において世界を支配するＡＩの名前だと考えると、「スカイネット」というその言葉はとりわけ不吉に聞こえた。

監視システム「スカイネット」

つづいて彼は、完璧な警察国家を作りだすための3つのステップについて話しはじめた。大学の経営学部を卒業し、時事問題に精通するマンスールは、山への6時間のトレッキングのあいだ、まわりには誰もいないタイミングで3時間にわたってこれらのステップについて話してくれた。ここでは彼の話を要約し、適宜べつの言葉に置き換えて説明する。

第1段階は敵を特定すること、とマンスールは言った。少数派、移民、ユダヤ人、今回のケースではイスラム教徒などの敵を選びだし、市民が抱える問題を彼らのせいにする。これらの敵があらゆる場所に存在し、「国の力と名誉にたいする脅威となる」と人々を説得する。

第2段階は、敵を監視する技術を管理すること。テクノロジー企業の幹部たちははじめ、自社が儲《もう》かっていれば政府にはそっぽを向き、あまり儲かっていなければ進んで協力する。なぜなら儲かっていない企業は、政府の支援を必要とするからだ。

顔の特徴、ＤＮＡ、音声記録、ウェブ上の行動履歴など、敵のデータを収集できるカメラやソーシャル・メディアを利用するのも効果的だという。「敵についてのフェイク・ニュースをソーシャル・メディアやアプリで広めるんです」。狙《ねら》いは、ヒステリー、非難、被害妄想に満ちた空気感を作りだすことにあった。

この第2段階には意外な盲点が隠れている、とマンスールは説明した。ＡＩや顔認証の分野の新技術にはきまって欠陥がある。新しいソフトウェアやデバイスは、多くの人が想像するほど効果的かつ利口ではなく、犯罪の容疑者をそう簡単には突き止められないことも多い。しかしある方法によって、そうした技術的な弱点を強みに変えることができるという。

「どうやったらそんなことが可能になるんです？」と私は尋ねた。

技術がどう機能しているか、その詳細を隠して見えにくくすればいいとマンスールは答えた。楽観的な「単純言語《ニュースピーク》」を使い、一般の人には理解できないツールに変えてしまうのだ。

「怖がらせるだけではダメなんです」とマンスールは続けた。「不確かな状況に置くことが、人々をコントロールするために有効な方法です」

第3段階はどの政府にとっても注意が必要なところだ、と彼は言う。マンスールがつづけて説明したのは、ハイテク機器を使って作り上げる「事実を軽視して《ポスト・》感情に訴える《トゥルース》被害妄想」を利用するという考えだった。カメラ、人工知能、顔・音声スキャナーを使えば、「国全体をパノプティコンに変えることができます」。

「パノプティコン？」と私は訊《き》いた。

マンスールは説明を続けた。一望監視装置《パノプティコン》とは円形に配置された刑務所で、中央の監視塔にいる看守はすべてを見ることができるが、囚人側からは看守の姿が見えない。誰もが見られていると認識しているにもかかわらず、いつどこで見られているのかはわからないため、パノプティコンは人々を管理する効果的なツールとなる。このメカニズムを生みだしたのは18世紀のイギリス人哲学者ジェレミー・ベンサムで、彼の考察はジョージ・オーウェルに大きな影響を与えた。

「それがどのように利用されているんですか？」と私は訊いた。「いま、ここ新疆《しんきょう》で？」

「あなたもすでに目撃したはずです。いたるところにカメラがあり、スマートフォンとコンピューターはハッキングされ、市場や学校に入るときにはＩＤカードのスキャンが強制され、互いに密告するよう家族や友人に報酬が支払われる。それに、信用度のための〝社会ランキング〟が全員に与えられています……そして、ルールを不規則に適用するんです」と彼は説明を続けた。たとえば、社会ランキングの低い人と夕食をともにしたという些《さ》細《さい》な違反を犯しただけで、強制収容所送りになるケースもあるという。

「そうなると社会はすぐに崩壊する」とマンスールは続けた。事実や真実から遮断され、つねに監視下に置かれると、多くの人は敵と味方を区別することができなくなり、政府に対抗するために必要な情報も得られなくなる。友人が友人を裏切り、上司が部下を密告し、教師が生徒の秘密を暴露し、子どもが親を攻撃する。すると、誰もが政府に庇《ひ》護《ご》を求めるようになる。

そのように利用されたテクノロジーは、もはや人間の善の部分を解放するものではないと私は気がついた。それは、人間のもっとも暗い衝動のための刑務所でしかない。そして中国では、テクノロジーを支配する者が国も支配する。

「エジプトはおれたちを売ったんだ！」

2日後、前述のように私は写真を撮ったせいで身柄を拘束され、もう立ち去るべきタイミングだと悟った。つぎの目的地はエジプトのカイロだった。あるウイグル人の情報提供者によると、エジプトではウイグル人亡命者たちがつぎつぎに追跡されて捕まり、中国に強制送還されているという。

カイロ行きの飛行機に乗った私はパソコンを取りだし、中国の情報提供者から送られてきたリストのファイルを開いた――「宗教的な過激思想を示す75の行動指標」。新疆の警察がこのリストを配布し、テロリストの兆候を示す行動に眼を光らせるよう市民にうながしている、と情報提供者は説明した。警告リストにはつぎのような項目があった。

「自宅に大量の食糧を保管する者」

「それまでタバコと酒を嗜《たしな》んでいたにもかかわらず、突如としてやめた者」
「ダンベル……ボクシング用グローブ、地図、コンパス、望遠鏡、ロープ、テントなどの備品をはっきりとした理由なく購入または保管する者」[1]

カイロに着くとタクシーを拾い、中心部のタハリール広場近くの小さなホテルに行った。イスラム寺院の尖塔《ミナレット》が並ぶ通りでは、スパイス売りたちが汗だくの群衆のなかで売り場所を取り合っていた。

ホテルの部屋に入ったあと、ワシントンＤＣに住むウイグル人の情報提供者からメールが届いた。「カイロであなたに会いたがっている人が何人かいます」

学童保育所の有料学習室で〝アスマン〟と〝オスマン〟に会うことになった。私はそこで英語教師のふりをした。ふたりはエジプト警察に追われているため、そのようなカモフラージュが必要だと私たちは事前に話し合っていた。

半年まえからふたりの男性とその家族は事実上の無国籍状態で逃げまわり、毎週のように新しい家へと移動しているという。アスマンは窓際《まどぎわ》まで歩いていき、タバコの煙を窓の外に吐きだした。その両手が震えていた。

「エジプトはおれたちを売ったんだ！」と彼は叫んだ。「外国の圧力に屈したんですよ！　ここに来れば安全だと思っていたのに。でも、もう安全ではなくなってしまいました」

　すべては２０１６年9月にはじまった、と彼は言った。その年からエジプトと中国は一連の協定を結びはじめた。やがて中国は一帯一路プロジェクトの一環としてエジプトにたいし、新しい政府資本、電気鉄道網、衛星の打ち上げ、さまざまなインフラ投資を支援するために１１２億ドルを提供すると約束した。[2]これらの協定のなかで両国は、「過激派組織」についての情報を交換することを取り決めた。[3]

「つまり中国は、エジプト警察が監視によって得たウイグル人亡命者についてのあらゆる情報を渡せと要求することができる」とオスマンが説明した。

　エジプトと中国の治安当局が情報交換に合意してから13日後の２０１７年7月3日、エジプト警察は寮、レストラン、住居への家宅捜索をはじめた。合法的な居住者か違法滞在者かにかかわらず、彼らは片っ端からウイグル人の学生や住民を連行し、中国に強制送還した。[4]

「これは不穏な傾向だとわかっています」とアスマンは言った。「時間はもう迫り、運命のときはどんどん近づいている」

　２０１７年7月のある日、ドアマンが彼のアパートメントの扉をノックした。

「窓の外をのぞいたら、エジプトの警察がいて……アパートのまえで待っていました」と彼は私に言った。「すぐにわたしは、来客や家族の全員に屋上に行って静かに待機するように言いました」

部屋を捜索したあと、警察は去っていった。しかし、彼らがまた戻ってくるとアスマンにはわかっていた。

オスマンは現在、エジプトから脱出する方法を模索しているという。しかし、自身と家族が逃げ切れるかどうかはわからず、中国に連れ戻された場合には命も危ないかもしれないと彼は言った。２０１７年に中東のテレビ局アルジャジーラは、エジプトにいた７０００～８０００人のウイグル人のうち９割が中国に戻ったと報じた。[5]

「これこそ、中国の力を示すものです」とアスマンは哀《かな》しげに言った。「中国が金を出せば、外国の政府は中国の望むとおりのことを進んでするという証拠だ。恐怖以外のなにものでもありません」

つぎからつぎに人々が消える

私は２０１８年の大半をワシントンＤＣ[6]で過ごし、１００人以上のウイグル人難民にインタビュー取材した。そのなかに、ウイグル現代詩の第一人者であるタヒル・ハムットがいた。１９９０年代後半から彼は自身の製作会社を起《た》ち上げて映画監督としても活動し、映画やドキュメンタリー作品を発表してきた。そのなかには、ウイグル語のポップ音楽のプロモーションビデオ、ウイグル族の文化や歴史についてのドキュメンタリーなど有名な作品も含まれていた。ハムットの映画はウイグル族の伝統を掘り下げる内容だったため、のちに中国政府による検閲の対象になった。２０１７年８月、ハムットは妻とふたりの娘とともにワシントンＤＣ近くのバージニア州郊外に移住した。

「少しでも遅かったら新疆から逃げることはできなかったかもしれない」と彼は言った。「つぎからつぎに人々が消えていきました。あの時点（２０１７年８月）で逃げていなかったら何が起きていたのか、考えたくもありません。テクノロジーは人類の利益になるべきもののはずですが、一部の国はそれを使って人々を監視、抑圧、処罰することを望んでいる……これは、現代における最大の悲劇のひとつです」

　２０１７年から２０２０年にかけてインタビューしたウイグル人の全員が、少なくとも複数の家族と３人以上の友人が姿を消したと証言した。強制収容所に連行されたと考えられるものの、家族や友人の身に何が起きたのかはっきりとわからないケースも多かった。取材対象者の３人にひとりは、家族全員が行方不明になり、逃げ切れたのは自分だけだったと語った。

２０１７年、中国は少なくとも２６０の強制収容所[7]（いわゆる職業教育訓練センター）[8]のネットワークを新疆ウイグル自治区全域で構築しはじめた。高校、体育館、政府施設が収容所として再利用されることもあった。政府は、人々が自発的にこれらのセンター[9]に行き、みずからの意思で離れることができると主張した。強制収容所への〝訪問者〟は、靴や服の作り方や中国語会話などの職業スキルを学び、テロ防止のための「非過激化」コースを受講する[10]――。

しかしながら、強制収容所の真の目的ははるかに悪質なものだった。中国政府は収容所を、刑事司法制度の埒外《らちがい》で機能するものとして扱った。つまり収容されるのは、犯罪容疑で逮捕された人々ではない。新疆の警察が利用するさまざまな戦術や技術のなかでも、収容所内で行なわれていることはとくに恐ろしいものだった。それは、すべての市民の生活にたいして拡大していく政府の支配と被害妄想の最終形態だった。政府は、国民を管理・監視するだけでは飽き足らず、もっと奥まで踏み込もうとした――人々の考えを一掃し、「脳からウイルスを取りのぞいて治療・浄化し、正常な精神を回復させる」[11]。このような医学的説明が、政府要人の演説、国営メディアの報道、漏洩《ろうえい》した文書のなかに繰り返し登場するようになった。

政府のある内部資料には、「取り押さえられるべきすべての者を取り押さえなければいけない」と新疆の共産党最高指導者の陳全国が述べたと書かれていた。２０１７年2月、ウルムチ市内の広場で行なわれた演説で彼は、整列する何千人もの警察官と軍人にたいして「破壊、全滅のための攻撃[12]」の準備をするよう告げた。

再教育プログラムがはじまったばかりの２０１６年末から２０１７年にかけて、新疆に住むウイグル人、カザフ人、そのほかの主としてイスラム教徒の少数民族の多くの住民たちが、警察署への出頭を求められた。もしくは、夜のあいだに家にやってきた警察官に連行された。彼らは頭に布をかぶせられ、パトカーの後部座席に乗せられて収容所へと連れていかれた。実際に収容された経験のある何十人もの人たちが、警察がつぎのように約束したと証言した。拘束期間は10日間かせいぜい数週間だけで、そのあいだに再教育の授業を受け、〝卒業〟したあとは解放される。[13]

その代わりに彼らはみな、過激主義者やテロリストの思考が頭のなかにひそんでいると非難され、何カ月も、ときに何年にもわたって収容された。捕らえられた人々は、複数の強制収容所を（おそらくランダムに）移動させられた。彼らがやがて釈放されたのは、収容所の極度の過密状態のせいだった。施設を離れるまえには、新疆で自身に起きたことについて他言しないと約束する書類への署名を強要された。[14]

２０１７年時点で、新疆ウイグル自治区の人口は国全体の２パーセント程度であるにもかかわらず、逮捕件数は全土の21パーセントを占め、その数は前年比で８倍に跳ね上がった。[15]党幹部のなかには、このような掃討作戦の有効性と倫理面について疑問を抱く人々もいた。漏洩した政府文書によれば、ある県の役人は何千人もの被収容者をひそかに釈放したせいで、自身が刑務所送りになったという。中国政府はこのような役人の行動にたいし、邪魔となる幹部の粛清や解雇で対抗した。[16]

被収容者の数がどんどん増えるにつれて中国政府は、さらに厳しい警備体制を敷いた堂々たる外観の新しい施設を建設しはじめた。看守塔、重厚なコンクリート塀、巨大な鉄扉《てっぴ》の入口が築かれ、訓練された攻撃犬を連れた警察官が敷地内外をたびたびパトロールした。一般的な刑務所の建設には通常は数年かかったが、収容所は半年で完成した。一部には専用の工場が併設され、囚人は衣服や靴の製造などの労働を強いられた。結果、世界的なサプライチェーンでの奴隷《どれい》労働が広まることになった。ニュースサイト、バズフィードの調査によると、これらの施設の多くは１万人の囚人を収容できる大規模なものだという。[17]

２０１８年10月、取材をさらに進めるために私はイスタンブールに戻った。ウイグル人やカザフ人はどちらもトルコ人と同じテュルク系民族であり、よってトルコには中国から逃げてきた何万人ものウイグル人とカザフ人難民がいた。トルコのレジェップ・エルドアン大統領は難民を積極的に受け容《い》れ、のちに中国によるウイグル族の扱いを非難する数少ないイスラム系指導者のひとりになった。

タヒル・ハムットは私にアブドワリ・アユップを紹介してくれた。弟子や知人に「アブドワリ先生」と呼ばれる人物だった。意志が強く、血気盛んな言語学者で作家のアブドワリは、カンザス大学に留学した経験があり、欧米での生活についてのエピソードを綴《つづ》ったブログがウイグル人のあいだで人気を博したこともあった。アメリカへの留学経験と豊かな人脈をもち、さらにウイグル語を教える幼稚園を新疆で運営していたアブドワリは、２０１１年６月に帰国したあと、中国政府によって危険人物だとみなされるようになった。２年後に彼は逮捕され、１年３カ月にわたって収容所に入れられた[18]。

「中国はぼくを拷問《ごうもん》し、睡眠を奪いました。すべてを放棄するよう求めてきました」と彼は私に語った。「集団全体を殺すことを目的とした、古いスタイルの集団虐殺《ジェノサイド》ではありません。もっと洗練されたものでした。彼らはぼくの考え、アイデンティティー、すべてを消すことを望んだ。ぼくが誰であるかも、ぼくが書いたものもすべて消そうとしました。歴史と文化のなかに、ぼくたちの記憶はある。記憶、存在、精神を消してしまえば、民族そのものを消すことができるんです」

「彼女に会っておいたほうがいい」

拘留施設から釈放されたアブドワリは命がけで中国を脱出し、２０１５年８月にトルコに渡って難民申請した。驚くほど広い人脈を有し、ウイグル人社会で強い影響力をもつ文学者であるアブドワリは、オンライン上で反体制活動を繰り広げ、同胞たちから惜しみない称賛を受けた。イスタンブールで会ったあとに彼は私を首都のアンカラへと案内し、若いウイグル人の女性を紹介してくれた。メイセムという名の20代後半の人物だった。

「彼女に会っておいたほうがいい」と列車のなかでアブドワリは私に言った。「まだ表に出てきたことのない女性です。彼女の体験は信じがたいものですよ」

２０１８年10月のある晩、街の郊外にあるメイセムのアパートメントに行き、紅茶を飲みながら話を聞いた。広い部屋は閑散としており、引っ越してきたばかりで家具類はほとんどなかった。大学院での社会科学[19]の研究を終える間近の彼女は、アメリカで博士号を取得するための申請の準備をしているところだという。色白で、長い髪は茶色。話し方にも、紅茶を淹《い》れるときの手さばきにも、繊細な性格が見てとれた。しかし彼女の小さく細身の体躯《たいく》に、アブドワリも私も騙《だま》されることはなかった。その話し方から、タフで強い性格の持ち主であることが感じられた。お気に入りの紅茶とアンカラでの生活についての世間話を続けながら、彼女は要所要所で文学的な引用や世界情勢についての大胆な意見を挟み込んだ。

「女性は教育を受けるべきではないとよく言われます」とメイセムは言った。「でも、女性への教育が世界を変えるとわたしは思いますよ」。彼女は台所と居間を行き来しつつ、あるときは食べ物を用意し、つぎの瞬間には本棚から本を取りだした。

　新疆ウイグル自治区では、中国政府が一部のウイグル人に狙いを定め、工作員や情報提供者に仕立て上げていた。工作員たちは政府の指示を受けて亡命者に電話をかけ、海外にいる友人や隣人を裏切るよう圧力をかけた。トルコに住む何十人ものウイグル人が、そのような電話を受けたことがあると私に証言した。ウイグル人の工作員たちは、中国の拘留施設にいる家族の写真や動画を送りつけ、亡命者にこう約束した。長いあいだ音信不通になっている中国のきょうだい、両親、子どもたちと話をさせてあげる。あなたの家族の幸せを保障してあげる、と。もちろん、条件があった――近くに住むほかのウイグル人亡命者の居場所や活動についての情報を送れ[20]。

　メイセムははじめ、自身の物語を私に話すべきかどうかためらった。家族を置き去りにしたことを彼女は恥じていた。ほとんどの家族とは連絡が取れず、彼らが強制収容所にいることはほぼまちがいなかった。

「わたしは重い荷を背負っています。家族はいなくなり、わたしは新しい世界秩序の人質になった」と彼女は言った。「でも、どのようにしてここにたどり着いたのか、お話ししましょう」

第3章　ウイグル出身の賢い少女

容赦などしてはいけない。
——習近平《しゅうきんぺい》

「わたしがまだ子どもだったころの新疆《しんきょう》では」とメイセムは話しだした。「党が住民全員のことを気にかけてくれました。みんな、小さいころから進むべき道が決められていました。男性はたいてい警察官になり、女性は学校の先生になった[1]」

将来は外交官の道に

メイセムは例外中の例外だった。恵まれた環境で育った彼女は、高校をクラスでいちばんの成績で卒業し、中国の一流大学に合格。将来は外交官の道に進もうと考えていた。少数民族出身の若い女性としては、じつに珍しいことだった。

新疆の市民への政府の扱いの変化はゆっくりとしたものであり、はじめのうちメイセムは自分のまわりで何が起きているのか理解できなかった。卵の殻に入った小さなひびのように、それは徐々に広がっていった。すべてがはじまったのは２００９年７月だった。ウルムチで起きた政府にたいする民族暴動のあとに警察は、不安を煽《あお》った罪で若い男性たちを検挙しはじめた。[2]

２００９年から２０１４年にかけて、不満を抱いたウイグル人男性たちがアフガニスタンとシリアに渡ってジハードの闘い方を学んだ。[3] 一部は中国に戻ることを望んだ。一部は所属すべき共同体が見つかったと信じ、ＩＳＩＳのもとに永遠にとどまることを望んだ。中国政府はテロ攻撃に暴力で対抗し、容疑者たちを逮捕・処刑した。[4]

そして２０１４年以降、ただそこに居合わせた人とテロリストを区別できなくなった政府は、すべての住民にその独裁的な魔の手を伸ばすようになった。まず２０１４年８月のスポーツイベントの開催期間中、男性の顎《あご》ひげや女性のベールなど宗教に関連するものを公共バスのなかで見せることが禁じられた。[5] すぐにこの規制は拡大し、すべての公共の場所で顎ひげとベールを見せることが禁止になった。[6] その夏からメイセムは、ショッピングモールやガソリンスタンドに入るときにＩＤカードの提示を求められるようになった。車にガソリンを入れているあいだは、警備員がスタンドを取り囲んで様子を見張った。その年、彼女の故郷カシュガルに「セーフ・シティー（安全都市）」を作るという政府の計画が発表された。[7]

　やがて、大量の監視カメラが街に登場しはじめた。その数はみるみる増えて数千台規模となり、街じゅうどこも監視カメラだらけになった。

「警察はその目的について、犯罪と闘い、テロリズムを阻止し、過激な思想をもつ可能性のある外国人やイスラム教徒に眼を光らせるためだと説明しました」とメイセムは言った。「この計画がはじまったとき、あまりに多くの人が賛成してしまった。あまりに多くの人が素直にしたがってしまったんです」

　２０１６年、トルコの大学院に進学したメイセムは、夏休みのあいだ実家に帰省した。アンカラの大学院で社会科学の修士号を取得するまで、あと1年だった。実家でのんびりと過ごしていた6月のある日、彼女は地元カシュガルの警察署に呼びだされた。身分証明書をチェックした警察官たちは、スマートフォンで彼女の顔をスキャンして身元を確認した。それから、強制的なメディカルチェックが行なわれた。ひとりの警官が綿棒で口内をぬぐってＤＮＡを採取し、採血して政府のデータベースと照合した。つぎに認証ソフトウェアによって声が識別された。スカイネットは彼女を見つけた。スカイネットは彼女を知っていた。

「名前――メイセム・○○」という文字が、警察のコンピューターの画面に映しだされるのが見えた。

「社会ランキング――信用できない」

　海外留学中の彼女にたいし、警察は週にいちど、市民教育と政府についてのプロパガンダの授業に参加するよう命じた。メイセムは仕方なく授業には参加したものの、あくまでも修了したあとにアンカラに戻る心づもりでいた。修士号を取得し、外交官になり、家族を喜ばせたかった。

　しかしある日、中国政府に任命された地域自警団の役員がまたメイセムのアパートメントの扉をノックし、近くの警察署への出頭を命令する書類を手渡してきた。警察署の受付に行くと、スーツ姿の３人の中国人男性が近づいてきて、黒い四輪駆動のＳＵＶの後部座席に押し込まれた。１時間後、目的地に着いた。現地の警察官は、その場所は「再教育センター」であり、ここでより集中的な市民教育の授業を毎日受けることになるとメイセムに説明した。授業は朝８時にはじまり、午後６時に帰宅することができるという。

　しかし到着してすぐに、彼女はまた移動させられた。「拘留センター」と呼ばれる2番目の施設はよりセキュリティーが厳しく、いったん収容されると家に戻ることは許されなかった。メイセムは、改修された民家のような建物の中庭に連れていかれた。眼のまえの壁には看板が掲げられていた――「習近平主席を愛しています」。

「なかに入ってください」と看守が言った。うしろで扉が閉まると、自分が長いセメントの廊下の端にひとり立っていることにメイセムは気がついた。およそ10メートルおきに設置されたカメラのレンズが彼女のほうに向けられていた。

「壁はプロパガンダのスローガン付きの絵で覆われていました」とメイセムは言った。

「片側の壁の絵には、ベールをまとったイスラム教徒の女性が描かれ、みんな抑圧されて悲しそうな表情をしていました。反対側の壁には、ハイヒールと現代的な服装の女性たちが都会の生活を楽しんでいる絵が描かれていました。一方には、イスラム教徒のウイグル人教師に教えられ、泣いている子どもたち。反対側には、漢族の教師に教えられ、喜んでいる子どもたちの絵がありました」

　メイセムは中庭へと連れていかれ、待つように言われた。頭は真っ白で、ただただ戸惑っていた。気づくと、10人の看守がまわりを取り囲むように立っていた。

「ここにいる理由がわかりますか？」

「何かのまちがいです」と彼女は言った。「こんなところにいるべきじゃない。何も悪いことなんてしていません。わたしは由緒《ゆいしょ》正しい家の出なんです」

「ここでは誰が偉いのか、この女に教えてやろう」と看守のひとりが大声で言った。ふたりの男がメイセムを地面に押し倒し、靴を脱がせ、脚をもって体を外へと引きずりだし、隣の小さな中庭に引っぱっていった。そこには、不機嫌そうな表情をしたべつの数人の男女がいたが、彼らも意に反して連れてこられたのは明らかだった。

「この尻軽《しりがる》女が」と看守たちは叫んだ。「性悪女！」「売春婦！」

メイセムはなんとか逃れようと手足をバタバタさせた。数分後、看守たちは笑いながらうしろに下がった。

すでに正午ごろになり、8月の灼熱《しゃくねつ》の太陽が空高くに昇っていた。看守たちはメイセムの体をもち上げ、手錠と拘束具がついた鉄の椅子《いす》に引っぱっていき、腕と足に手錠をかけた。

「とんでもなく不快な気持ちでした」と彼女は私に言った。「それはタイガー・チェアでした。そう、誰もが噂《うわさ》で耳にしたことのある拷問椅子です。あの人たちは、そうやって見せしめにする。体を捻《ね》じ曲げて苦しめるんです」

ほかの囚人たちもその様子を見ていた。

「でも、彼らはまるで病人でした。自動車事故で負った頭の外傷から回復し、人格を失った病人みたいに」とメイセムは続けた。「考えることも、質問することも、感情をあらわにすることも、話すことさえできないようでした。みんな虚《うつ》ろな眼でこちらを見るだけ。しばらくすると彼らは、建物のなかへと追い立てられていきました」

　看守たちは、炎天下の中庭にメイセムを8時間にわたって放置した。彼女の肌は真っ赤になり、熱傷《やけど》を起こしてひりひり痛んだ。

「猛暑のなかでそこに坐《すわ》りながら、この悪夢から目覚め、母親と家にいっしょにいるところを想像しました。ハグ、両頬へのキス、人生、冒険、海外滞在の物語、最近読んだ本についての果てしない会話……」

　熱傷を起こした皮膚の痛みが、彼女を現実へと引き戻した。それから数時間、自宅での暮らしについての朦朧《もうろう》とした夢と無意識のあいだを行ったり来たりした。

なんで自分はこんなところにいるんだろう、と彼女は自問しつづけた。

故郷は魔法のような場所

　それまで20年のあいだに新疆のメイセムの世界はゆっくりと傾いていき、突如として崩壊し、絶望と不信の世界に変わった。彼女の母国はかつて、懐《なつ》かしい思い出に満ちた場所だった。強制収容所のような恐ろしいものに閉じ込められることになるとは、想像だにしていなかった。

１９９０年代のあいだ、メイセムは両親とともに静かな田舎暮らしを楽しんでいた。「自宅での生活の近くにはつねに自然がありました」と彼女は振り返った。「朝早く起きて、シンプルなコーンスープと果物の朝食を食べました。午前中はテレビは見ません。いずれにしても、わたしはむかしから本の虫でした」

カシュガル郊外にある家族の小さな家庭菜園に歩いていき、果物と野菜を収穫することもあった。家族の大人たちにとって昼寝はご法度《はっと》であり、それは怠惰の表われとされていた。

「毎週金曜日になると、貧しい人々への寄付活動をしました。食べ物、お金、衣服を入れた箱を、街じゅうの貧しい女性のところに届けるんです。でもお母さんは、ただお金を恵んでもらっているだけだと彼女たちに感じてほしくなかった。だから女性たちに電話をして、ちょっとした頼みごとをしていました。家の仕事を手伝ってほしいとか、子どもたちを学校に車で送ってほしいとか。それで、手伝ってもらったときに少し報酬を渡していたんです。

イスラム教徒にとって金曜日は大切な日です。何か善いことをする日なんです。ほかの多くの家もわたしたちと同じ活動をしていました」

穏やかな子ども時代のあいだに、メイセムの独創性と想像力は膨らんでいった。

7歳のときに家族とともに車に乗り、埃《ほこり》っぽい河川敷の道を進み、砂漠のなかの人気《ひとけ》のない聖地に行った。道中、車窓の外に延々と続く広大な砂の風景をじっと見つめた。

「タクラマカン砂漠はとても怖い場所でした」とメイセムは当時を思いだして言った。亡霊に取り憑《つ》かれたような悲しげな光景に、彼女は恐れおののいた。動物の頭蓋骨《ずがいこつ》やたくさんの白い旗が小枝の束に括《くく》りつけられたり、レンガの上に置かれたりしていた。

聖人が眠っているとされる墓がいくつもあった。ウイグル族の神話や叙事詩に出てくる歴史的人物を追悼する場所もあった。祝祭のあいだに人々が聖地のひとつを訪れると、その地の守護者である詩の語り部が群衆のまえに立ち、墓に眠る者たちの物語を朗唱した。あるいは伝説の王、英雄、精霊の物語を語った。[8]

「わたしの故郷は魔法のような場所でした」とメイセムは言った。「バザールの外で、旅まわりの語り部が叙事詩を朗唱するのに耳を傾けました。英雄、神、冒険家、征服者、闘い、遠征……。聴衆は、詩の流れに合わせて体を揺らし、叫び声をあげました。木や山には精霊が宿り、砂漠には悪魔や幽鬼がいると信じられていました。失われた文明、古代の財宝、放浪するキャラバン、彼らの命を奪った砂嵐の物語に聞き入りました。世界の中心、帝国と帝国の交差路に存在することの美しさにわたしたちは魅了されました」

　子どもだったメイセムは、両親とともにカシュガルのバザールを歩きまわり、絨毯《じゅうたん》の店、野菜市場、ケバブの回転グリルが並ぶ路地を進んだ。大通りの人混みのなかに入り込み、物語を語る放浪詩人のまわりに立った。彼女の両親は語り部に小銭を投げ、聴衆の輪にくわわった。語り部が語るのは、『タズキラ』と呼ばれる物語のなかに出てくる神話で、何世代にもわたって口承で引き継がれてきたものだった。それらの語り部たちは、物語の語りにくわわるよう聴衆に求めた。聞き手たちが涙を流し、甲高い声をあげ、喝采《かっさい》し、お気に入りの架空の主人公を煽《おだ》てる姿に、メイセムは心を奪われた。

　　彼らは、わたしのこの潔白の首を斬《き》り落とし、
　　そして、わたしの王位を心臓の血のなかに置く。
　　わたしには、棺台も、埋葬布も、墓も、涙を流す民もなく、
　　しかし見知らぬ人のように、わたしは砂埃のなかに横たわり、

首は三日月刀で刎《は》ねられる。

『シヤブシュ』――ペルシャの英雄の物語[9]

メイセムにとって、学校はまたべつの世界だった。1週間がはじまる毎週月曜日の朝と週が終わる金曜日の午後、クラスの全員が国旗のまえに立ち、中国の国歌「義勇軍進行曲」を歌った。

起て！　奴隷となることを望まぬ人びとよ！
我らが血肉で築こう新たな長城を！
中華民族に最大の危機せまる、
一人びとりが最後の雄《お》叫《たけ》びをあげる時だ。[10]

「この歌は、わたしの子ども時代を形づくる一部になりました」とメイセムは言った。

文学や数学の授業以外の時間には、教師から配られた漫画本を読んだ。そこに描かれるアメリカ人男性たちはみな、ビール腹で、髪はブロンドで、鼻は高く巨大で、軍服を着ていた。「アメリカ人たちは、貧しい女性や子どもたちにライフル銃を向け、まわりのすべての人を恐怖に陥《おとしい》れていました」

　メイセムと友人たちは、くすくすと笑いながら漫画をまわし読みした。

「幼いころからわたしは、自分をウイグル人だと強く自覚はしていませんでした。わたしにとって、共産主義、中国、ウイグル人であることはすべてひとつでした。それをとても誇りに思っていました」

　週末になるとメイセムは、田舎にある母方の祖父の家に行った。かつて地元の党組織のリーダーを務めていた祖父は、居間の椅子に坐り、鼻を埋めるように本を読み、それから顔を上げてその日のニュースについて語った。

「祖父の家には１０００冊以上の本があったと思います」とメイセムは振り返った。「なかにはとても古い本もありました。まさに骨董品《こっとうひん》でしたね」

　メイセムは、古く華麗なペルシャ語とアラビア語の文字の煌《きら》めきをいまでも覚えていた。

「いつも本をこっそり取りだして読んでいました。ある日は歴史についての本を読み、つぎの日は地震についての科学本を読みました。とにかく読書に夢中でした」

　彼女の読書好きは、母方の家系から受け継がれたものだった。

　メイセムによると、母親は上品で機転の利《き》く女性で、いつも豪華絢爛《けんらん》な服に身を包んでいたという。愛する本から得た百科事典並みの知識をもつ母親は、何事にたいしても当意即妙の返答をすることができた。

「お母さんは、わたしがたくさん勉強して成功することを望んでいました」とメイセムは言った。「母はごく平凡な学校の教師で、大学も出ていませんでした」

食後に家族が席を立ったあともメイセムの母親はテーブルに残り、新聞、雑誌、本を読んだ。ときに声に出して読むこともあった。

「新しい党のリーダーのこと、聞いた？」と母親はひとりつぶやいた。

「ジョージ・ブッシュが中国を訪問中なんだって」と言ったこともあった。

しかし本から学んだ知識は、メイセムの母親にとって自由への入口につながるものではなかった。母親は色褪《あ》せた写真を見せながら、自身の結婚についての耐えがたい物語を娘に伝えた。その写真には、「ほんものの貴婦人のように」着飾ったスタイリッシュな花嫁姿の母が写っていた。

結婚式の当日、メイセムの母親はひとり祭壇で花婿《はなむこ》が来るのを待っていた。けれど何時間たっても、彼は現われなかった。そして、陽が沈んだ。

「あなたのお父さんは、つぎの日になってわたしの家にやってきたの。べつに女性がいるんだとすぐにわかった。その人は、町の美しいダンサーだった」

メイセムはショックを受けたが、何も言わなかった。母親はつづけて、そのような屈辱を受けたにもかかわらず結婚することを決めた理由を説明した。

「あなたのおじいちゃんが、あの人と結婚することをなかば強制したの。お父さんは正直でも、賢くもない人だけど、共産党の幹部だったから」

「おれは文化大革命に参加したんだ」と父親はメイセムの母親にたびたび言った。それは、1966年から1976年まで10年間続いた政治的な騒乱だった。共産主義の青年団が国じゅうを歩きまわり、知識人、金持ち、共産主義や階級闘争への反対者をつぎつぎに粛清・処刑した。150万人から200万人が死亡したと考えられているものの、正式な数が公表されたことはない[11]。

熱心な共産主義者だったメイセムの父親は、仲間の学生暴徒たちとともに、小学校の教師らを非難して殴り倒した。党への忠誠心をとおして称賛と信用を勝ち取った父親は、官僚の階段を駆け上がり、地元の党事務所のトップに就任した。

「なあ、教育の意味っていうのはなんだと思う？」と父親はメイセムに語りかけた。

「単純な女の子になりなさい。学校を卒業したら、おまえは教師になるんだ」

メイセムは皮肉を感じずにはいられなかった。学生暴徒を率いて教師と闘った父親がいま、教師になってほしいと娘に乞《こ》うていた。「新疆では、大学を出ていなくても教師になることができました」とメイセムは私に説明した。「わたしたちの社会では、教師という仕事は、善良な女の子と女性のための職業だと考えられていました。高校を卒業し、結婚し、教師になるのが当たりまえでした。そうお父さんは考えていました」

娘の将来をめぐって、メイセムの両親は対立するようになった。１９９０年代から２０００年代にかけて、ミレニアル世代の若者には変化が起きつつあった。母親は毎晩のようにメイセムの横に坐ってレポートや宿題をチェックし、新しい詩や本を勧めるようになった。

「どうやって勉強して、成績を上げて学校で成功するか、母がいろいろと教えてくれました」

父親の意見は正反対だった。

「本は危険だ」と彼は言った。「読書なんてしても、トラブルに巻き込まれるだけだ」。しかし、父親は邪魔をしようとはしなかった。彼は出張で家を離れていることが多く、メイセムがどんな本を読んでいるのか知らなかった。

メイセムの一家は、政治的なつながりを築くことによって豊かになった。

「実際のところ、母方の家族はソ連の影響を強く受けていました。祖父母は流暢《りゅうちょう》なロシア語を話すこともできました」。１９３０年代から１９４０年代はじめにかけてソ連は、新疆のウイグル人や中国人のイスラム系軍司令官たちを支援し、資金と武器を提供した。司令官と将軍たちは中国と闘い、独立してウイグル族国家を樹立することを目指した。中国と地政学的な争いを繰り広げていたソ連は、ウイグル独立国が共産圏の衛星国になることを望んでいた[12]。

当時の中国にはまだ、共産主義を標榜《ひょうぼう》する政権はなかった。国民党の指導者と共産主義のイデオロギー信奉者のあいだで内戦が起きたのち、毛沢東の共産党軍が国を支配するようになったのは１９４９年のことだった[13]。

「ソ連が新疆に来たとき、母方の祖父母は強く影響を受けました。彼らは最初の幹部となり、当時の村で最初の共産主義指導者になりました。おじいちゃんは学者でしたが、ソ連による教育のおかげで政治力をもつようになりました。教授として、たくさんの有力者を知っていたことも大きかった。それで祖父は、払い下げられた土地を手に入れ、さまざまな不動産を買い取ることができた。祖父は地主でした。わたしたちの家族の富は、そこから生まれたんです」

高校で出会ったコンピューター

千年紀の変わり目ごろになると、共産主義——はじめにカール・マルクスによって定義され、それからウラジーミル・レーニン、毛沢東、文化大革命提唱者らによって確立されていった考え——は中国で力を失っていった。国家計画に導かれ、資本主義と大量消費をかけ合わせた考えが共産主義に取って代わろうとしていた。[14]

２０００年代はじめにメイセムが小さな高校に入学した時点で、インターネットに接続されたコンピューターは学校に１台しかなかった。それでも、メイセムは友人たちとともに嬉々《きき》としてパソコンのまえに坐り、キーボードやマウスを操作した。「興味津々《しんしん》でした」と彼女は私に言った。「高校に入るまでインターネットを見たことはありませんでした。でも、いまやその機械を使えば、記事や本をダウンロードして読むことができるようになった。インターネットは検閲されていたので、自由にすべてを読むことはできませんでした。それでも、向こう側にある新しい世界をわたしたちに見せてくれました。

わたしは現代の英知を目《ま》の当たりにしました。中国は近い将来、世界のテクノロジーと経済の重心になると言われていた。中国には10億人以上の人口がいて、みんながインターネットに夢中になっていました。厳しい時代が続いた20世紀のあと、中国はより偉大な何かに変わろうとしていたんです」[15]

共産党が呼ぶ「屈辱の世紀」を払拭《ふっしょく》するための絶好の機会だった。この言葉は、中国が外国勢力によって搾取《さくしゅ》され、利用され、力を奪われていた長い期間を意味するものだった。[16]

同時に新疆ウイグル自治区では、異なる種類の文化的な目覚めが広がりつつあった。「それは民族主義、イスラム教からの宗教的な影響、中国の共産主義思想、欧米のリベラル思想が力強く組み合わさったものでした」と私に教えてくれたのは、ワシントンDCを拠点に活動するウイグル人の思想史家エセット・スライマンだ。「実際にはその4つが共存することは不可能なので、対立、闘い、派閥争いが起きました」

たとえば文学の世界では、フランス人作家アルベール・カミュの影響を受けたウイグル人の実存主義作家パルハット・トルスンが、1999年に小説『自殺の芸術』を発表して物議をかもした。共産主義のもと長いあいだ閉ざされ、いまはスンニ派のイスラム聖職者の影響下にあるウイグル社会にとって、トルスンの著作のなかの自殺の描写は衝撃的なものだった。結果、トルスンは殺害の脅しを受け、新たに活発になった文学界においてリベラル派の象徴になった。[17]

「彼はタブーに真正面から挑みました」と、トルスンの友人で詩人のタヒル・ハムット［第2章参照］は私に言った。「保守派の作家やイスラム教徒たちはひどく動揺していました」

新疆南部のある学校では、『自殺の芸術』の焚書《ふんしょ》活動が行なわれた。トルスンの妻は、家族の安全を脅《おびや》かそうとする集団に耐えられず、夫のもとを離れた。[18] ハムットやトルスンなどの作家たちは、国の検閲の対象となる伝統的な学術誌や雑誌の発行をあきらめ、個人運営のウイグル語のウェブサイトで作品を発表しはじめた。それらのサイトの人気はみるみる高まっていったが、なぜか政府の規制を免れた。

「誤解しないでください。中国ではそのころも弾圧が続いていました」と、オンラインで作品を発表した作家のひとりであるアブドワリ・アユップ〔第2章参照〕が私に説明した。「扇動の罪でたくさんの人が刑務所送りになりました。でも、事態は良くなっていると本気で信じていました。ぼくたちはグローバリゼーションの時代にいる。どんな種類のものであれ高圧的な支配が永遠に続くことはない、とね」

「刺激的で希望に満ちた時代でした」とメイセムは言った。当時から何年もたったそのとき、私たちはまったく異なる国で紅茶を飲んでいた。「でも、問題がありました。盲点があった。わたしたちを引き上げたのと同じ力が、わたしたちを引き裂こうとしていたんです」

第4章　中国テック企業の台頭

この偉大な国の基盤を揺るがすことのできる力は存在しない。

——習近平

貿易、経済成長、テクノロジーをとおして中国の重要性が世界で新たに増していくなか、気づくとメイセムは愛国的な誇りの奔流に呑《の》み込まれていた。「歳《とし》を重ねるにつれ、外交官になりたいという思いがより強くなりました。自分の国のために役に立ちたかった。何か特別なこと、意義あることをしてみたかった」

2007年6月15日に全国統一考試を受けたメイセムは、1日6時間、2日間にわたって数学、文学、歴史の多肢選択問題に答えた。

「結果のことが心配でたまりませんでした」と彼女は言った。「しばらくして、封筒が届きました」。両親とともに息を殺しながら、メイセムは封を切った。

「新疆《しんきょう》のなかでもほぼトップの得点をとることができました。それは、わたしにとって大きな意味をもつものでした。わたしは北京に、この国の首都に行くことになる。でも、怖い気持ちもありました。実家を離れて暮らしたことがありませんでしたから」

３カ月後の２００７年９月、大学で社会科学を専攻するため、メイセムは父に連れられて北京に行った。

「感じのいい小柄な女の子と出会ったので、互いに自己紹介しました」と当時を振り返ったのは、医学部のある学生だ。２歳ほど年上の彼女は、のちにメイセムと親友になった。「メイセムはカフェテリアにお父さんといて、ちょうど別れを告げているところでした。彼女は泣いていました」

同時にメイセムは興奮していた。「お父さんと別れて、首都ではじめての授業に向かいました。北京は恐ろしい場所でしたが、魅惑的でもありました」

メイセムが大学生活をはじめたのと同じ２００７年に私は、夏休みの交換留学プログラムに参加する大学生の集団のひとりとしてはじめて中国を訪れた。プログラムの一環として、ある新興テクノロジー企業の最高経営責任者（ＣＥＯ）と話をする機会があった。新しいチャンスが生みだされつつある中国はいま活力に満ち満ちている、と彼は語った。

「子どものころ、アメリカ人について知っていたのは〝高い鼻〟のことだけでした」とＣＥＯは冗談まじりに言った。メイセムが読んで笑ったのと同じ、漫画のなかに出てくる典型的な白人アメリカ人の描写のことだ。

「いまや中国は、世界の製造業の中心地になった」と彼は続けた。「そして、バリュー・チェーンの階段を上がりつづけている。中国は独自のコンピューターやソフトウエアも作りはじめています」

実際、国全体が活気にあふれていた。私たち留学生のグループは、中関村《ちゅうかんそん》と呼ばれる北京の電気街を訪れ、マイクロソフト中国支社の従業員から話を聞いた。「マイクロソフトは、中国の新しいテクノロジーの中心的な柱になったといっていい。わたしたちがこれまで何を成し遂げてきたのか、簡単な言葉で表現するのはむずかしいことです」

その7年まえ、マイクロソフトのビル・ゲイツＣＥＯは、上級顧問のクレイグ・マンディを中国に派遣した。マンディに与えられた使命は、テクノロジーの導入に熱心な国の政府を支援する新規事業の計画を起《た》ち上げることだった。その国には10億人以上の人が住み、1億2000万台のパソコンがあると推定され、よって1億2000万人の潜在的なウィンドウズ利用者がいた。[1]

　当時の中国人ユーザーは、道端で売られているマイクロソフト・ウィンドウズの海賊版を数ドルで買って使っていた。マイクロソフトは対抗策として中国の裁判所で積極的に訴訟を繰り広げたが、敗訴が続いた。[2] 一方の中国政府は、アメリカ政府によってウィンドウズにマルウェアが仕込まれ、スパイ活動のために使われるのではないかと懸念《けねん》を抱いていた。

「[マイクロソフト本社のあるワシントン州]レッドモンドに戻り、こう伝えたのを覚えています。『われわれのビジネスは中国では完全に破綻《はたん》しています』」とマンディはフォーチュン誌に語った。「しかし、もっとも破綻していたのは、われわれのビジネス手法と取り決めが、中国政府と協力的なアプローチを保つという重要な側面を反映したものではなかったという点です」

「結果、2003年にマイクロソフトは中国とほかの59の国にたいして、ウィンドウズのオペレーティング・システムの基本ソースコードを開示し、特定の一部分をその国独自のソフトウェアと置き換える権利を与えた。それは、マイクロソフトが過去には絶対に許可しようとしなかったことだった」とフォーチュン誌は伝えた。[3]

マンディの意見を聞いたゲイツは、マイクロソフトが過《あやま》ちを犯していることに気づいた。裕福な国でも、中国のように貧しい国でも、マイクロソフトはウィンドウズの価格を世界で均一に設定してきた。しかしそれは現実的ではなく、結果として海賊版が出まわることにつながっていた。[4]

親善の意思表示としてゲイツは、北京にマイクロソフト・リサーチ・チャイナと呼ばれる研究開発のための施設を作ることを発表した。のちにマイクロソフト・リサーチ・アジア（ＭＳＲＡ）に改称されたこの研究所は、開発が進む中関村地区に建設された。そこは、つい最近まで農民が牛車に乗って通りを行き交っていた場所だった。「安物のスーツを着た男性たちが、道端の露店で電源タップとプリンターのインクを売っていた。海賊版ソフトウェアが当たりまえのように売られており、この通りは『泥棒街』と呼ばれていた」とジャーナリストのマーラ・ビステンダールは当時の中関村について説明する。[5]

しかし、中関村はのちにサイエンス・パークへと生まれ変わり、やがて政府が直轄《ちょっかつ》で管理する地区となった。

マイクロソフト・リサーチ・アジア

ゲイツは、台湾出身の若手の新星、李開復（カイフ・リー）にＭＳＲＡの設立を託した。[6] リーは、音声認証と人工知能の分野の有名人だった。カーネギーメロン大学のコンピューター科学の博士課程に在籍中だった１９８０年代に彼は、８×８マスの比較的シンプルなボードゲーム「オセロ」の世界チャンピオンを打ち負かすＡＩプログラムをはじめて開発した。当時としては、それは大きな偉業だった。[7] 修了後、リーはソフトウェア開発担当幹部としてアップルに入社し、１９９０年代はじめに同社初の音声認証技術となるＣａｓｐｅｒを生みだした。[8]

　カリフォルニアを拠点とするカイフ・リーがキャリアのスランプに陥っていたとき、マイクロソフトはＭＳＲＡ設立への参加の話をもちかけた。その使命は、中国屈指の優秀な頭脳を集め、市場の5年から15年さきを行く画期的な技術を開発することだった。[9]

「その会社はのちにマイクロソフトリサーチ・アジアと改名し、バイドゥ、アリババ、テンセント、レノボ、ファーウェイの経営幹部を初め、５０００人以上のＡＩ研究者を育てた」[10] とリーは自著『ＡＩ世界秩序――米中が支配する「雇用なき未来」』で説明した。つまり、中国で最大規模を誇る5大テクノロジー企業の幹部がＭＳＲＡから生まれたことになる。

それまで、マイクロソフト、アップル、ヤフー、ＩＢＭなどのアメリカの巨大企業が世界じゅうの市場を牛耳ってきた。しかしＭＳＲＡの設立とともに中国は、独自に成立する生態系《エコシステム》の基礎を築いていった。

新たに生まれたこのエコシステムは無慈悲だった。さまざまな企業が、毎週のように生まれては消えた。起業家たちは独自に革新を目指すのではなく、互いの製品やウェブサイトをコピーした。修理工場のような状況のなかで会社を起業し、やがて革新的なシステムを築き上げ、ハードウェアとソフトウェアを素早く微調整していった。結果として、彼らは欧米や日本の技術を猛スピードでコピー、模倣し、強欲な中国の消費者市場に製品を安く売ることができるようになった。[11]

「パクリ時代の中国では、市場は混乱し、卑劣な行為が横行し、いかがわしい会社が生まれたが」とカイフ・リーは綴《つづ》った。「同時に、世界で最も機転が利《き》き、実際的なノウハウを持ち、勤勉な起業家集団が生まれた」[12]

しかし政府による関与が増すと、状況は変わった。

中国政府は、インターネットに可能性を見いだした。インターネットは、自分たちが望む未来の経済の原動力となり、貿易や学術研究を促進し、中国の技術を世界的に広めるというビジョンを実現してくれると政府は考えた。同時に、市民がオンライン上で組織的に抗議活動をしたり、反体制的なウェブサイトにアクセスしたりするおそれもあった。中国が今後も一党独裁体制を維持するべきだと考える政府関係者は、インターネットの普及に大きな不安を抱いた。[13]

そこで政府は2000年以降に一連の法律を制定し、インターネット・プロバイダー各社にたいして、国の方針に沿ったサービス提供と情報発信を義務づけた。

2002年、中国ははじめてグーグルへのアクセスを遮断し、インターネットの「自制」のための4つの原則を築き上げた――愛国的な法律順守、公平、信頼性、誠実。それが意味するのは、どんなに高圧的で独裁的なルールであっても、中国で活動するインターネット企業は国内のルールにしたがわなければいけないということだった。[14]

アメリカの検索エンジン大手ヤフーは、この誓約書に署名した企業のひとつだった。2年後の2004年4月にヤフーは、中国人ジャーナリスト師《し》濤《とう》がニューヨークのウェブサイトに情報をリークする際に使ったメールの個人情報を中国政府に提供した。彼がリークした共産党の内部資料は、1989年に起きた天安門の虐殺《ぎゃくさつ》事件の記念日に関連する報道を控えるようメディアに指示するものだった。結果、師濤は10年の刑に服すことになった。[15] 翌２００５年には、マイクロソフトが誓約書に署名した。グーグルは２００６年に署名した。[16]

国外のあらゆるウェブサイトへのアクセスを遮断する中国のインターネット検閲システムは、万里の長城《グレート・ウォール》になぞらえて「グレート・ファイアウォール」と揶揄《やゆ》されるようになった。このシステムを作り上げたのは、コンピューター科学者の方浜興《ほうひんこう》だった。インターネット検閲の父と呼ばれた方は全国的な嫌われ者となり、２０１１年には怒った男性から靴と卵を投げつけられるという事件も起きている。しかし政府の方針が変わることはなく、中国は「金盾《きんじゅん》」と呼ばれる第2のシステムの開発も進めた。このシステムによって政府は、インターネット上で送受信されるすべてのデータを検査し、国内のＤＮＳ（ドメイン・ネーム・システム）をブロックすることができるようになった。[17]

急成長する中国の新興テクノロジー企業の存在に気づきはじめた米国政府は、中国の技術の近代化がアメリカの軍事的利害や国家安全保障にもたらす脅威について危惧《きぐ》するようになった。

２００５年に米空軍ははじめて、冷戦時代に大きな役割を果たした有力シンクタンクであるランド研究所にたいし、将来的な中国の軍事力についての包括的なレポートをまとめるよう委託した。そしてこのレポートこそが、中国の技術に関するアメリカの議論を形づくることになった――中国がこのまま独裁体制を強めれば、軍事紛争が起きる確率が高まるのか？　ここから、「第2次冷戦」の噂《うわさ》が広まるようになった。

「中国の軍隊は、C4ISR（指揮［Command］、統制［Control］、通信［Communications］、コンピューター［Computers］、情報［Intelligence］、監視［Surveillance］、偵察［Reconnaissance］）の革命の真っただなかにいる」とレポートには書かれていた。「その核となるのは、光ファイバー・ケーブル、衛星、マイクロ波、暗号化された高周波無線による安全なデジタル通信への完全な移行である」

ランド研究所の調査員たちは、中国で生まれつつあるシステムを「（ファーウェイのような）成長著しい民間IT企業」「政府の研究開発機関と資金提供体制」「軍」からなる「デジタル・トライアングル[18]」と呼んだ。

つまり中国は、将来のニーズに合わせて再構成された斬新《ざんしん》な軍産複合体を作りだそうとしていた。

誰も何も知らない

しかし実際のところ、2005年の段階での中国の技術は、アメリカ国防総省が疑いと恐れを抱くレベルよりもはるかに遅れたものだった。政府直轄機関の中国科学院はその年の報告書のなかで、中国のテクノロジー企業は近視眼的で革新性が低いと指摘した。[19]奇跡的な経済成長という夢を実現するためには、なんとかして技術的な遅れを取り戻さなくてはいけないと政府は理解していた。

「中国のインターネットは使いものにならない」と、北京に住むある中国人作家は２０１４年に私に言った。「それに、非常に大きな問題があります。自国民をあまりに厳しく検閲しているせいで、政府は実際に国で何が起きているのかわかっていない。そうとしか考えられません」

私も同じ意見だった。２０１４年当時の私は、世界保健機関（ＷＨＯ）のコンサルタントとして北京での任務を終えたばかりだった。このプロジェクトのなかで私は、交通安全という害のない話題について報道するための中国人ジャーナリスト向けカリキュラムの制作に携わった。

ＷＨＯの担当者によると、私の研修会に参加した40人のほぼ半数が警察官だったという。彼らが招待されたのは、報道機関と警察のあいだの〝友好関係〟を築くためだとされていた。しかしほんとうの目的は、政府の関与を強めることにあったのではないかと私は考えた。警察が報道関係者の発言をチェックし、さらには圧力をかけるための動きだったにちがいない、と。

「交通事故という話題についてくわしく知らないなら」と、参加した警察官のひとりが立ち上がって言った。「記事を書くべきではありません」

問題は、報道関係者の多くが信頼できるデータにアクセスできないという点だった。つまり彼らは、無法地帯と化した中国の道路上で頻発する危険な交通事故とでたらめな取り締まりについて、たしかな裏づけにもとづいて報道することができなかったのだ。

フォーリン・ポリシー誌のジェームズ・パーマーはのちに、「中国について誰も何も知らない」と題した記事のなかで、中国には信頼できるデータがほぼ皆無であることを嘆いた。

> わたしたちは、ＧＤＰ成長率の実際の数値を知らない……中国の人口の正確な規模を知らない……中国の高次の政治について何も知らない……人々がほんとうは何を考えているのかを知らない……正確な防衛予算を知らない……中国の学校が実際にどれくらい優秀なのかを知らない。[20]

監視システム構築のはじまり

外国で中国について研究する専門家と同じように、中国という国家もまた、市民の生活についてほとんど何も知らなかった。そこで中国政府は、市民を追跡する方法の確立に乗りだした。中国政府のために働いた経験のあるウイグル人難民のひとりに、イルファンという男性がいた。彼は、ウルムチ出身の30代の技術労働者だった。新疆北部地域の中心地で、商業の中枢《ちゅうすう》であるウルムチでイルファンは、大規模な監視プロジェクトの運営スタッフとして働いていた。２０１５年に仕事を辞めたあと彼は、２０１８年に新疆から逃げてトルコに移住した。

イルファンは、貧しいウルムチ地域でなかなか仕事を見つけられずに苦労していた。条件のいい仕事の多くを独占したのは、地元のウイグル人を脇《わき》に追いやった漢族の中国人移住者だった。

「でも、ウルムチ市長とちょっとコネがある友人がいたんです」とイルファンは説明した。「その友人が、わたしのために電話をかけてくれた。それで２００７年に、仕事をしないかと通信会社から連絡が来ました。その会社は、街のもっとも初期段階の監視システムの構築を担当するＩＴマネージャーを探していた。わたしにとって、その誘いはとても大きな意味をもつものでした。それはどうか理解してください。ウイグル人がそういう仕事に就けるチャンスはめったにありません。そんな状況のなかで、政府の庇護《ひご》と高い給料の両方を与えてくれる仕事に巡り合うことができたんです」

新しい仕事をはじめたイルファンは、ふたつの機密性の高い場所へのアクセス権を与えられた。まず、地元の公安当局への出入りが許され、そこで彼は通信会社の監視網の管理を手伝った。さらに、通信会社のネットワークそのものにもアクセスすることができた。

「わたしに許されたアクセス権は」とイルファンは続けた。「かなりの深部につながるものでした。中国がスカイネットを構築しはじめたのは、その2年まえのことでした。わたしたちに与えられた任務は、街をくまなく探しまわり、可能なかぎり多くのカメラを設置するというものです。政府が犯罪に立ち向かう手助けをしている、と上司たちは言いました。わたしもその言葉を信じ、とても立派な仕事だと考えていました」

少人数のチームとともにイルファンは、市のデータに記録された情報を頼りに、街角、路地、車のスピードが出やすい通り、強盗やひったくりが多い地域を見てまわった。それから彼のチームはカメラを設置し、公安当局につながる光ケーブルを接続した。そして当局の建物内にある制御室から、警察の諜報員《ちょうほういん》が街を監視した。

「カメラの設置に適した場所を見つけたときには、あたかも頭のなかで電球がパッと光ったような感覚になります。『あそこだ！』とわたしは同僚に伝えました。時間とともに、設置場所を見つけるコツがわかってきました」

まだ電気が通っていない地域では、連続で最大８時間稼働《かどう》するバッテリー式カメラが設置された。

派遣された技術者が運んでくるカメラには、「中電海康集団」という政府系機関のロゴがついていた。中電海康は、杭州海康威視数字技術（ハイクビジョン）と呼ばれる監視カメラ製造の新興巨大企業の40パーセントの株式を保有する機関だった。[21] イルファンは、技術者がカメラを柱や建物に取りつけ、政府の監視システムに接続するのを見守った。べつの大手中国企業である華為（ファーウェイ）は、カメラに電力を供給する交換システムを提供していた。[22]

イルファンの説明によれば、２０００年代後半のあいだに、数多くの中国のテクノロジー企業が協力し合い、いわゆるＩＰカメラ（ネットワークカメラ）で構成される初期の監視システムを築き上げていったという。ネットワーク経由で映像を送信するこれらのカメラの普及によって、ビデオテープ録画機などのローカル録画デバイスを必要とするＣＣＴＶ（クローズド・サーキット・テレビジョン）を使った従来の仕組みは時代遅れになった。この比較的新しくより効率的な技術を中国はすぐさま駆使し、カメラから管理センターにデータを送信できるというインターネットの力をおおいに活用するようになった[23]。

　イルファンは、何か重要なことがはじまりつつあると気づいた。それまで、アメリカ、ヨーロッパ、日本、台湾の企業が監視カメラ市場をほぼ独占していた。しかし、これら大手企業の多くはアナログから抜けだすことができず、いまだＣＣＴＶカメラを販売していた。ＩＰカメラは単価が非常に高く、大手企業から敬遠されていた。しかし価格をのぞけば、ＩＰカメラには数々の利点があった。Ｗｉ－Ｆｉやデータ・ネットワークに接続することで効率的に利用でき、はるかに高品質の映像処理が可能で、録画するためのテープやレーザーディスクも必要なかった。

　アメリカやそのほかの地域で技術転換が遅れた理由の一部には、新しいテクノロジーを受け容《い》れるまでに時間がかかるという傾向もあった。アメリカのシスコやスウェーデンのアクシスといった監視カメラ製造業者は、デジタル化への移行に否定的なアメリカのふたつの代理店をとおして製品を販売していた。それらの販売代理店はたんに、初期のデジタル監視カメラを設置するためのノウハウをもっていなかったのだ。

欧米の監視カメラ各社は代わりに、コスト削減を狙《ねら》った中国への製造委託に力を入れるようになった。[24]

そこに割って入ったのが、新たな「ビッグ２」となるハイクビジョンと浙江大華技術（ダーファ・テクノロジー）だ。２社はやがて世界の監視カメラ業界のシェアの３分の１を独占し、新たな警察国家の動力として機能するようになった。[25]

「全体をまとめてスカイネットと総称される中国の監視システムは、まさにわたしたちの通信会社のネットワークをとおして機能していました」とイルファンは言い、監視カメラからビデオ映像が公安当局に送信される流れを図に書いて説明した。「民間企業と政府はほぼ一心同体でした。計画の初期段階では、イスラム教の礼拝所におもに狙いが定められました」

すぐに、監視カメラの巨大なネットワークができあがった。そのネットワークに最新のカメラを設置するたびにイルファンは、特徴のないコンクリート造りの建物にある制御室に戻った。彼を含むＩＴ労働者たちは、壁に並ぶ大型スクリーンのまえに坐《すわ》った。７階分のフロアには、サーバー用ハードウェア機器とそれを管理するコンピューター機器が所狭しと並んでいた。それらの機械が、法律違反者、ギャング、そのほかの犯罪容疑者の姿をカメラでとらえる方法を模索していた。[26]

しかし、強盗が起きるのはほんの一瞬であり、犯人は捕まるまえに全速力で逃げてしまった。

「喫緊の課題は、どうやって犯罪者をより速く特定できるかということでした」とイルファンは言った。「ここで利用されるのがＵＮＩＸオペレーティング・システムです。こちらもハイクビジョンとダーファが開発したもので、このシステムがハードウエアの制御と管理をしています」（ＵＮＩＸはカスタマイズ性の高いオープンソースＯＳであり、各企業は独自の目的のために独自のバージョンのＵＮＩＸを設計することができる）

最終的にたどり着いた答えは？　人工知能だ。

２０１０年から２０１１年にかけてイルファンと同僚たちがますます注目するようになったのは、ＡＩアルゴリズムを訓練して顔や行動認識の精度を高め、それを市民の全国データベースと照合し、警察による犯人逮捕の後押しをするという流れだった。

イルファンは、ＡＩに特化した新しい機器が監視センターに届くのも目撃した。同じころ彼の上司は、イルファンが所属するチームが２０１１年中に研修に参加することになると発表した。研修の名前は「セーフ・シティー」。

「研修の目的は、セーフ・シティー・システムの使い方を学ぶというものでした。でも実際のところは、15日間連続の飲み会とカラオケでした。主催者は、20人のかわいい女の子たちも雇って研修に参加させました。要は、彼女たちはコンパニオンです。だから、研修などいっさい行なわれませんでした。わたしたち技術者は、犯罪者を捕まえるために大きなプレッシャーのもとで仕事をしていた。その研修は、休息とリラックスのための時間だったんです」

勝負の瞬間

研修の15日目にイルファンは〝修了証書〟を受け取り、職場に戻った。ついに、犯罪と闘い、新しいセーフ・シティー・システムで何ができるのかを見きわめるときがやってきた。「研修では何ひとつ学んでいなかったので、なぜ犯罪と闘えると思ったのか理由はよくわかりませんが」と彼は冗談っぽく言った。

最新のＡＩ技術が備わった制御室に行き、イルファンは椅子《いす》に腰を下ろした。仕事場からそう遠くない場所にあるレストランで経営者が殺される映像を眼にし、彼は衝撃を受けた。イルファンはコマンドを打ち込み、現場から逃げた殺人犯の近影を手に入れようとした。

「まさに勝負の瞬間でした」と彼は私に言った。「システム全体の真価が問われるときでした。わたしたちは顔認証技術を使って、犯人を推測しようとした。でも、まだ技術は充分ではなく、顔を完全に照合することはできなかった。結局、何枚かの写真を警察に転送することしかできませんでした」

驚いたことに、警察はそれを事件として登録したものの、何も捜査はしなかった。殺人犯は逃げ、犯した罪について罰せられることはなかった。

「あるときには、わたしの車の窓が割られ、なかにあったコンピューターが盗まれたこともありました。犯行の様子をとらえた映像がありましたが、そのときも警察は犯人を見つけて逮捕することができませんでした」

多くの似たような事例が続き、初期のＡＩは失敗だと考えられた。くわえて警察の無関心によって、状況はさらに悪化した。

「コンピューター・ソフトウェアに頼っているだけでは、問題は解決できないのだと学びました。まだまだ人間の手が必要でした。だとしても、警察はなぜ何もしなかったのか？」とイルファンは言った。「あとになって、警察が何を優先しているのかを知りました」

ある日、イルファンの事務所の外にウイグル人の独立支持者がやってきて、三日月が描かれた青いウイグルの旗を振った。その旗は、冷戦終結後からこの地域で続く（ときに熱狂的な）独立運動を象徴するものだった。

「すぐに警察がやってきました」。近くに設置されたカメラからの警報によって出動した警察は、反体制派の男を連行し、旗を撤去した。

イルファンの仕事はシステムを作りつづけることであり、彼はどうすればシステムがより強固になるのかも熟知していた。

「ハードウェアもカメラも、システムを機能させるために必要なものはほぼすべてがそろっていました」と彼は言った。「でも、カギとなる要素が欠けていることに気づいたんです。もっと多くのデータが必要でした。データがなければ、顔認証技術は役に立ちません。ＡＩをうまく機能させるには、さまざまな種類のデータが必要になります。顔の画像、ソーシャル・メディアの情報、犯罪記録、クレジットカードの使用履歴、なんらかの活動や取引から生じたあらゆるデータ……。それからシステムは、わたしたちが与えたすべての情報を読み込み、人間には見つけられない相関関係を見つける。それも、わずかな時間で」

「では、どうしてそんなにデータが少なかったんですか？」と私は訊《き》いた。

「国家的な秘密主義のせいです」とイルファンは答えた。「中国政府は、自国と国民についての充分な情報をもっていなかった。だからわたしたちの手元には、ＡＩソフトウェアに与えるべき質の高いデータがありませんでした。すべての市民に関する充分なデータベースがなければ、人々の顔や犯罪歴を簡単に照合することはできません。その時点では、ＡＩを使って犯罪者を捕まえることはできなかった。お粗末なシステムでした」

イルファンのチームはさまざまな会社の事務所や政府機関に行き、データを探した。しかし、収穫はなかった。

「解決策を与えてくれたのは政府ではありませんでした」とイルファンは明言した。

「企業が与えてくれたんです」

「微信」が集めたデータベース

２０１０年10月、騰訊控股（テンセント）の小さなチームが南部の広州で新たなプロジェクトをはじめた（１９９８年に設立されたＩＴ企業テンセントには、マイクロソフト・リサーチ・アジア出身の従業員が大勢いた）。しかし、その新プロジェクトに注目する人はほとんどいなかった。彼らが開発しようとしていた「微信」というアプリは、それほど画期的あるいは革新的なものには見えなかった。テンセントには有名なＰＣアプリのインスタント・メッセンジャー「テンセントＱＱ」があり、すでに誰でもコンピューターを使ってメッセージを送信することができた。ほかに、フェイスブックに似た「ＱＱ空間」（Ｑｚｏｎｅ）というソーシャル・ネットワーキング・サービスもあった。その時点でＱＱには、７億８０００万人近い利用者がいた。

プロジェクト開始から約３カ月後の２０１１年１月21日、テンセントは新しいモバイルアプリ「微信」を公開した。テキスト・メッセージにくわえ、音声データや写真を送信する機能など、いたって基本的なサービスを提供するアプリだった。当時この分野を席巻《せっけん》していたアメリカ製アプリＷｈａｔｓＡｐｐは、その前年に発表されていた（ＷｈａｔｓＡｐｐはのちにフェイスブックに買収された）[27]。

だとすれば、この中国企業が開発した平凡なメッセージング・アプリは、すでに競争の激しい市場でいったい何を提供できるというのか？

「当時は」とイルファンは説明する。「どの通信会社も独自のメッセージング・アプリをもっていて、それぞれ一定の人気を得ていました。微信は、それらをひとつのプラットフォームにまとめた。それこそがわたしたちが求めていた解決策だったんです」

微信（世界版はＷｅＣｈａｔとして展開）はすぐに人気を博した。利用者は１年で１億人[28]、２年で３億人に達した[29]。同じ数の利用者を獲得するまでに、フェイスブックは４年、ツイッターは５年の時間を要している[30]。

時間がたつにつれて明らかになったのは、微信の成功の一部は、巧妙なマーケティングにくわえ、携帯電話をとおして生活のすべてを完結できるという徹底した機能性にあるということだった。アプリ内では新しい機能がつぎつぎとリリースされた。病院の予約、タクシーの手配、セブンイレブンでの支払い、ハウスクリーニングの依頼、デート相手のマッチング、投資の管理……。ライバルであるＷｈａｔｓＡｐｐの機能がまだ必要最低限のものに限られており、ティンダーやウーバーによる新時代が訪れるまえの当時としては、どれも目新しい機能ばかりだった[31]。

なかには奇抜な機能もあったものの、つぎのドーパミン放出のタイミングをつねに求めているユーザーにとってはそれも魅力的だった。たとえば、世界のどこかにいる見知らぬ人とつながりたければ、電話をシェイク（振る）するだけで、同じくシェイク機能を有効にしている誰かとつながることができた。

くわえて、競争相手となるフェイスブックとツイッターが中国で禁止されていたことも、微信への追い風となった[32]。

微信はやがて中国の生活を支配するようになった。とくに、若い世代での人気は圧倒的だった。裏を返せばそれは、微信の利用者の行動についての圧倒的な量の情報が収集・監視されることを意味した。「人々は、監視のための実験台になろうとしていました」とイルファンは振り返った。「微信は、ユーザーの経験、購買履歴、『いいね！』、カップルの破局、テキスト・メッセージの巨大なオンライン・データベースを与えてくれた。ついに、エコシステムが完成しようとしていました。こうして、大規模な監視活動に必要な大量のデータが構築されていったんです」

「２０１３年４月、政府の命令を受けた上司から新しい任務が与えられました」とイルファンは説明した。地域での一連のテロ攻撃に対処してきた新疆の地方政府は、テロ容疑者に関する情報を集めることを望んでいた。

「わたしが担当したのは、新疆ウイグル自治区におよそ４０００台のサーバーを設置するというものでした。このサーバーに、新疆住民のＱＱや微信のすべてのメタデータや電話番号が保存される予定でした」

　セーフ・シティー計画はいまや、個人のスマートフォンのマスデータ収集にまで拡大され、イルファンは不安を抱きはじめるようになった。

「事務所のなかにも、不満を感じている人たちがいました」と彼は教えてくれた。「『犯罪と闘うために、全員の微信のメタデータのデータベースがほんとうに必要なのだろうか』とね。公安当局は、微信のメタデータをすくい上げることができた。プロジェクトの一環としてわたしたちは、自社の電気通信サーバーへのアクセスを政府に許可していました。だから、公安当局は新疆ウイグル自治区のメタデータを保管することもできた……そのすべてが秘密裏に行なわれていました。政府がメタデータを分析していることは、ユーザー側には伝えられていませんでした[33]」

そもそもイルファンの事務所では、微信のメタデータをどうやって入手したのか？

「中国では、許可は必要ありませんでした。公安部がメタデータを要求すれば、中国のアプリ開発業者はどこも情報を引き渡すはずです。少なくとも新疆ではそうでした」

メタデータとは一般的に、データの付帯的な部分を記録・特定する単純化されたデータを意味する。たとえばメタデータに含まれるのは、電話の会話の内容そのものではなく、使われた電話番号のほうだ。イルファンによれば、新設された新疆のサーバー上で実際の電話の会話を記録する能力は政府にはなかったという。例外として、公安職員や情報収集を担《にな》う国家安全部の職員が、特定の通話をターゲットにしてその内容を傍受することはできた。

しかし、この時点では通話内容はまだ重要なことではなかった。メタデータで充分だった。新疆の国家安全部は、微信をとおしたメッセージ送信や通話のほぼすべての人間関係を把握することができた。誰かを尋問・拘束する必要があるとき、このつながりの網をたどることによって当局は、どの友人、知り合い、家族に連絡を取るべきかを判断できた。[34]

イルファンが与えられた任務を粛々と進めるあいだに、職場の雰囲気がみるみる変わっていった。ウイグル人は数人しかおらず、同僚のほぼ全員が漢族だった。漢族の上司たちは、しだいにイルファンに疑いの眼を向けるようになった。二流市民であるウイグル人は、国家の機密情報を扱うべきではないと彼らは考えた。

まわりに不信の空気が広がるなかでも、イルファンは働きつづけた。しかし、彼は恐れを抱いていた。もしかして中国は、テクノロジーにもとづいた人種隔離社会を築く方法を見いだそうとしているのではないか？　メッセージング・アプリの微信にくわえ、通話やデータ送信を監視するイルファンの会社の通信網をとおして、政府はそのような社会の構築に必要なデータをすでに集めはじめていた。

中国は監視をさらにさきへと進めることができるのだろうか、とイルファンは自問した。**きっとできる、**というのが彼の出した答えだった。

第5章 ディープ・ニューラル・ネットワーク

パニックになるな。科学を信じろ。噂《うわさ》を広めるな。
——中国のプロパガンダ横断幕

大きな技術的進歩があったにもかかわらず、まだ問題があった。この時点で中国のテクノロジー企業は、基本的に〝模倣製品〟を広めているだけだった。つまり、アメリカやヨーロッパ企業のアイデアを下敷きに、中国市場向けに調整したアプリやサービスを提供していた。

国家の支援を受ける中国企業には、外国企業と提携関係を結ぶときに〝強制的な知的財産の移転〟を行なう習慣があった。通例として外国企業は、中国の閉鎖的な市場に参入するためには現地企業と提携しなければいけなかった。その際の非公式の条件のひとつが、半導体、医療機器、石油、ガスなどに関連する機密技術を中国企業に移転するというものだった。

この習慣は、世界貿易機関（ＷＴＯ）のルールに反するものだった。しかし、中国の14億人の潜在的な顧客にアクセスすることを望むアメリカ企業は、技術上の秘密をしぶしぶ中国側に教えた。[1]

前述のとおり中国は、微信などのアプリやサービスの利用情報を集め、全国民のデータを蓄積しはじめていた。すると国内の新興テクノロジー企業の多くは、大きな利益を見込める急成長中の分野である人工知能においてトップリーダーになることを目指すようになった。中国で一気に数が増えつづけていたＡＩ研究者たちは、世界のＡＩ先駆者たるアメリカの飛躍的進歩に眼を向けた。中国企業はＡＩの秘密を解き明かすため、海外に留学してマイクロソフトやアマゾンに就職した優秀な中国人ＡＩ開発者を探しだそうと躍起になった。そして彼らに大きな報酬を与え、さらに愛国心に訴えかけて母国におびき寄せようとした。[2] ２０１０年代はじめまでに中国のコンピューター科学者たちは、ディープ・ニューラル・ネットワークの構築に向けて着々と準備を進めていった。それは監視国家が渇望《かつぼう》する〝聖杯〟であり、何百万もの画像とデータポイントのあいだのパターンを見つける方法を学習するシステムだった。

長年にわたって多くのＡＩ研究者たちは、いわゆる〝ルールベース方式〟のプログラミング・システムを利用してきた。研究者は「上にふたつの三角形がある円を探せ」と命令することによって、猫を認識するようコンピューターをプログラミングした。当時のコンピューターにはそれ以上の処理能力がなく、このようなアプローチは理にかなったものだった。しかし同時にこの方法は、ＡＩが達成できることを制限するものでもあった。猫の画像のすべてが、ふたつの三角形が上にある完璧《かんぺき》な円で構成されているわけではない。さらに、三角形が上についた円がすべて猫というわけでもないからだ[3]。

一方、脳の神経回路を模した新しい数理モデルであるディープ・ニューラル・ネットワークには、あらゆる利点があった。もはや、画像やデータを人間が手動で分類し、ＡＩシステムのためにさまざまなルールを書くという単調で時間のかかる作業をする必要はない。代わりに、ソフトウェアが膨大なデータセットを見ながら独自に点と点をつなぎ、そのデータから学習することができる。つぎにソフトウェアは、開発者が課したタスクのためのアルゴリズムをさらに改善していく[4]。ソフトウェアを管理・制限するために必要な人の数が少なくなれば、企業はＡＩをはるかに幅広い用途のために利用できるようになる。ディープ・ニューラル・ネットワークを使えば、自動運転車を制御し、医師による患者の診断を助け、クレジットカードの不正使用を検知することもできるのだ。[5]

２０１２年まで、市場に好影響をおよぼすようなディープ・ニューラル・ネットワークを構築するなどという考えは、ありえないことだと無視されてきた。マイクロソフト・リサーチ・アジアや新興企業のコンピューター科学者は何度も何度も構築を試みたものの、いつも壁にぶち当たった。

２０１２年、中国と米シリコンバレーの複数のＡＩ開発者たちが、ニューラル・ネットワークの構築はマイクロソフトにとっての宝の山になると私に語った。前年の２０１１年5月にマイクロソフトは、ビデオ通話・会議ソフトウェア世界最大手のスカイプを85億ドルで買収した。当時、マイクロソフトにとって最高額の買収だった。[6]スカイプやマイクロソフト・ウィンドウズに音声や顔を認識する機能がくわわれば、画期的な進歩になることはまちがいなかった。そのような進歩は、顔認証にもとづくサイバー・セキュリティーやリアルタイム翻訳機能の基盤となるものだった。

２０１１年に北京を訪れた私は、若い中国人研究者の集団を取材した。彼らは週末も返上で日々夜遅くまで働き、やっかいな問題の解決に取り組んでいた。とくに大きな問題は、つぎのようなものだった。「コンピューター・システムはどのようにして人を見て、認識することを学ぶのか？」「コンピューターはどのように人の声を聞いて特定できるのか？」「ＡＩは話すことを学べるか？」

「いまこそが最高のタイミングなんです」と、仕事後の夕食の席で研究者のひとりが私に言った。「インターネットとソーシャル・メディアは、ＡＩに力を与えるデータの源になりうる。ぼくたちは人々の閲覧履歴、購入履歴、好みについての情報を集めることができます」

２００５年時点の中国人のインターネット利用者は人口の10パーセント以下にすぎなかった、と彼は言った。しかしその数は急激に増え、いまや中国人は世界でもっとも熱狂的なソーシャル・メディア、モバイルアプリ、モバイル決済のユーザーになった。[7] ２０１１年には、人口の40パーセント近くにおよぶ約５億１３００万人が個人的にインターネットを利用していた。[8] 国内のインターネット・ユーザーの全員が、購入や閲覧履歴を通じてデータを生みだしていた。それらのデータを利用すれば、ユーザーの監視を含む無数のタスクを解決するようニューラル・ネットワークを訓練することができると考えられた。

同じ２０１１年、これらの進歩を可能にするハードウェア上の画期的な突破口が見つかった。発見したのは、トロント大学のジェフリー・ヒントン研究室に所属するふたりの助手だった。ヒントンはコンピューター科学の教授で、グーグルのＡＩ開発にも携わる著名な研究者だった。彼のふたりの助手は、グラフィックス・プロセッシング・ユニット（ＧＰＵ）を転用することによって、ディープ・ニューラル・ネットワークの画像処理速度を向上できることに気がついた。ＧＰＵとは、コンピューター・ゲームの画像処理能力を一気に高めたデバイスに搭載された演算装置だ。[9] ＧＰＵをとおしてＡＩ開発者たちは、コンピューター画面に図形や画像を表示するのと同じ技術を使い、パターンを見つけるためにニューラル・ネットワークを訓練することができた。

　ニューラル・ネットワークの構築には、以前はかなりの費用が必要だった。しかしＧＰＵの飛躍的進歩によって、ソフトウェアを動かす主要なハードウェアにかかるコストは減っていった。何年にもわたってＧＰＵの記憶・処理能力は高まっていった一方で、低価格化と汎用品《コモディティ》化が進んだ。[10]

　ハードウェアの改善とデータセットの増加によって、データ処理のためのディープ・ニューラル・ネットワークを構築する絶好のタイミングが訪れた。

　そのころ、孫剣《そんけん》博士率いるマイクロソフトのチームは、ニューラル・ネットワークのなかにさらなる「層」を作ろうと試行錯誤を続けていた。それは、ＡＩシステムがつねに知識を更新し、ネットワークを流れるデータから学習することを可能にしようとする試みだった。ニューラル・ネットワークの層とはニューロンの集まりのようなもので、入力データを受け取り、それを処理し、さらなる処理のためにつぎの層に伝える。この一連の流れによってＡＩは、分析対象について学習することができる。

理論的には、層が多ければ多いほど知能機械（インテリジェント・マシン）はより精巧になる。現実的には、層を増やすのは非常にむずかしいことだった。課題のひとつは、それぞれの層を通過するたびに電気信号が消えるという点だった。マイクロソフトの研究者たちはシステムを訓練しようとしたが、それは失敗の連続だった。

２０１２年にマイクロソフトのチームは、８層のニューラル・ネットワークのシステムを使い、画像認識の訓練を進めた。２０１４年までに、システムには30の層が含まれるようになった。層を増やすことによって研究チームは、映像や画像のなかの物体を知性的に認識するコンピューターの能力に飛躍的な進歩をもたらした。

「このひとつのアイデアが、それほど重要なものだとは考えてもいませんでした」と孫博士は言った[11]。

新たに生まれつつあった中国の技術エコシステムは、世界のベンチャー投資家から注目されるようになった。その種の投資家たちはいまでは、シリコンバレーやニューヨークという伝統的な金融とテクノロジーの中心地のみで活動しているわけではなかった。当時のベンチャー投資家が眼をつけたのは、監視エコシステムにとって大きな可能性を秘めたふたつの分野だった——顔認証技術と音声認証技術だ。

米中企業を結びつけた顔認証と音声認証

はじめに大きな投資がもたらされたのは、顔認証技術の分野だった。

ＭＳＲＡ設立者カイフ・リー［第４章参照］が起《た》ち上げたＡＩ専門ベンチャー投資企業、創新工場（シノベーション・ベンチャーズ）は２０１３年、急成長中の顔認証スタートアップである曠視科技（メグビー）に出資した（額は非公表）[12]。その後、２０１４年に香港で起業され、メグビーのおもな競合企業となった商湯科技（センスタイム）は、特定の条件下で人間の眼よりも正確に人を検出できる世界初のアルゴリズムを発表した。同社はそのアルゴリズムについて、ＡＩ業界の雄であるフェイスブックにもまさる技術だと主張した[13]。

マイクロソフト出身でセンスタイムの製品開発責任者を務める楊帆《ようはん》が認めたとおり、「公安」関連のアプリケーションは収益性の高い市場だった。「スマート・シティー計画と監視によって生まれた、強く堅調な需要があります」と彼はフォーブス・アジア誌に語った。[14]

しかし顔認証ソフトウェアには、ＡＩを稼働《かどう》させる最先端の半導体が必要だった。それはどこで手に入るのだろう？

センスタイムをはじめとする中国のＡＩ企業は、ソフトウェアのための半導体の供給をアメリカ企業に頼った。一方のアメリカ企業は、モバイルアプリと法執行機関向けの中国のソフトウェア技術を利用することに興味を抱いた。その一例として、アメリカの電気通信会社のクアルコムはメグビーと提携関係を結んだ。半導体を供給する見返りとして同社は、メグビーの人工知能ソフトウェアを自社デバイスのために利用することができた。[15]

「中国では爆発的な需要の増加が見られます」と、センスタイム共同創業者の徐立《じょりつ》ＣＥＯは、２０１６年６月に行なわれたビジネス会議のなかで言った。同じステージには、エヌビディア（ＮＶＩＤＩＡ）のベンチャー投資部門の事業開発担当責任者ジェフ・ハーブストもいた。[16]

１９９３年にアメリカで創業したエヌビディアは、１９９０年代から２０００年代にかけてＧＰＵの主力メーカーとして台頭し、高まりつつあるＡＩブームに乗ってさらなる利益を上げようとしていた。[17]

エヌビディアはすぐに、中国の複数の顔認証企業と大規模な契約を結びはじめた。エヌビディアと主要な競合企業インテルが製造するチップは、2016年に建設されたウルムチ・クラウド・コンピューティング・センターにある世界でもっとも強力な監視用コンピューターの一部として使われた。これらのコンピューターは、人間の目視では1年かかる量の監視カメラ映像を、わずか1日でチェックすることができた。[18]「中国では、すべての街灯にカメラがついています」とハーブストは言った。「すべてが見られているような感覚です。しかし問題は、これだけ大量のビデオ映像が集まってくるのに、制御室の椅子《いす》に坐《すわ》る男性が目視で何か問題がないか探しているということです。すべてを自動化する必要がある。そうですよね？[19]」

センスタイムの徐立は、公共の安全は中国政府がとりわけ興味をもつ分野であると認識していた。「しかし既存の監視システムには高性能エンジンがなく、そのせいで機能はひどく制限されている。とくに、ビデオ映像処理の改善が必要です[20]」

そこで、彼は代替案を示そうとした。

徐立は、グラフィック処理に使われる類似技術から転用されたエヌビディアのチップ技術が、代替案の〝基礎〟になるとわかっていた。アジア全土のサーバーでは、顔認証技術を稼働させるためにエヌビディアのチップがすでに1万4000個も使われていた。
「あなた方とは長いつき合いになりそうな予感がします」と、ビジネス会議の席でエヌビディアのハーブストは徐立に言った。[21] その言葉には不穏な意図などなかったのかもしれない。が、実際には不穏だった。

　2015年までに、監視エコシステムのそれぞれの構成要素が正しい位置に収まろうとしていた。そのなかで使用されるソフトウェアは、顔を認証し、テキスト・メッセージやメールをスキャンし、発言内容と人間関係のパターンを見つけることができた。

　投資家たちはさらに、もうひとつの柱となる分野である音声認証にも資金を注ぎ込むようになった。つまり、人間の声を理解・処理する能力を備えたソフトウェアの開発だ。

　1990年代後半、劉慶峰《りゅうけいほう》という前途有望な若い研究者がいた。彼はマイクロソフト・リサーチ・アジアでのインターンシップの誘いを断わり、みずから起ち上げたスタートアップ、科大訊飛（アイフライテック）に自身のキャリアを賭《か》けた。彼が掲げた使命は、最先端の音声認証技術を開発するというものだった。

「私はリュウ（劉）に『きみは有能な研究者だが、中国は、音声認識で定評あるアメリカのニュアンス・コミュニケーションズなどの巨大企業よりかなり遅れているし、このテクノロジーを欲しがる顧客は中国にはほとんどいない』と話した」とカイフ・リーは前掲の著書で説明する。「見あげたことに、彼はその助言を無視し、アイフライテックを創業した[22]」

２０１０年、アイフライテックは新疆《しんきょう》ウイグル自治区に研究所を設立し、ウイグル語を北京語に翻訳する音声認証技術の開発を進めた[23]。その技術はすぐに、ウイグル族の住民を追跡・監視するために使われるようになった[24]。２０１６年までに同社は、カシュガルの街で25の「声紋システム」を展開するようになった。それは個人の声の固有の性質をとらえ、人々を特定・追跡するシステムだった[25]。

「そういった多くの企業が新疆に進出してきました」とイルファンは振り返った。「すべてを目撃しましたよ。その機器やソフトウェアをね」。２０１４年以降に新疆から亡命した何十人ものウイグル人難民たちが、新興企業のロゴがついた機器を眼にしたのを覚えていた。新疆でそれらの企業が存在感を増していった流れは、オンライン上の政府入札書類、企業の公式報告書、人権報告書、アメリカの制裁文書、中国国営メディアの報道を見ても明らかだ。「でも、ほとんどの人は害のないものだと考えていました。みんな、『犯罪に立ち向かっているだけ』という気持ちだったんです」

そして、中国テクノロジーの国家的象徴であるファーウェイが、２０１０年から２０１５年にかけて新疆市場でも存在感を強めていった。同社は地元警察と協力し、クラウド・コンピューティング・サービスを築き上げた。[26]

ファーウェイ（中国名の華為は「中国のために」の意）は、もともと軍事技術者だった任正非《じんせいひ》によってわずか３０００ドルの資金を元手に創業された。[27] １９８０年代、海外製品のリバース・エンジニアリングをとおした電話交換機［ＰＢＸ］の開発から事業ははじまった。[28] 政府が急務とする技術開発を早い段階から支援してきたファーウェイは、監視・ネットワーク機器の製造者として国内外で知られるようになり、スマートフォン市場でその認知度を高めていった。

創業者の任正非は、元従業員から神秘的な存在のように扱われる一方で、小川や山のたとえ話が好きな人物だった。彼には、世界進出に向けた壮大な計画があった。その計画を達成するためには、欧米の民主主義国家をこう説得するしか道はなかった――ファーウェイは中国共産党（ＣＣＰ）とつながりはなく、欧米の人々をスパイするために技術を利用することはない。同時に、ファーウェイの幹部たちは「公安」に商機を見いだし、ネットワーク機器を新疆の地方政府に熱心に売り込んだ。[29]

「２０１５年に、わたしたちはチーム育成のためのイベントに参加しました」と語ったのは、アメリカの元外交官で、ワシントンＤＣのファーウェイ米国支社で広報部・渉外担当副社長を務めるウィリアム・プラマーだ。「そこで誰かがスライドを表示させました。そのスライドには『ファーウェイのアイデンティティーとは何か？』とあり、箇条書きのひとつ目にはこう書かれていました。『国内の顧客向け――ファーウェイは中国共産党を支援する中国企業である』。箇条書きのふたつ目はこうです。『海外の顧客向け――ファーウェイは、国際的に受け容《い》れられている企業慣行にしたがう独立した会社である』

それが実際に意味するのは、中国では中国の規則にしたがい、ほかの国ではほかの国の規則にしたがうということです……しかし、わざわざスライドで説明することじゃない。そのスライドだけでも致命傷になりかねませんからね」

２０１５年までに、監視エコシステムの完成に必要な最後のピースがあと少しで手に入りそうな段階にたどり着いていた。その最後のピースとは、より安価な監視カメラ技術だった。商業的な規模で製造できるレベルまでカメラが安価にならなければ、エコシステムは完成しない。そこで、世界最大の監視カメラ製造業者である中国企業ハイクビジョンが新疆市場に参入することになった。同社は、住民を監視するために使う何百万台ものカメラを当局に提供した。なかには、15キロ離れた場所から個人を識別することができる高度なカメラもあった。[30] さらに当局は、音声認証のアイフライテックや顔認証のセンスタイムなどの中国民間企業が開発したＡＩソフトウェアを使い、人々の顔と声を分析できるシステムを築き上げた。

中国政府による急進的かつ徹底的な監視システム、スカイネットの概念は、この10年まえの２００５年に明らかにされていた。それが、ついに実現可能なものになったのだ。

アメリカが疑う〝バックドア〟

これらの技術の進歩も、ＡＩ国家の誕生を後押ししたさまざまな要素の不気味な組み合わせも、すべてが人目につかないところでこっそり起きたわけではなかった。少なくとも２０１０年ごろから、中国にとって最大の敵対国家であるアメリカが神経質になりはじめていた。

アメリカの当局者たちは、ファーウェイと同業者たちが中国人民解放軍（ＰＬＡ）の前線として機能しているのではないかと疑いはじめた。これらの企業の手助けによって解放軍はサーバーやソフトウェアに〝バックドア〟［セキュリティーをすり抜けてアクセスできる裏口］を仕かけ、いとも簡単にサイバー・スパイ活動を行なっているのではないか？
「われわれは強い確信をもってこう評価する」とアメリカ国家安全保障局（NSA）は2010年、世界じゅうの通信を傍受した情報にもとづいて局内用のスライドに記した。このスライドは、内部告発者であるエドワード・スノーデンが漏洩《ろうえい》した資料に含まれていたものだった。「米国のITサプライチェーンおよびサービスで国際企業や外国人の役割が増している現状において、永続的かつ極秘裏の破壊活動にたいする危険は高まっている[31]」

　スノーデンが暴露した資料では、NSAが20人の中国人ハッカー集団を追跡しようとしていたことも明らかになった。それらのハッカーたちは、米政府やグーグルなどの企業のネットワークに侵入しようと試みたという。NSAはさらに、ファーウェイが敷設《ふせつ》した海底ケーブルの傍受も狙《ねら》った。そしてファーウェイの顧客情報を調べ、キューバ、イラン、アフガニスタン、パキスタンなどの「優先度の高いターゲット」の通信を読み取ろうとした[32]。

　NSAはファーウェイ本社をハッキングし、幹部の通信を監視し、同社と人民解放軍のつながりを見つけるために「ショットジャイアント」と呼ばれる監視作戦を実施した。NSAはさらに大胆にも、ファーウェイの技術そのものを利用しようと試みたこともあった。ほかの国の政府や企業が同社の製品を購入した際、ＮＳＡはファーウェイ製のサーバーや電話網を監視し、それらの国にサイバー攻撃を仕かけようとした。ＮＳＡがそれらすべてを成し遂げることができたのは、アメリカの通信会社との協力をとおして築き上げてきた広範囲におよぶハッキング能力とバックドアのおかげだった。このようにしてＮＳＡは、外国の市民にたいする大規模なスパイ活動につきものの技術的な障壁を回避することができた。[33]

　アメリカと中国は貿易と技術面では親密な関係にあったにもかかわらず、新たな冷戦の噂が両国でじわじわと広がっていった。２０１２年にはアメリカ連邦議会の委員会が、１年にわたる調査の結果を発表した。調査委員会がファーウェイ元従業員から入手した文書には、同社が中国軍のサイバー戦争部隊にサービスを提供していたと書かれていた。[34]

　やがてアメリカ政府は、ファーウェイの任ＣＥＯの娘である孟晩舟《もうばんしゅう》（英語名キャシー）に狙いを定めた。世界じゅうを飛びまわる〝社交担当〟役員である孟はそのころ、著名なアメリカ人コンサルタント、アラン・グリーンスパンらとの質疑応答を行なうビジネス・イベントを各地で開催していた。[35] その裏では、連邦捜査局（ＦＢＩ）と国土安全保障省が孟とファーウェイの活動を監視していた。最終的に彼女には、スカイコムという名のイランのダミー会社を運営していた疑いがかけられた。スカイコムはアメリカの貿易制裁を破り、イランの通信会社と取引したと米政府は主張した。

「イランでのファーウェイとスカイコムの関係について、わたしたちはアメリカ政府にこう抗議しました。彼女（孟晩舟）が2年にわたってスカイコムの取締役を務めたことは事実ですが、スカイコムはただの独立した会社にすぎない」と、ファーウェイ米国支社のプラマーは私に語った。「抗議したのは、わたしたちがそう報告を受け、真実だと心から信じていたからです。でも、何ひとつ真実ではなかった。スカイコムで働くイランの従業員たちは、ファーウェイの名刺をもって歩きまわっていたんです」

２０１３年のある日、プラマーのもとに、慌《あわ》てふためいたファーウェイ幹部から電話がかかってきた。いつものとおり華やかなビジネスの催しに参加した孟晩舟が、ニューヨークのＪＦＫ空港で飛行機に搭乗する直前、簡易的な尋問のために国土安全保障省の職員に身柄を拘束されたというのだ。

「職員たちは、彼女のパソコン、タブレット、2台の携帯電話を4時間にわたって調べました」とプラマーは続けた。「言うまでもなく、アメリカ政府はすべてのデータをコピーしたにちがいありません」。しばらくして孟は釈放された。ファーウェイ幹部たちは今後の法廷闘争に備え、イランの首都テヘランのスカイコムの事務所を閉鎖し、ファーウェイからスカイコムを切り離そうとした。

　アメリカはファーウェイと中国に泥を投げつけ、中国が国を挙げてハッキング用のバックドアを仕かけ、ダミー会社を運営していると非難した。その一方でＮＳＡのほうは、中国に出荷されるアメリカ製ネットワーク製品に独自のバックドアを埋め込んでいた。

　ドイツのデア・シュピーゲル誌は、ＮＳＡの高度ネットワーク技術（ＡＮＴ）部門が作成した50ページにわたる一覧表を入手した。ＡＮＴとは、アクセスの困難なネットワークの傍受を担当する部門だった[36]。この一覧表によるとＮＳＡは、アメリカのサーバー会社シスコから中国に向けて出荷される製品を途中で奪い、ひそかに監視デバイスをインストールしたという。シスコは、アメリカ政府によって行なわれたこのハッキングについて何も知らなかったと主張した[37]。

　また、バックドア埋め込み用の「ハルックスウォーター」と呼ばれるツールも存在した。このツールをとおしてＮＳＡはファーウェイのファイアウォールを攻撃し、マルウェアを仕込んでメモリを書き換えることができた[38]。

「アメリカがそのような監視行動に出るというのは、想定の範囲内です」と任正非ファーウェイCEOはロンドンで記者に語った。「今回の一件で、それが実際に行なわれていることが証明されただけです[39]」

中国は、激化する地政学的対立のなかで独自の作戦を展開していった。当時の中国は、世界で使われるリチウムやコバルトなどのレアアースの93パーセントを産出していた。それが世界じゅうに輸出され、iPhoneやテレビのバッテリーとディスプレイの改良のために使われていた。2010年9月、日中間で領土問題のある尖閣《せんかく》諸島付近で、中国の1隻《せき》の漁船が日本の海上保安庁の2隻の巡視船と衝突した。日本は、自国の領域内で漁業権を侵害した疑いで漁船の船長を逮捕。しかしその地域は、中国が以前から領有権を主張してきた場所でもあった[40]。

報復措置として中国は、日本へのレアアースの輸出を停止。すると、エンジン1台に約1キロのレアアースが必要となる人気車トヨタ・プリウスの生産が危機的状況に追い込まれた[41]。

事件から2週間以上たってから、日本は処分保留で船長を釈放した[42]。

「日本と中国は、国際社会において重要な責任をもつ重要な隣国です」と日本の菅直《かんなお》人《と》首相はニューヨークの国連総会で演説し、なんとか状況を打開しようとした[43]。

そのように第2次冷戦が激化するにつれ、アメリカと中国のテクノロジー戦略のちがいはますます鮮明になっていった。

中国は、企業秘密や知的財産を含むアメリカの技術を盗み、それを中国の民間企業に渡そうとした。そのころの中国のテクノロジー企業は、シリコンバレーよりも優位に立とうと意気込んでいた。

アメリカもまた、ファーウェイなどの中国企業に侵入を試みていた。しかし狙いは、（当時はまだ劣っていた）中国の技術を盗むことでも、それをアマゾンやグーグルのような民間企業に渡すことでもなかった。むしろ目的は、中国政府と中国企業から、軍事的な結びつきや安全保障上の脅威についての情報を集めることだった。[44]

「われわれには『百度』がある」

２０１４年6月の取材旅行中に私は、北京と上海にくわえ、中国のテクノロジーの中心地である深圳の街中を歩きまわった。とくに若い世代を中心として、明確かつ独特のナショナリズムが広がっていることがひしひしと感じられた。新たな冷戦の噂が人々を動揺させ、政府のプロパガンダがその状況をさらに悪化させていた。

あるテクノロジー企業の中国人幹部は、いま中国はあらたに自信を高めつつあると私に話した。「あのグーグルが中国から撤退したんですよ」と彼は誇らしげに言った。

中国市場に進出してから4年後の２０１０年、ハッカー攻撃と検索結果の検閲をめぐる議論が続くさなか、グーグルは中国語の検索エンジンを閉鎖した。[45]「たいした問題ではありません」とその中国人企業幹部の男性は説明した。「われわれには独自の検索エンジン『百度（バイドゥ）』がありますからね。いまや、自国の会社がたくさんあります。世界は変わりつつある。シリコンバレーとＮＳＡの支配が終わることを祈るばかりです」

「でも、シリコンバレーのレベルに達することを望むなら、中国はインターネットを開放しなくてはいけない。ちがいますか？」と私は彼に尋ねた。「そうすれば研究者たちは、すぐれたテクノロジーを築くために必要な情報を得られるようになる」

「それも問題ありません」と彼は言った。「中国では、自分たちのテクノロジーが国の将来とつながっている。アメリカのようにはっきりとした三権分立の構造があるわけではありません。われわれの唯一《ゆいいつ》の目標は、中国が偉大な国になるということです。わたしたちは、アメリカと対等な立場になることを望んでいる。そうすれば、もう誰からも見下されなくなる」

第6章　「中国を倒せ！」「共産党を倒せ！」

ひとつの心で結ばれた、多くの民よ
——中国のプロパガンダ横断幕

２００７年、メイセムは、中国の台頭にたいする誇りと情熱を胸に北京の大学に入学した。しかしすぐに、この国の愛国心が、人種差別と外国人嫌悪《けんお》という暗部とともに存在することに気がついた。国を動かしているのは漢族だった。首都の北京では、ウイグル人は時代遅れで、過度に信仰心が篤《あつ》く、少し頭の悪い存在だと見下されていた[1]。

中国の少数民族出身のほかの多くの学生たちと同じように、メイセムにとって大学生活はつらいものだった。彼女は努力を惜しまず、輝かしい成績を収めた。しかし教室で挙手しても、教授たちに日常的に無視された。

「あなたは外国人です」とある教授は言い、メイセムの白い肌について指摘し、少数民族のウイグル族出身であるという事実をやたらと強調した。

「わたしは中国人です」と彼女は答えたが、その懇願は冷ややかに無視された。

「控えめに言っても、大学生活は孤独な経験でした」とメイセムは振り返った。

　それでも彼女は、少人数の友人たちのグループとともに紙の本や電子書籍を読みあさり、古典作品をランダムに選んでみんなで感想を言い合った。

「ジェーン・オースティンの作品に出会ったのはそのときです」とメイセムは言った。

「『高慢と偏見』がわたしのお気に入りでした」

『高慢と偏見』はエリザベス・ベネットという女性についての物語だ。彼女は裕福な男性から求婚されるものの、相手の性格について勘ちがいして申し出を断わる。その後、自分の本心に気づき、家族の干渉を乗り越えて愛を実らせる。およそ２００年まえにイギリスで発表されたこの作品は、当時としてはじつに皮肉と機知に富んだものだった。

　より幅広い視野から物事を見るようになったメイセムは、人生の複雑さと不確実さを受け容《い》れはじめた。祖国中国の厳格な共産主義教育はそのようなあいまいさを許そうとはしなかったが、現実には正しい者がつねに勝つとはかぎらなかった。

「ときに人々はお金を選び、快適さのほうを選びます。それが信念を放棄することを意味するとしても、システムによって与えられた便利な生活を選ぶ」

　しかしメイセムは、もうひとつのお気に入りの作品であるシャーロット・ブロンテの『ジェーン・エア』の一節に慰めを見いだした。べつの女性と結婚するふりをして嫉妬《しっと》させようとするミスター・ロチェスターにたいし、主人公ジェーンはこう言う。

　わたしを、自動人形だとお考えなのですか？――感情も持たぬ機械だとお思いになるのですか？……あなたの魂に話しかけているのは、わたしの魂なのです。ちょうどわたしたち二人が、お墓のなかを通って神様の足もとに立ったときと同じように、平等に――ありのままに！[2]

　大学にあった学術的な資料は、自身のコレクションを築きはじめていたメイセムにとって実りの多いものだった。ジェーン・オースティンやシャーロット・ブロンテだけではなく、ジョセフ・ナイなどの作家の作品もそろっていた。ナイは「ハードパワー」「ソフトパワー」「スマートパワー」という概念を生みだした政治思想家で、クリントン政権とオバマ政権の両方でその考えが政策に反映された。これらの本のコレクションにメイセムは、地元の書店で購入した古いペルシャやギリシャの叙事詩をくわえた。

「祖父のようになりたかった」と彼女は言った。「真の学者になりたかった。学問に秀《ひい》でた女性になりたかった」

夏休みに入ると、メイセムは小さな蔵書のコレクションの一部を実家に持ちかえり、それから3カ月かけて読み進めようと考えた。しかし、父親はそれを嫌った。

文化大革命の日々を恐れ、いまだその記憶が脳裏に焼きついていた父親は、中庭に穴を掘って石を敷きつめ、そのなかにメイセムの本を重ねて置き、ガソリンをぶっかけ、火をつけたマッチを投げ込んだ。

「本なんて読んでも」と彼は言った。「トラブルに巻き込まれるだけだ」

2009年の大規模暴動

北京で大学生活を送るメイセムは、自身の想像力、考え、アイデンティティーがまわりの世界に拒否されているように感じた。父親はメイセムの読書生活に眉《まゆ》をひそめ、大学は彼女を田舎者のように扱った。同じ偏見によって、外交官になるという自身の野心は政府に拒まれるにちがいない。そう彼女は気がついた。どんなに一生懸命がんばっても、どんなに才能があったとしても、夢は叶《かな》いそうもなかった。

夢を打ち砕かれたと感じたのはメイセムだけではなかった。新疆《しんきょう》ウイグル自治区じゅうに疑念と不満が広まっていた。自治と自由を求めて高まる声も、移住してきた民族に地元住民の正義が踏みにじられているという感情も、すべて国家によってきっぱり拒絶された。

２００９年７月５日、ついに住民たちの不満が爆発し、自治区の首府ウルムチで抗議運動と暴動が起きた。引き金となったのは、１週間ほどまえに中国南東部の広東省韶関《しょうかん》市の玩具《おもちゃ》工場で起きた事件だった。人種的な偏見にもとづくその襲撃事件は４時間にわたって続き、ウイグル族の出稼ぎ労働者ふたりが殺された。襲撃が起きるきっかけとなったのは、「６人のウイグル人労働者がふたりの漢族の女性をレイプした」と書かれた匿名《とくめい》のブログ投稿だった。[3] しかし市の当局者は、レイプ事件などそもそも起きていなかったと説明した。

「オフィスの外を見ると、市の中心部に人々が集まっているのが見えました」と、当時ウルムチで騒乱を目撃した起業家のタヒル・イミンは私に語った。

ウイグル人の抗議者たちは共産党の主要施設の近くに集まり、韶関の事件への警察の対応に抗議した。市中心部のグランドバザールにも人だかりができていた。怒りに駆り立てられた群衆は、数時間のうちに１０００人規模の本格的な暴徒と化した[4]。当時のニュース映像を見てもわかるとおり、暴徒のほとんどは男性だった。怒り狂った若い男性たちは大通りを歩きまわり、路上の車やバスのまえに立ちはだかり、車両を制止し、運転手を引きずりだし、バスを横倒しにして火をつけた[5]。私が取材した十数人の目撃者によると、人々は住居や店舗を略奪し、窓を粉々に割り、「中国を倒せ！」「共産党を倒せ！」と叫んだという。

　腹を切られた妊婦が意識を失って道端に倒れているのを見た、と現場にいた女性は私に語った。

「恐ろしい日でした」と地元のウイグル人が教えてくれた。「大湾北路には死体がいくつも転がっていました。地元の警察が住民を保護しにきたのは、ずいぶんと時間がたってからのことです」

　機動隊がやってきて群衆を退散させようとしたが、人々は石を投げて抵抗した。のちに政府は、数日にわたって続いた激しい暴動のあいだに１９７人が死亡したと発表した[6]。

　これらの暴動は中国にとって、行動を起こすべきタイミングを指し示すものだった。２００９年７月６日、政府はインターネットを遮断し、民族暴動にまつわる情報が外の世界に広がるのを食い止めようとした。[7] 中国は人種間の緊張が生まれる場所ではなく、市民が民族の団結と調和を享受《きょうじゅ》する場所だ、と政府は国民と世界を説得しようとした。しかし、いったん新疆ウイグル自治区を隔絶させると、当局はその住民に襲いかかった。

「中国の法執行当局は、ウルムチのウイグル人居住地域で大規模な不法逮捕活動を展開した」と人権団体ヒューマン・ライツ・ウォッチ（ＨＲＷ）は報告した。「逮捕された多くの人々はそのまま〝失踪《しっそう》〟した」[8]。ウイグル人の抗議者たちは、のちに私にこう証言した。覆面パトカーに乗った私服警官たちがウイグル人を誘拐し、郊外の人気《ひとけ》のない地区に連れていき、木に体を縛りつけ、警棒やライフルの銃床で殴打《おうだ》した。

「暴動が終わったあと、わたしはテレビをつけました」とタヒル・イミンは言った。「この地域（新疆）の知事が頭を下げ、抗議者をテロリストと呼んでいました。ほかのテレビ放送はすべて遮断されていました」

　２００９年以降、中国政府は新疆の出来事に敏感に反応を示すようになった。しかし政府には、社会不安にたいして先手を打って回避する能力はまだなかった。ところが、それから数年のうちに政府が技術的な専門知識を手にすると、すべてが変わった。中国は、新疆ウイグル自治区を反抗的かつ反体制的な省として放っておくことをこれ以上許さないと決意した。そこは、監視国家にとって明らかな標的となる場所だった。

イリハム・トフティの公開講座

ウルムチで暴動が起きたとき、メイセムは幸運にも遠く離れた快適な首都、北京の大学にいた。２００９年5月にメイセムと友人たちは、著名な経済学者でウイグル族を代表する知識人イリハム・トフティが、毎週土曜日に中央民族大学で公開講座を開いていることを知った。会場の大きな講義室は、空席を探す学生たちでごった返していた。

トフティ教授が本を手にとぼとぼと歩いてきた。髪は少しぼさぼさで、表情から落ち着きのなさが伝わってきた。

いっしょにいた友人とメイセムは、心から尊敬するトフティはきっと威厳ある見かけの人物だと勝手に想像していた。が、実際はそうではなかった。「背が低くて、ぽっちゃり体型でした」とメイセムの友人は言った。「顔もハンサムとは言えなかった」しかし話しだすと、トフティは無遠慮で力強かった。

「あなたが警察官であろうと、スパイであろうと、共産党を愛していようと、そんなことはどうでもいい。いっさい気にしません」と彼は話しはじめた。「ぼくたちはこの国をいっしょに作り上げた。それを学ぶために、きみたちはこのクラスにいるんです」

２０１１年1月、イリハム・トフティはこう綴《つづ》った。「ぼくは、自分を育ててくれたこの土地を愛している。しかし、故郷と祖国が混乱と分断に陥ることを危惧《きぐ》しています。これまで数多くの苦難に耐えてきた中国が、民族同士が調和・共存する偉大な国となり、輝かしい文明を築いていくことを願うばかりです」[9]

１９６９年、中国西部の裕福な家庭に生まれたトフティは、公務員用の団地で育った。そこでは、地元のイスラム教徒のウイグル人たちが、公務員の大多数を占める漢族とともに暮らしていた。退役軍人の彼の父親は、まだ28歳だった１９７１年に文化大革命のさなかに悲劇的な死を遂げた。「年長の世代の人々は過去について話したがらなかった……結果、ぼくたち家族は父を誇りに思ってはいたものの、彼がどんな人物だったのか、どのように死んだのか謎《なぞ》のままでした」

2番目の兄、義理の妹、甥《おい》や姪《めい》を含むトフティの家族の多くは、公安部で高い地位の役職に就いていた。中国公安部は、主要な法執行機関として機能する強力な政府機関だった。

　1991年に大学の地理学部を卒業したあと、トフティは大学で開発経済学を教え、韓国とパキスタンに留学した。独学で英語、韓国語、日本語、ウルドゥー語（パキスタンの公用語）、ロシア語を学んだ。副業で実業家としても活動し、少額からはじめた投資が好景気の影響で大きな利益をあげ、中国の株式市場で一財産を築いた。

トフティは、自分で事業を興《おこ》そうと決心しかけたこともあった。しかし、国の状況が彼を悩ませた。

「世界じゅうを旅してきたぼくは、数多くの民族紛争、虐殺《ぎゃくさつ》、政治不安、失敗に終わった社会変革を目《ま》の当たりにしてきた……すると、新疆ウイグル自治区と中央アジアの問題の研究に全力を注ぎたいという思いがますます強くなりました。海外と同じ悲劇が、中国で起きるのをどうしても防ぎたかったのです」

　社会評論家として名を馳《は》せたトフティはやがて、当局から嫌がらせを受けるようになった。1999年には、記事の発表を禁止された。その後、母校であり勤務先でもある高名な中央民族大学で教壇に立つことを4年にわたって禁じられた[10]。

「父が社会問題にかかわるようになってから、わたしたちは疎遠《そえん》になりました」と、ワシントンDC郊外に住むトフティの娘ジェウヘル・イリハムは私に語った。当時、

10代だった彼女は北京で暮らし、父親とも仲が良かった。

「わたしはすごくイライラしていました。両親に愛されたかった。でも、父はずっとコンピューター画面を見てばかりで、わたしの態度もだんだん悪くなりました。仕事の資料か何かを見せてこようとしてきたときに、ドアをぱたんと閉めてそのまま部屋を出ていったこともあります」

「質の高い教育を受けた人がそれほど多くいない」民族集団において、トフティはみずから運動を推し進めることができるという稀有《けう》な立場にいた。そう気づいた彼は、生まれたばかりのインターネットで意見を発表する人々の輪にくわわることにした。２００５年にトフティは、「ウイグル・オンライン（維吾爾在線）」というウェブサイトを起《た》ち上げ、漢族とウイグル族の両方の知識人を招いたウェブ・フォーラムで繊細な話題について議論を進めた。ときに、立場や意見が衝突することもあった。

「もっと発言を抑えてほしい、と親戚《しんせき》に必死に懇願されたことが何度もありました」とトフティは続けた。「自分のことに専念して、お金を稼ぐことに集中しろと言われました」

トフティが求めたのは、穏やかで、論理的で、寛大なアプローチだった。中国でそれまで20年続いた爆発的な経済成長は、家族や共同体をもとにした社会構造の崩壊をもたらし、豊かさと機会を求めた人々の都市への大移住を引き起こしていた。その結果、「窃盗《せっとう》、スリ、麻薬取引、麻薬乱用、売春」が広がった。人々はもはや、互いを信用していないように見えた[11]。

トフティは、新疆生産建設兵団に属する漢族の団員たちが、郊外の住宅地や農場を新たに建設し、独自の準軍事的組織を運営するのを目の当たりにしてきた。兵団は自分たちについて、国境地域を文明化するための部隊だと主張した。しかし、２７０万人のメンバーのほとんどが漢族の移住者で構成されるこの組織は、ウイグル族を故郷の地から追いだすための数々の政策を推し進めようとした。

「兵団《ビントゥアン》」という言葉が不満と怒りを駆り立てた、とウイグル族の人々は私に訴えた。中国共産党は１９５４年、退役軍人からなる準軍事的組織として兵団を設立し、学校、病院、道路の建設をその任務に据えた[12]。さらに共産党は歴史を書き直し、２０００年以上にわたって新疆を支配してきた慈悲深い権力者として中国を位置づけようとした。しかし、それは虚偽の主張だった[13]。実際のところ、いま「新疆」として知られる土地は、過去にテュルク族、モンゴル族、満州族の帝国によって支配されてきた。ソ連が支援する軍閥が支配する時代もあれば、独立した時代もあった。そして最後に、漢族が多数派を占める中国共産党がやってきてその地を掌握するようになった[14]。

中国共産党は１９５０年に新疆の支配権を握り、地域一帯を平和な状態にしようと試みた。48年にわたって兵団は地方政府の監督下で活動し、大規模な土地所有や戦略的な水路設計を拡大・強化し、地元住民にたいする政治的な影響力を増していった。そして１９９９年ごろまでに兵団は地方政府と同じ官僚的地位まで引き上げられ、新疆の地方政府とは分離した政治的権限をもつ「国家内国家」に変わった。[15]

兵団の後押しによって、１９９０年代から２０００年代にかけて漢族の中国人移住者たちが西部開拓地へと押し寄せ、列車から荷物を降ろし、派手な高層マンションの部屋で生活をはじめた。そのあいだに政府は、新疆の美麗な旧市街を「再開発」予定地に指定した。結果、劣悪な衛生環境と脆弱《ぜいじゃく》な建物を一掃するという理由のもと、地域一帯がブルドーザーで破壊された。こうして、互いが互いへの疑念と敵意を強めていった。漢族の中国人移住者たちは、ウイグル人を後進的な宗教原理主義者とみなした。一方のウイグル人は漢族のことを、歴史的な祖国から自分たちを追いやろうとする銭ゲバ日和見《ひよりみ》主義者とみなした。[16]

イリハム・トフティは兵団を声高に非難するようになり、強力な組織に挑むその姿勢によって危うい立場へと追いやられた。彼は兵団をこう揶揄《やゆ》した――「60年にわたる中央集権的な経済計画に属する時代遅れの集団」「既得権益によって支えられ、政治的な宣伝者たちに褒めそやされた不必要な官僚制度[17]」。

「兵団のまわりにただよう雰囲気は明らかに奇妙で、かつ恐ろしいものだ」と、トフティは２０１１年1月17日、あるエッセイのなかで綴った。「状況は少しずつ悪化し、勇気を出して意見を言う者はどんどん減っている[18]」

政治指導者にはなりたくない

トフティは、潜在的に危険な準軍事的組織にたいしては公《おおやけ》の場で容赦なく攻撃したものの、自身が政治的指導者として位置づけられることをあからさまに嫌った。彼はただ学者として、節度、理性、和解について適切な考えを示したいだけだった[19]。

「彼は自分のことを、分裂を越えて協力をうながす穏健で平和的な人物だと考えていました」と私に言ったのは、トフティと親交のある詩人タヒル・ハムットだ〔第2・3章参照〕。「闘いや独立を求めて運動しようとしていたわけではありません。物事をまえに進め、国を築くためには、意見が異なる相手とも協力し合う必要があると彼はわかっていたんです」

「トフティはもっともすぐれた考えをもつ人物であり、もっとも見識のある人物でした」と、私の通訳とアシスタントを務めてくれた作家のアブドワリ・アユップ〔第

2・3章参照〕は言った。彼もまたトフティと個人的に面識があった。「彼は、自身の情熱のせいで理性を失うようなことはなかった。つねに冷静であるべきだとわかっていた。前向きな姿勢を保つよう、ほかの人たちを鼓舞していました」

毎週土曜日になるとメイセムと友人たちは、世界経済と政治に関する幅広いテーマを扱うトフティ教授の講義に参加した。鉄鋼関税の効果から、中国共産党とアメリカの選挙制度の比較まで、あらゆる話題が網羅されていた。

メイセムによると、２００９年5月の講義のなかでトフティはこう語ったという。

「問題は、政府が最悪のシナリオを想定しているということです。彼らは、恐怖と疑念にもとづいて少数民族への方針を決めている。でも、最良のシナリオは？　少数民族がうまく溶け込み、社会の一員となった国々は参考にならないのでしょうか？」

トフティはネルソン・マンデラとエイブラハム・リンカーンの例を出し、自分の主張を展開した。

「まるで、自分の子どものように学生たちに接していました」と彼の娘ジェウヘルは私に言った。「いつも学生たちが家に遊びにきていました。わたしたち家族といっしょに食事をしたり、料理をしたり。イード休暇のために使いなさいと言って、父は学生たちに給料の一部を渡すことさえありました」（イード休暇とは、ラマダンの終わり

を祝うイスラム教の祝日のこと。両親や年長者が若者に少額のお小遣いを渡すのが習わし）

「父は歌うのが好きで、笑うことも大好きでした」と彼女は言った。「くだらない冗談を言うのも好きでした。自分のことをおもしろい人間だと思っていましたよ。実際はぜんぜんおもしろくなかったけど」

「それこそがイリハム・トフティです」と、思想史家のエセット・スライマン〔第3章参照〕は私に強調した。「彼は、近代化を訴える陣営にいた。陣営は3つありました――イスラム教主義者、近代主義者、伝統主義者。なんらかの目的を達成するためには、現実世界と協力し合わなければいけないと彼は信じていた」

「この人こそが、リーダーになるべき人間だとわたしたちは感じていました」とメイセムの友人は私に言った。

しかし、政治指導者にはなりたくないとトフティは主張しつづけた。彼はただ、学者として活動したいだけだった。[20]

「ほんとうに、父はリーダーになんてなりたくなかったのだと思います」とジェウヘルが請け合った。「父はふつうの人間になることをいつも望んでいました。でも人々は、誰かが先頭に立って導くことを望んでいた」

第7章　習近平主席の〝非対称〟の戦略

百里を行く者は、九十を半ばとす。中華民族の偉大な復興は決して軽々と労せずして実現できるものではない。

——習近平[ii]

中国が、より不寛容で、より独裁主義的な新しい顔を見せはじめているというイリハム・トフティの指摘は正しかった。政権交代が進むとともに、中国における指導者の在り方、指導者による敵の取り締まり方について再定義がなされるようになった。

２０１２年、トフティが和解について大学で講義していたのと同じころ、私は、中国西南部の長江沿いにある工業港湾都市・重慶を訪れた。この街で私が取材しようとしていたのは、保守的な毛沢東主義の復活についての動きだった。この過去への郷愁は、事実上の市長として重慶の市政を取り仕切っていた共産党の新星リーダー、薄熙《はくき》来《らい》が広めたものだった。[1]

　私が街を訪れるころまでに薄は大規模な裁判の被告人となり、関連するニュースが世界じゅうで大きく報道されていた。しかしそのわずか2年まえの2010年には、その統治モデルはおおいに注目を集め、彼はタイム誌の「世界でもっとも影響力のある100人」のひとりに選ばれた。[2] 薄は、上昇の一途をたどる経済成長の波に抗《あらが》い、汚職防止、暴力団の撲滅、毛沢東の精神の復活を推し進めた。その精神が意味するのは、経済と企業活動にたいしてかつてのように国家の介入を強め、法律を無視して犯罪容疑者を捕まえ、彼らの資産を差し押さえるというものだった。[3]

　しかし彼の妻で、敏腕弁護士だった谷開来《こくかいらい》が起こした事件が薄の失脚を決定づけた。谷は、一家の友人で大富豪のイギリス人実業家ニール・ヘイウッドを殺害した罪で起訴され、のちに有罪判決を受けた。発端は、彼女がヘイウッドを有力な協力者に紹介したことだった。重慶の不動産プロジェクトを進める協力者たちは、ヘイウッドを介してイギリスからの投資を引き込むことを望んでいた。が、プロジェクトは失敗に終わった。ヘイウッドは谷にたいし、約束の手数料の一部を支払うよう要求し、ロンドンにいた彼女の裕福な息子にも支払いをしつこく求めた。結果、ヘイウッドと谷のあいだに確執が生まれたのだった。

法廷の証言台で谷は、ヘイウッドが家族をゆすり、息子を脅迫したと主張した。怒り狂った彼女は殺害の計画を立てた。谷はヘイウッドとホテルの部屋で会い、いっしょにウイスキーを飲んだ。ヘイウッドが酔っぱらってトイレで嘔吐《おうと》したあと、谷は彼をベッドに寝かせた。そして醬油差《しょうゆさ》しを使い、緑茶に混ぜた致死量の青酸カリを口のなかに垂らして相手を殺した。[4] ２０１２年８月、谷はヘイウッド殺害容疑で有罪となって死刑判決を受け、のちに刑は終身刑に減刑された。[5]

２０１３年９月、薄熙来自身も収賄《しゅうわい》、横領、職権乱用の罪で無期懲役の判決を受けた。裁判所は、３３０万ドル以上の賄賂《わいろ》を薄が受け取ったと認定した。そのなかには、フランス南部カンヌの瀟洒《しょうしゃ》な別荘の所有権も含まれていた。くわえて、妻のヘイウッド殺しの捜査を止めるために職権を乱用し、警察署長を解雇した罪でも有罪となった。[6]

この事件によって中国は、もっとも人気と力のある政治家の家族を粛清し、新しい中国を悩ませていた腐敗と不品行の象徴に変えた。今後そのような行為を抑え込むためにも、国家の復興が必要だった。

埃《ほこり》だらけの灰色の重慶の通りには、薄熙来の遺産がいたるところに残っていた。

「中国は成長し、人々は金持ちになった」と、道端の屋台で麺《めん》をすすっていたぶっきらぼうな中年男性が私に言った。「でも、建設労働者としてのおれの仕事は変わらずきついものだったし、家族は食べるのにも苦労しつづけてきた。新しい中国は、金を稼ぐことだけに眼を向けてはいけない。それが腐敗の原因なんだ。新しい中国は、強く団結したものでなくちゃいけない」

「腐敗した役人を追放すると自身で言っていたにもかかわらず薄は、新しい中国についてまちがっていることすべての象徴になりました。新しい中国では犯罪や汚職が増え、自分たちが何者であるかを忘れるべきだという考えが広まり、人々は特権を得ることを望んだ」と、中国人の友人は私に言った。ほかの多くの人々と同じようにその友人も、政府に眼をつけられるのを恐れて名前を伏せることを望んだ。「そういう意味では、薄はスケープゴートだったと言っていいでしょうね」

　それまで20年にわたって続いた爆発的な経済成長は、何億人もの人々を耐えがたい貧困の沼からすくい上げた。しかしその成長は、みるみる増える不平等、汚職、犯罪とともにやってきた。多くの指導者も感じていたように、中国は道に迷っていた。

習近平の文化大革命

失脚するまで薄熙来は、２０１２年11月の共産党大会で選ばれる（大統領に相当する）中華人民共和国主席[7]の最有力候補と目されていた。

薄が政権から追いやられたあと、彼に代わってトップに昇りつめたのが習近平という官僚だった。彼の父親は、政府で主要な役職を歴任した大物政治家だった。15歳になったとき習は、共産主義を身につけるために農業共同体に派遣された（当時としては一般的な慣習だった）。多くの党幹部たちと同じように彼の世界観は、10代のあいだの文化大革命の苦しい経験によって形づくられていった。その経験は彼に人生の苦難について教え、漢詩好きのシャイな10代の少年をたくましい青年へと変えた。「わたしはむかしから頑固な性格の持ち主で、いじめられて黙っているようなタイプではありませんでした」と習近平は２０００年のインタビューのなかで語った。「よく過激主義者を怒らせていました。彼らは、うまくいかないことをすべてわたしのせいにしました」

１９６２年、毛沢東が忌《い》み嫌った小説を支持したとして習の父親は共産党から粛清され、工場労働に駆りだされた。その4年後の１９６６年5月、習近平の高校の授業が突如として中止になった。

毛沢東が「文化大革命」を宣言し、大衆を煽《あお》り、敵を粛清して完全な支配を狙《ねら》い、個人崇拝を築いていった。国じゅうに無秩序が広がり、暴徒と化した学生たちが教師や両親を非難しはじめた。紅衛兵が通りをパトロールし、ブルジョア的な服を着た人々を殴り倒した。企業や学校など、過剰な資本主義の象徴となる建物はどこも略奪され、そのまま放置された。結果、中国は10年にわたって暴力、飢え、極貧の波の下に沈み込んだ。

革命家たちは習一家の自宅を略奪した。元党幹部である父親は辱《はずかし》めを受け、通りを行進させられた。習の母親も、夫を公然と非難することを余儀なくされた[8]。

しかし習は、自身が受けた苦しみを共産党のせいにはしなかった。むしろ、毛沢東政権を最初に率いた世代の指導者たちと同じように、彼は自身のことを、親世代の共産主義の遺産の正当な継承者だとみなした。若い文化革命家をはじめとする大衆主義者や民衆扇動家について習は、階層と秩序をひっくり返して無秩序を煽る存在として疑問視するようになった。彼にとって望ましい体制とは、従順な愛国心に満ちたものだった。現実主義者である彼は、「赤より赤く」なることによって中国の苦難を乗り切ろうとした。この習の人物像についての説明は、広い人脈をもつ大使館の情報提供者の発言にもとづいたもので、漏洩《ろうえい》したアメリカの外交公電によって明らかになった[9]。

習近平は小さな村に引っ越して伝統的な洞穴式住居に住み、地方政府の職員として働いた。そのあいだのどこかの時点で、彼の姉が自殺。７度も拒否されたのち、やっとのことで１９７４年に習は共産党入党を許されたが、それも党の役員と親しくなったおかげだった。[10]

　ほかの多くの党官僚と同じように習は大学で工学を学んだものの、実際に技術者として働いた経験はなかった。１９７０年代後半に卒業した彼は、党のなかで順調に昇進していった。ちょうど中国が市場改革に取り組み、世界へと門戸を開けはじめた時代だった。[11]習の政治キャリアは、旧式の毛沢東の共産主義の幕切れとともにはじまったことになる。毛の全体主義体制のなかで育った世代はだんだん消え、より集産化された官僚的指導体制へと移行していった。

　習を含む一部の人々は、中国が魂を失いつつあると感じていた。「共産党は腐敗し、イデオロギー的な核が欠けていた」と政治学者エリザベス・エコノミーは著書『第三の革命——習近平と新しい中国国家』（*The Third Revolution*〔未訳〕）のなかで説明する。「習近平の眼に映るのは、劇的かつ革命的な変化以外では党や国を救うことができない状況だった。そのような大きな変化がなければ、大国としての可能性を最大限に発揮するべく中国を後押しすることはできないと彼は考えた[12]」

　２０１２年に習近平は、党幹部らによって中国共産党の新しい総書記に選ばれた。

前任者の胡錦濤《こきんとう》は、物腰がやわらかく几帳面《きちょうめん》な官僚だった。胡は同世代の指導者に多いタイプの人物で、突出した個性やカリスマ性のない男だった。習総書記の誕生は、そんな胡の穏やかな指導体制からの脱却を象徴するものとなった。習は、堕落した役人を摘発することも、体制を一新することも、敵を作ることも恐れなかった。

体制を作り替えることが自身の使命だと彼は考えた。中国は愛国的な復興を進め、腐敗した市場原理から離れ、団結と規律に満ちた国家へと戻ろうとしていた。総書記となった習は、先頭に立ってその動きを進めることを望んだ[13]。

持って生まれたカリスマ性を武器に習は、みずからを復興の男として位置づけようとした。同時に彼は、共産党のエリートの一員としての存在感を自然と誇示することもできた。「より単純に」「甘えはより少なく」というのが彼のトレードマークとなる呼びかけだった。

「習は信じがたいほどの強さを放つ人物である」とは、あるヨーロッパの外交官がフランス人ジャーナリスト、フランソワ・ブゴンに語った言葉だ[14]。

習は〝知識人〟でもあった。

世界の主要国を訪れるたびに習は、自身で読んだことのあるその国の作家の名前を列挙した。訪米してバラク・オバマ大統領と会談したとき、彼はスピーチのなかでへミングウェイ、ホイットマン、ソロー、トマス・ペインの『コモン・センス』を読んだと主張した。ロシアを訪れたときには、つぎのような作家の名前を挙げた。クルイロフ、プーシキン、ゴーゴリ、レールモントフ、ツルゲーネフ、ドストエフスキー、ネクラーソフ、チェルヌイシェフスキー、トルストイ、チェーホフ。

どの国に行っても、彼は延々と作家の名前を挙げた[15]。

「ほんとうにバカげた話さ」と中国人の友人が北京で私に言った。「『サタデー・ナイト・ライブ』のコントにぴったりのネタだ。もちろん、そんなコントを作ったら検閲されて刑務所行きになるだろうけどね」

１９８０年代から軍関連の役職を歴任してきた習は、自身の軍事的な知識にも誇りをもっていた。軍事力は国力の表現だと彼は考えた[16]。

「彼は多くのことを経験し、いくつもの困難な時期を乗り越えてきた」と、２００７年に習と会談したあとにシンガポールのリー・クアンユー元首相は言った。「ネルソン・マンデラ級の人物であることはまちがいない。非常に安定した精神の持ち主であり、個人的な不運や苦しみが判断に影響を与えることをけっして許そうとしない[17]」

習は歴史に強いこだわりをもっており、歴史観をとおして中国の未来像を描いた。

「５０００年におよぶ中国文明は、知的な力である」と習は言った。彼は国民にたいし、「中国の夢」を実現し、世界じゅうから称賛される大国だった時代の地位を回復することを約束した[18]。

「われわれの制度の優位性は」と彼は2012年11月に宣した。「より明るい未来をとおして完全に証明される[19]」

その明るい未来の一部には、中国の西の辺境地域である新疆《しんきょう》ウイグル自治区と中央アジアの再発見が含まれていた。

「ユーラシアの西部を抜けるシルクロードはかつて、東西文明間のコミュニケーションや商業活動のための大切な架け橋だった」と2012年10月17日、著名な戦略地政学者で、かの有名な北京大学の教授である王緝思《おうしゅうし》は綴《つづ》っている。

やがて、王が「西進」と名づけた戦略へと突き進む勢いがますます加速していった。それは、アメリカ、日本、韓国に支配された東側の国境である太平洋ではなく、不毛な西側の国境に中国の軸足を置こうとする新しい戦略だった[20]。

「まさに、『土地の歴史はその人々の歴史である』というカザフスタンのことわざのとおりです」と習近平は2013年9月7日、隣国カザフスタンのナザルバエフ大学での歴史的演説のなかで語った。

　2100年以上まえの漢の時代、中国の使者である張騫《ちょうけん》が、平和と友好のための使命を担って中央アジアに2度にわたって派遣されました。彼の旅路は、中国と中央アジアの国々のあいだの友好的な交流、そして東西を結ぶシルクロードへの扉を開きました……わたしの故郷である陝西《せんせい》省は、古代シルクロードのちょうど出発点に位置しています。今日ここに立ち、歴史の物語を振り返ると、山々にこだまするラクダの鈴の音が聞こえ、砂漠からたなびく煙の筋が見えてきそうです。いま訪れているこの場所に、わたしはとても親しみを感じています……われわれは革新的な姿勢で臨み、シルクロードに沿って経済ベルトをともに築くべきです。それがルート沿いのすべての国々の人々に利益をもたらす、偉大な事業となることはまちがいありません[21]。

　これこそが、一帯一路構想のはじまりだった。1兆ドル規模のこの経済ネットワーク計画は、習近平が注意深く学んできた歴史をよりどころとするものだった。

「百年国恥」のはじまり

　ヨーロッパの探検家たちが〝新世界〟へと最初にたどり着いた16世紀はじめ、ユーラシアは世界の国内総生産の89パーセントを生みだしていた。[22] そのころのヨーロッパはついに、終わりの見えなかった疫病《えきびょう》、飢《き》饉《きん》、戦争の時代から抜けだそうとしていた。ユーラシア全土においてヨーロッパ人たちはそれまで、寄せ集めの十字軍を率いて各地を苦しめる原始的なキリスト教の野蛮人としてみられていた。

一方、アジアや中東の帝国では、生物学、製紙、活版印刷、火薬、代数学などがすでに発展していた。中国の明《みん》王朝は地域の覇権国として君臨し、航海冒険家の鄭和《ていわ》をインドやアフリカに派遣した。[23] しかし中国の強さは、ユーラシア全体に及んでいるわけではなかった。何千年ものあいだにシルクロードのまわりには、多種多様な王国、帝国、部族が存在するようになっていた。[24]

オックスフォード大学の歴史学者ピーター・フランコパンは、ヨーロッパ人たちが新世界の先住民を虐殺《ぎゃくさつ》し、アメリカ大陸の富を奪いはじめてから、世界経済と政治の主導権が東洋から西洋にシフトしたと論じている。世界の貿易と軍事力の中心が陸上から海上へと移り、近代的なヨーロッパ海軍が誕生したことが、18世紀の産業革命の起爆剤となった。[25]

ヨーロッパが軍隊を機械化し、強力で近代的な国民国家を築いた一方で、中国の指導者たちは近代的な技術や武器の導入には否定的だった。彼らは、中国の皇帝が比類ない「天子」であり、日本や朝鮮のような近隣の強国の皇族や王族よりも古くから地位が途切れることなく受け継がれてきたという考えに拘泥《こうでい》した。イギリスのジョージ３世の使節から皇帝に渡された贈り物は、「対等な君主への贈り物」ではなく「貢《みつ》ぎ物」として扱われた[26]。

　19世紀なかばになると、中国の封建的な王朝はますます時代遅れになり、腐敗し、急変する世界に対応できなくなった。アヘンに溺《おぼ》れた支配層は、借金、中毒、犯罪にまみれた地獄へと落ちていった。中国はイギリスとのアヘン貿易を止めようとしたが、イギリスは香港に砲艦を派遣して市場の維持を迫った。これが、第１次アヘン戦争として知られるようになる出来事だ。のちの中国共産党の歴史記述によると、それは西欧列強の手による「百年国恥」のはじまりであり、世界での中国の役割についての衝撃的な逆転を意味するものだった。中国の皇帝は事実上、史上もっとも強力な海洋帝国となった大英帝国の支配下に置かれることになった[27]。

　かつては繁栄していたアジアと中東も、戦争、宗教的偏見、荒廃の渦に巻き込まれていく。それは、ヨーロッパ植民者による搾取《さくしゅ》的な征服と、彼らに買収された部族政府の腐敗がもたらした結果だった[28]。そして第２次世界大戦後、毛沢東主義と残忍な経済政策が何年にもわたって続いたあと、１９７３年から中国は市場改革への道をゆっくりと進んでいった。その時点で中国の生産が世界経済に占める割合は、わずか5パーセントにすぎなかった[29]。

その歴史から中国政府が学んだ教訓とは？　まず、近代化すること。断固とした態度で、しっかりと立ち上がること。そして、テクノロジーを取り入れることだ。2013年7月と8月のふたつの演説のなかで習近平は、この点を明確に述べた。

> 先進技術は、近代国家にとって鋭利な武器となるものです。現代において欧米諸国が世界を支配できた大きな理由は、彼らが先進技術を手にしたからです。真のコア技術をお金で買うことはできません。まさに「国家でもっとも鋭利な武器を公開するべきではない」ということわざのとおりです。

さらに、習はこう続けた。

> われわれのテクノロジーは概して、先進諸国と比べてまだ後れをとっています。追いつけ追い越せの〝非対称〟の戦略をとり、自分たちに利益をもたらさなくてはいけません。とくに、現状では2050年まで追いつくことが不可能だと考え

られるコア技術の分野において、〝非対称〟の戦略を見いだす必要があります。国際的には、コア技術で優位性がなければ、政治的な勢いを生みだすこともできません。主要な分野、死命を制する領域では、大きな努力が必要になります。同じことが軍事面にも当てはまります。[30]

技術における「〝非対称〟の戦略」が何を意味するのか、習は具体的には説明しなかった。数十年まえの日本や韓国のように、欧米の技術をコピー・模倣して追いつくということを遠まわしに示そうとしたのかもしれない。

かくして習は、ユーラシア全体に影響力を広げて中国を〝超大陸〟へと拡大することを指揮しはじめた。過去には、アメリカ合衆国も似たようなことをしてきた。たとえば太平洋側への無慈悲な前進のなかで、ネイティブ・アメリカンの土地と権利を破壊した。二枚舌外交を駆使してパナマ運河を建設し、大西洋と太平洋間を船が素早く行き来できるようにして巨大な地政学的権力を手に入れた。イギリスもまた中東のスエズ運河建設によって同じ行動をとり、もっとも貴重な植民地であるインドとロンドンのあいだの貿易ルートの移動スピードを速めた。[31]

「ユーラシアは、世界最大かつ最も中心にある大陸であり、地球上の陸地面積の三分の一以上を占めている」と政治学者のケント・E・カルダーは著書で説明する。「大陸の地下には、世界の石油埋蔵量のおおよそ三分の二と従来型天然ガスの八〇％以上が眠っている。ユーラシアの構成国は世界の外貨準備のほぼ八五％を保有し、その一方で購買力平価（PPP）ベースでは世界のGDPの約七〇％を占めており、世界の工業製品の半分近くを生産しているのは言うまでもない」[32]

　貿易網と道路によって結ばれた超大陸は、まさに中国が必要とし、望んでいたものだった。２０１３年までに経済成長の勢いが失われつつあった中国[33]は、労働者やインフラ計画を発展途上の西部へと移動させ、中央アジアと中東の高原、山脈、砂漠を越えてさらにそのさきに進出することを目指した。

　しかし、私を含むジャーナリストらにリークされた党の内部資料によると、中国の指導部には、経済成長の減速よりも大きなべつの懸念《けねん》があったという。この２年まえの２０１１年６月からアメリカは、中国の隣国アフガニスタンから徐々に軍隊を撤退させはじめた。そこに生まれた空白地帯から、過激派やテロリストが「神を信じない」隣国の敵を攻撃する可能性があった。つまり、共産主義の中国がテロの標的となるおそれがあったのだ。[34]

「彼（習近平）は強く聡明《そうめい》な人です」と２０１３年５月、当時アメリカ副大統領だったジョー・バイデンは訪中後にペンシルバニア大学の学生たちに語った。「しかし、すべてがうまくいくとは確信していない男の顔をしている」[35]

2013年の新たな〝天安門〟事件

2013年10月の曇り空の肌寒いある日、天安門広場はいつもと変わらぬ様子だった――混み合い、渋滞し、スモッグが立ち込めていた。そこは中国の国家としての偉大さの象徴であり、20年以上まえに暴力的で反民主主義的な弾圧が起きた場所として知られていた。

その朝、広場に居合わせた人々は、遠くで鳴る車のクラクションの音を聞いた。それから1台のSUVが現われ、大通りを猛スピードで進んでいった。車は人混みに突っ込み、橋の欄干に衝突した。広場の目立つところに掲げられた毛沢東主席の肖像画のすぐ手前で車は停まり、それから爆発した。煙が消えたあとの地面には2体の死体が横たわり、燃え尽きた車のなかで3人の自爆テロリストが死んでいた。[36]

駆けつけた警察は、見物人たちにカメラの写真を消去するよう強制しはじめた。現場を撮影しようとしたBBCのスタッフがひとり一時的に拘束された。中国国内では、関連するニュースがオンライン上からすべて削除された。しかし当局がBBCのスタッフをすぐに釈放したため、やがてニュースは外の世界へと伝えられることになった。[37]

中国のまさに中心で起きた、信じがたい攻撃だった。多くの役人の首が飛ぶのはまちがいなかった。事件後すぐに、新疆ウイグル自治区の軍の最高司令官が解任された。[38]

実際のところ中国当局は、自分たちでテロリズムの問題を悪化させていた。ウイグル人の容疑者にたいする容赦ない逮捕、弾圧、強制失踪《しっそう》が何年も続いたせいで、一部の国民が過激化した。結果、何千人ものウイグル人がアフガニスタンとトルコへと飛び、そこから車やバスに乗ってシリアに渡った。その流れは２００９年にはじまり、２０１３年に加速した。大量の脱出者の集団は自分たちを中国政府の不正行為の犠牲者だとみなし、武器の使い方を学び、反乱を起こすことを望んだ。[39]「いずれ中国に戻ろうと考えていました」と私に語ったのは、２０１３年にシリアで闘ったのちにトルコに帰ってきた聖戦士《ジハーディスト》だ。中国で医者として働いていた彼が宗教に傾倒するようになったのは、シリアに着いたあとのことだった。「シリアの内戦のことも、誰が勝つかも興味などありませんでした。われわれはただ、中国共産党と闘いたかっただけなんです」

10月の天安門広場での攻撃は、中国でこれまでに起きたテロ活動のなかでももっとも劇的な徴《しるし》だった。４カ月後の２０１４年３月１日、大型ナイフで武装した全身黒ずくめの８人のテロリスト集団が中国西南部の昆明駅へと駆け込み、人々を無差別に斬《き》りつけた。駅に突入した機動隊のチームは、１７２人の被害者が血まみれになって負傷しているのを見つけた。30人以上が死んだ。４人編成の機動隊のひとりが、テロリストのうち４人を自動小銃で射殺した。警察は残りの犯人のひとりをその場で逮捕し、逃亡した３人を２日後に拘束した[40]。当局は容疑者について、暴力的なウイグルの分離主義者と断定。中国の国営メディアは、この攻撃を「中国の９・11」と呼びはじめた。[41]「全国的な怒りが巻き起こっている」と中国の国営メディア新華社のコメンテーターは綴った。「正義がもたらされ、テロリストは厳しく処罰されるべきだ[42]」

２０１３年10月の天安門広場のテロ攻撃の翌日、ウイグル族の権利を平和的に擁護しようとする団体、世界ウイグル会議のラビア・カーディル議長はこう語った。「今日わたしは、東トルキスタン（新疆ウイグル自治区の別名）とウイグルの人々の未来について、かつてないほど大きな不安を抱いています[43]」

「ここには戻ってこないほうがいい」

メイセムが友人たちと微信のグループ・チャットをしていたとき、メンバーのひとりが天安門広場の事件についてのニュースを送ってきた。記事によると、中国当局が自爆テロ用だったと主張する車のなかから、ウイグル独立の青い旗をはじめとするテロリストの宣伝活動の証拠が見つかったという。とはいえ、それらの報道がかならずしも信頼できるものではないとメイセムにはわかっていた。

「信じられない」と友人は言った。「あまりに過激すぎる」

　メイセムがすぐさま心配したのは、ウイグル族の評判についてだった。中国全土の人々が、ウイグルに厳しい眼を向けはじめていた。家で友人たちと事態について話すあいだにも彼女は、自身が生まれ育った土地にたいして重たい空気が広がっているのを感じた。

「海外にいる家族にみんな電話しはじめて、『ここには戻ってこないほうがいい』と伝えました」

　2014年4月、習主席による最初で最後となる新疆ウイグル自治区訪問のあいだ、ふたりのウイグル人過激派がウルムチの駅を爆破し、79人が負傷、ひとりが死亡した。ふたりの自爆犯はその場で死んだ[44]。

　その後、習の訪問から1カ月もたたないうちに、さらに大人数からなるウイグル族の過激派グループがウルムチの野菜市場に手榴弾《しゅりゅうだん》や爆弾を投げ込んだ。4人の犯人を含む少なくとも43人が死亡し、90人以上が負傷した[45]。

習近平は、幹部や顧問らを集めて緊急会議を立てつづけに開いた。

漏洩された文書によると、ある会議で彼はこう語ったという。「最近の新疆ウイグル自治区は猛スピードで発展し、生活水準は順調に上がってきた。だが、民族分離主義とテロリストによる暴力は依然として増えつづけている。これは、経済発展が永続的な秩序と安全を自動的にもたらすわけではないという証拠だ」

習は、過去30年にわたって国の戦略を特徴づけてきた自由主義的な国家観を修正しようとしていた。中国はもはや、新しいアイデアを求めるために国境を開放しようとはしなかった。むしろ国境を閉鎖し、より全体主義的な方針に戻ろうとしていた。

「アメリカがアフガニスタンから軍隊を撤退させたあと、アフガニスタンとパキスタンの国境地帯にいるテロ組織が中央アジアに一気に潜入してくる可能性がある」と習は言った。「シリアとアフガニスタンで実戦訓練を受けた東トルキスタンのテロリストたちが、いますぐにでも新疆にテロ攻撃を仕かけてくるかもしれない」

習は、宗教的な過激主義を麻薬にたとえた。「人々は正気を失い、常軌を逸し、目的を達成するためなら手段も選ばなくなる」

ソ連崩壊のさなかに政治家になった習は、中国を守るためにはいまこそ権力、武器、強さが必要になると結論づけた。さらに、ウイグル族やカザフ族の少数民族にたいする大規模な行動が必要だと考えた。彼は新しいテクノロジーを駆使することを呼びかけ、9・11同時多発テロへのアメリカの対応を研究するよう幹部たちに伝えた。

「われわれ共産主義者は、人民戦争を闘うことに長《た》けているはずだ」と習は言い、市民が互いに見張り合ってスパイ活動をすべきだと指摘した。「ひとつの任務のために組織化する、それこそわたしたちがもっとも得意とすることだ」[46]

この時点で、新疆ウイグル自治区の将来が決まった。

第8章　対テロ戦争のための諜報員

われわれは宗教を頑強に拒否しなければいけない。
——カシュガルに掲げられた中国語のプロパガンダ横断幕

ニューヨークの9・11同時多発テロ以降、中国は対テロ計画を着々と進めてきた。事件当時、駐米中国大使はレセプションの席で「テロとの闘いにたいして中国はアメリカと手に手を取って立ち向かいます[1]」と述べた。中国はまた、アフガニスタン、中央アジア、中東でテロ容疑者を追討しはじめた。くわえて、前述の２０１４年の習近平主席の発言をきっかけに、中国はより攻撃的な諜報員《ちょうほういん》を世界じゅうに配置しはじめ、テロ容疑者の情報を収集しようとした。

これらのスパイの任務は、テロリストの陰謀から中国を守ることだった。情報機関の職員たちは、しらみつぶしに敵を探しだし、それを政府の指導者に報告するよう圧力をかけられていた。報告を受けた指導者たちは、それらの「成功」を嬉々《きき》として国営メディアで発表した。中国のスパイは悪循環に陥っていた。トルコのような国に行ったスパイたちは、暴力的なジハード主義者と平和的なウイグル人住民のあいだの境界線をあえてあいまいにすることを余儀なくされた（とはいえ、平和的な住民もきまって中国政府には批判的だった）[2]。

「より多くの敵を見つけるほど」と、メイセムを私に紹介したアブドワリ・アユップは言った。「国を結束させることができると彼らは考えた」

海辺の町に身を隠した元スパイ

あるときアブドワリは、亡命の準備を進める中国の元スパイと連絡を取り合っていた。その男性は、同胞のウイグル人がほとんどいないトルコの片田舎の海辺の町に身を隠していた。その場所にいれば、べつのウイグル人に裏切られて中国政府に密告されるおそれはないと考えたのだ。アブドワリがその元スパイを私に紹介してくれた。自身の人気ウェブサイトに記事やコメントを投稿するアブドワリは、世界じゅうのウイグル人と外国人ジャーナリストのあいだでは有名な存在だった。そのため、アブドワリの人脈をとおして記者と連絡を取りたいと望む人々からのメールにくわえ、さまざまな情報がたびたび送られてきた。

　私が紹介された元スパイもそのような人物のひとりで、亡命するまえにみずからの物語を語ることを望んでいた。メディアによる注目は、中国政府から狙《ねら》われたときの盾として機能する武器でもあった。くわえて彼は、過去の自身の行ないを打ち明けて心の重荷を取りのぞきたがっていた。だからこそ元スパイは、アメリカ人ジャーナリストに会うことを望んだのだった。

　アブドワリと私は、長い道のりをバスで移動して海辺の町に行った。「大通り沿いのシーフード・レストランに来てください」と元スパイは、暗号化メッセージング・アプリ「シグナル」をとおして連絡してきた。

　その日の夕方6時、ユスフ・アメット（実名を使うことを本人が許可）がレストランの室内に入ってきた。カモフラージュ柄のズボンと白いダウンジャケットという恰好《かっこう》だった。聞けば、その日はすでに4杯もビールを飲んできたという。彼は5杯目のビールを飲みながら、身を隠すまえの家庭生活について話しはじめた。

　ユスフは厳しい家庭環境で育ち、小さいころに父親は母親ときょうだいを捨てて家を出ていった。大人になるまでの道のりを導く父親がいなかったせいで彼は、ある種の男性的な威厳を求めて育ったという。男らしくあれば、シングルマザーの母やほかの女性たちから愛と賞賛を勝ち取ることができるとユスフは考えた。

「妻が行儀の悪いことをすると、殴りつけてやりましたよ」と彼は自慢げに語った。「結局、妻は去っていきましたけど」。高校を中退したユスフは2010年、アフガニスタンで戦闘員として闘うことが自分の使命だと考えた。そこで彼はアフガニスタンに渡り、新疆《しんきょう》ウイグル自治区を支配する中国政府にたいする独立戦争のための訓練を受けることを決意した。

「母を誇らしい気持ちにさせたかった。母さんはおれの人生だった。それくらい母のことを愛していたんです」と彼は言った。

「母さんといっしょに空港に行きました。見送りに来てくれた母とちょうど別れるところでした」とユスフは続けた。「突然、警察が飛びだしてきて、おれたちを逮捕したんです。ずっと追われていたんですよ。警察は、こちらの計画についてすでに知っていました」

ユスフは2年にわたって中国の刑務所に収容された。拷問椅子《タイガー・チェア》に坐《すわ》らされ、諜報部員から尋問を受けたこともあった。その椅子は、炎天下の拘留施設の中庭でメイセムが長時間にわたって坐らされたのと同じものだった。

「隣の独房で、あいつらは母さんを拷問《ごうもん》した。母の叫び声が聞こえました。わざとおれに聞こえるようにしたんです。それから、諜報部のトップが登場した。中国の西部のある街で、かなりの権力をもつ役人です」とユスフは言った。その男は自分のことを「アブドゥルシュクール」と名乗った。

「きみが残りの青春時代を刑務所のなかで過ごす姿など誰も見たくない。それに、お母さんのことを考えなさい。きみが協力してくれるなら、お母さんを釈放しよう」と諜報部の役人はユスフに言った。

それから役人は、ある計画について話しだした。若く、健康で、体力のあるユスフは刑務所を出て、中国国内で自身の家族や親戚《しんせき》を3年にわたって監視する。そうやって忠誠心を証明したあと、テロ集団への参加を望む若者を装《よそお》って世界じゅうをまわり、いわゆるセル［テロ組織の小集団］に潜入して上司に情報を送る。

「おれに少し狂気じみたところがあるとやつらは見抜いたんだろう。おれの承認欲求を利用したんだ」

2013年から1年間の仮釈放中に彼は、毎週の活動について数日おきに警察に報告した。その後ユスフは命令されたとおり、きょうだいや親戚の無害な活動について諜報機関に報告した。結果、彼らは拘留施設送りになったという。

そして2016年に中国諜報部のその役人は、テロリストのセルの活動が中東全体に広がり、中国への緊急攻撃を計画していると説明した。役人は、テロリストが実際に誰であるかは明かさず、常軌を逸した、暴力的で、問題を抱えた若い男たちが「ジハード」の準備を進めているとだけ言った。ユスフには外交官用パスポートが与えられた。

「おれはパキスタンに送られた。空港に着くと、パキスタン政府の諜報員と落ち合いました」。パキスタン軍の元司令官であるその人物は、外国のスパイを国境の向こうのアフガニスタンに密入国させる手伝いをして報酬を得ていた。

「山岳地帯を飛行機で越え、目的地に到着しました。そのアフガニスタン南部の村で、タリバンとつながりのある地元の民兵組織に参加することになっていたんです」

中国政府はすでにタリバン内部にスパイを送り込んでいたため、その民兵組織はなんの疑いもなくユスフを新たな戦闘員として迎え入れた。ユスフが中国の管理官《ハンドラー》に動きを逐一報告していることなど、民兵たちは知る由《よし》もなかった。

「おれの任務は、テロ集団に参加する中国の国民を監視することだった」。ここでいう中国国民とは、アフガニスタンで闘うウイグル人やほかのイスラム教徒の集団を意味した。「中国は、テロリストが国境を越えて国内に流れ込んでくることを警戒していたんです」

ところが、任務は想像よりはるかに退屈なものだった。「ときどき銃撃戦がありました」と彼は言った。「アフガニスタン政府軍との小競《こぜ》り合いです。アメリカ兵はひとりもいませんでしたね」

「政府はいつでも微信に命令できる」

半年ほどたつと、あまりの退屈さに耐えられなくなった。スパイとして雇われるまえ、独立運動のための戦闘員を目指していたころに思い描いていた戦場での栄光などこれっぽっちもなかった。ユスフはアメリカのメッセージング・アプリＷｈａｔｓＡｐｐを使ってハンドラーにメッセージを送り、もう辞めたいと伝えた。

「いつもＷｈａｔｓＡｐｐを使っていました。安全だと思っていましたから」と彼は言った。「微信は使いませんでした。中国の諜報機関でさえ、微信は監視されているんじゃないかと疑っていました。政府はいつでも、データを引き渡すよう微信に命令することができましたからね」

ユスフは、いまも連絡を取り合っているというハンドラーから送られてきた

ＷｈａｔｓＡｐｐのメッセージを私に見せてくれた。「この男は人を操るプロです」と彼は言った。「人を操る術《すべ》を心得ている」

ハンドラーはすぐに連絡を寄こし、ユスフに新しい任務を与えた。

「もう少しだけとどまってくれ」と彼は言った。「きみのような才能豊かな若者には、明るい未来が待っているんだ。近いうちにきみを中東に派遣しよう」

中国は、地域一帯で何百もの石油パイプライン、掘削装置、高速道路などのインフラ建設計画を進めており、その計画はのちに一帯一路の傘下《さんか》に置かれることになった。自国の投資を保護するために、中国の諜報機関はスパイを必要としていた。それらのスパイは世界各地へと出向き、ウイグル族の共同体に入り込み、現地当局にウイグル人を中国に送り返すよう説得した（帰国したウイグル人は投獄された）。

ユスフによると、中国の諜報機関はこう確信していたという——海外のウイグル族の共同体が、中国の橋や石油・ガスのパイプラインを爆破し、一帯一路計画を妨害しようと企《たくら》んでいる。中国に協力するとテロ攻撃されるとなれば、各国政府が中国と手を組むことに消極的になる可能性があった。

テロ計画疑惑を阻止するという大きなプレッシャーのなかで、中国の諜報機関はどんどんずさんになっていく。あるとき諜報機関は、地引き網戦略をとることを決めた。

それは、海外にいるすべてのウイグル人を敵とみなし、無実が証明されるまで監視するというものだ。この戦略がはじまったとたん、中国のスパイたちは真のターゲット――シリアで闘い、トルコで過激派への参加を募ろうとするほんもののテロリスト――に眼を向けることを忘れてしまった。諜報活動の方法としては効果的なものではなかった、とユスフは断言した。

２０１７年、彼は国境を越えてパキスタンに戻り、トルコのイスタンブール行きの飛行機に乗った。ウイグル難民をどこよりも積極的に受け容《い》れているトルコには、中国国外ではもっとも多くのウイグル人住民がいた。ユスフに与えられた任務は、「ウイグル人の実業家たちに会い、ビジネスに参加させてほしいと頼む」ことだった。

ユスフは地元のレストランで年配のターゲットと会い、自分を売り込んだ。

「仕事を探しているんです」と彼は言った。「いろいろとスキルはもっていますが、着いたばかりでお金がありません。助けてくれませんか？」

なかなか仕事を得ることはできなかった。それでもユスフは地元のウイグル人と立てつづけに会う約束を取りつけ、共同体の内部に入り込もうとした。深く潜入すればするほど、ハンドラーからの命令はより不吉なものに変わっていった。

「実業家たちと会うことの裏に真の目的がある、とハンドラーは教えてくれました」

とユスフは当時を振り返った。「実際のところ相手はテロリストであり、トルキスタン・イスラム党（ＴＩＰ）と呼ばれるシリアの過激派組織とつながっているというんです。そのような地元の会社で仕事を得て、ＴＩＰの内部に潜入しろとハンドラーは言いました。その後におれはシリアに派遣され、テロリストを追跡して捕まえることになる、とね」

冒険を望んでいたユスフだったが、ハンドラーの被害妄想の高まりに不安を感じはじめていた。彼が監視していたビジネス集団にいるのは、落ち着いた年配の男性たちばかりで、それほど篤《あつ》い信仰心を持ち合わせているようには見えなかった。わざわざ逮捕され、事業を台無しにするリスクを負う理由はほとんど見当たらず、彼らがシリアのテロリストを支援しているとはとうてい思えなかった。

ユスフはこう考えるようになった。必要とする敵の不足を恐れた諜報組織の上司たちが、誰彼かまわず敵に仕立て上げようとしているだけなのではないか？　それに彼らは、スパイ活動をする代わりに母親を釈放するという4年まえの約束をまだ果たしていなかった。

実際に私は、トルコでＴＩＰのメンバーから話を聞いたことがあった。彼らはトルコ国内からシリアでの軍事行動を調整し、独裁者バッシャール・アル＝アサド率いる政府軍と闘っていた。激しい戦闘が続くシリアのクルディスタン地域の軍事筋によると、これまでかなりの数のウイグル人戦闘員が死傷し、聖戦の主要メンバーの多くが捕まったという。だとすれば、アサド軍との闘いによって鍛えられたテロリストが新疆ウイグル自治区に戻り、中国西部にカリフの府を築くという考えは、あまりにも現実離れしているように思えた。しかし、それは中国国家にとっては都合のいい物語であり、政府はその物語を積極的に広めようとしていた。

グアンタナモ基地のウイグル人

ここまで説明したように、ウイグル人テロリストの物語の分水嶺《ぶんすいれい》となったのは９・11同時多発テロだった。中国政府による手荒な弾圧と被害妄想は、政府の理想とは反対の効果をもたらした。共産党からのさらなる迫害を恐れたウイグル族などの少数民族の若者らは、自分たちの地位や正当性にたいする主張を強め、その一部がテロ集団に参加するようになった。

そのような男性たちのなかに、アフガニスタンで米軍に捕まったのちにキューバのグアンタナモ湾収容キャンプ送りになった22人のウイグル人がいる。彼らは、アフガニスタンとパキスタン各地の野営地で緩くつながりながら活動する反体制派のメンバーたちで、将来的に機会が訪れたときに中国に対抗できるよう軍事訓練を受けていた。

22人のウイグル人たちが拘束された理由は、２００２年に政治的な軍事活動を行なった疑いがあるというものだった。当時の国連では、中国の外交官たちがアメリカによるイラク侵攻計画に反対を表明していた。そのため、ウイグル人テロ容疑者の弁護士たちはこう考えた――侵攻への反対を取り下げるよう中国に働きかけるために、ジョージ・Ｗ・ブッシュ政権は東トルキスタン・イスラム運動（ＥＴＩＭ）をテロ組織として指定したにちがいない。そのような裏での駆け引きにもかかわらず、中国はイラク戦争に反対しつづけた。しかし、国連安全保障理事会で拒否権を行使することはなかった。[3]

拘束されたウイグル人全員が、グアンタナモ湾に収容されるまでアルカイダのことを聞いたことさえなかったと証言した。[4]彼らは自分たちについて、中国に不満をもつ反体制派であり、政府からの迫害を逃れてアフガニスタンを通過していただけだと主張した。ところがアメリカ側は、拘束されたウイグル人たちを「自由民主主義そのものに闘いを挑むジハード主義過激派」とみなした。[5]彼らが敵対視する自由民主主義がアメリカのものであろうと、中国のものであろうと関係なかった。

「ＥＴＩＭの存在についてては何も知りませんでした」と私に語ったのは、ウイグル族研究の専門家で、ジョージ・ワシントン大学国際関係学部のショーン・ロバーツ教授だ。「専門家でさえ誰ひとり知りませんでした[6]」

アメリカの後ろ盾によって中国は突如として、必要なものを手に入れた——恐ろしいテロリストの存在だ。

アメリカは中国の諜報部員にたいし、グアンタナモ湾収容キャンプを訪れて22人の捕虜に尋問することを許可した。それは、アメリカによる最高の歓待の徴《しるし》だった。アメリカの関係者以外で収容キャンプに入り、ウイグル人容疑者の写真を撮ることを許されたのは中国の代表団だけだった。

ところがウイグル人たちは協力を拒み、中国の諜報員の質問には答えようとしなかった。結局のところ、彼らはかつて中国で拷問を受けた人々であり、母国に残る家族はいまだ危険にさらされていたのだ。

中国の諜報員たちはそれぞれのウイグル人容疑者を最長で8時間、ときに3、4日連続で尋問した。その後、アメリカ国防総省の尋問チームは、中国の諜報員に写真を撮ることを許可した。中国側が撮った写真には、アメリカ兵たちが少なくともひとりのウイグル人を咽喉輪《のどわ》攻めにしているところが写っていた。米政府はさらに、ウイグル人容疑者たちの機密ファイルを中国側に渡した。事前の尋問のなかでアメリカ側はウイグル人容疑者にたいし、機密ファイルは中国政府の眼に触れないように秘密裏に管理すると伝えていたが、その約束は反故《ほご》にされた。

「わたしは、自分の祖国に失望しました」と、軍の通訳を務めたルシャン・アッバスは私の取材に応《こた》えた。２００２年10月までに国防総省の取調官たちは、ウイグル人捕虜の一部はジハード主義のテロリストではなく、中国にたいする独立運動のための訓練を受けていた分離主義者の戦士だと結論づけるようになった。[7]

「彼らの多くは、やさしい心をもつ人格者でした。どう見ても、アメリカに復讐心《ふくしゅうしん》をもつテロリストなどではなかった」とアッバスは私に言った。

さらに1カ月が過ぎても、ウイグル人捕虜たちは収容所に入れられたままだった。アメリカ政府は彼らの扱いに困っていた。ウイグル人たちは、国防総省が9・11の対応のために特例として作った「敵性戦闘員」の指定を受けて超法規的に身柄を拘束されていたため、アメリカの国内法やジュネーブ条約の影響がおよぶ埒外《らちがい》にいた。よって、彼らを釈放する場所や方法を決めることに法的な手続きは必要なかった。[8]

法的な宙ぶらりん状態が続くなか、舞台裏ではアメリカの外交官たちが、ウイグル人捕虜を難民として亡命させるためにほかの国々と交渉を進めていた。それらのウイグル人たちをアメリカで受け容れるという選択肢はなかった。連邦議会の議員たちは、グアンタナモ湾収容キャンプの〝テロリスト〟が自身の選挙区に定住することを望まなかった。

収容から3年以上が過ぎた２００６年5月、22人のうち5人が、唯一《ゆいいつ》受け容れを決めたアルバニアに移住することになった。

「アルバニアが受け容れた5人はけっして難民などではなく、東トルキスタン・イスラム運動のテロ容疑者です」と、釈放の4日後に中国政府の報道官は発表した。「この組織は、アルカイダやタリバンと密接な関係にあります」[9]

当時の共産党は、中国にたいする脅威のホットリストとして〝5つの毒〟を列挙していた――民主化運動家、台湾支持者、チベット族、気功集団・法輪功、イスラム教徒のウイグル人テロリスト。[10]

一方、残された17人のウイグル人たちは、グアンタナモ湾収容キャンプのなかでも警備がとくに厳重な第6キャンプで衰弱していった。通称「墓地」と呼ばれるその場所はひどく暗くじめじめとしており、屋根にある唯一の窓から陽光が射《さ》し込むと、囚人たちは拍手して騒ぎ立てた。[11]

そして、アメリカの囚人となってから7年以上が過ぎた２００９年、17人のウイグル人のうち6人が、太平洋の小さな島国パラオで釈放された。残りの捕虜たちはスロバキア、エルサルバドル、バミューダ諸島などに移住させられた。それらの数少ない国や地域はしぶしぶウイグル人たちを受け容れたが、それもアメリカが住宅費と生活費の補助としてひとり当たり9万3333ドルを支払うと約束したうえでのことだった[12]。歓迎もされず、新生活に慣れることもできなかった元捕虜の多くは、指定された住居を離れ、のちにトルコに移り住んだ[13]。

しかし、中国は必要なものを手に入れた。テロ計画の証拠もなくウイグル人をグアンタナモ湾収容キャンプに閉じ込めるというアメリカの決定は、中国によるウイグル人への扱いを正当化するために役立つものだった。結果としてウイグル人には「テロリストの時限爆弾」というレッテルが貼《は》られ、その爆弾は強硬な手段によって処理されるべきだと考えられるようになった。

9・11同時多発テロから15年後、元スパイのユスフ・アメットは、アフガニスタン、パキスタン、トルコでこの爆弾処理活動に参加することになった。すべての住宅、街角、学校、屋台にひそむテロリストを見つける、それが彼に与えられた任務だった。ウイグル人は誰もが、信用できない人間だと位置づけられた。

「実際には仲間を攻撃していた」

祖国に忠誠を誓っていたユスフでさえ、時とともにプロパガンダに疲れ、懐疑的になった。彼の任務はすべてが失敗に終わった。なぜなら、いたるところに隠れていると上司が主張したテロリストが見つからなかったからだ。

「地元のビジネスマンたちが実際に何をしているのか、ＷｈａｔｓＡｐｐのメッセージを送って上司に説明しました」とユスフは言った。「彼らはただのビジネスマンで、ふつうの生活を送っているだけだった。でも、諜報部の職員たちの被害妄想はますます膨らんでいきました。絶対に悪者を見つけろ、と上層部から圧力をかけられていたんです。おれにたいしても、誰も信用してはいけないとさらに強調するようになりました」

最後の一撃となったのは、地元で尊敬されている慈善団体のリーダーをスパイするよう政府がユスフに命じたことだった。

「その男にはテロリストの疑いがある」とユスフのハンドラーは言った。「強力な証拠があるんだ」。諜報部員たちは、国家安全保障上のリスクがあるとして、スパイとくわしい情報を共有することはなかった。彼らはいつも、あいまいなヒントを与えるだけだった。

「イスラム教徒の男が、なぜそれほどの金を投資して慈善家になろうとするのか？

テロリスト勧誘のための隠れ蓑《みの》であることはまちがいない」[14]

ユスフは男性のまわりを探ってイベントや講演に参加したものの、良からぬことを企んでいる証拠は何も見つからなかった。かくしてユスフは、トルコとシリアの過激派内部に潜入するという自身の任務を放棄することを決めた。

「妻や子どもたちはいっしょにはいなかった。おれは独りぼっちでした。中東の地で暮らし、酒とたばこに溺《おぼ》れる若者だった。それまで自分がどれほどひどいことをしてきたのか、やっと気づきはじめました。テロリストと闘うつもりだったのに、実際には仲間を攻撃していた。それで、いま住んでいる場所まで逃げてきて、ガソリンスタンドの店員としてひっそり働いているんです。とにかく、消えてしまいたかった」。母親を釈放するという約束を諜報部員たちが破ったことに、ユスフは精神的に打ちのめされていた。

アブドワリと私は、町のほかのウイグル人の小さな集団を訪ね、ユスフについて訊《き》いてまわった。

「静かな人です」とひとりが言った。「彼のことはほとんど何も知りません」

アブドワリと私は、ユスフのガソリンスタンドでの仕事が終わったあと、4夜連続で彼から話を聞いた。すると、地元の住民からいくらか注目を集めはじめた。レストランの店主、10代の若者のグループ、あるいは通行人が、なぜアメリカ人〝観光客〟がこの町にいるのか知りたがった。地元の観光客でさえ無視して通りすぎるような、みすぼらしく、取るに足らない海辺の工場町ゾングルダクで何をやっているのだろう？

　私たちが心配していたのは、中国人スパイの存在だけではなかった。トルコは最近ますます独裁的な国家となり、軍や大学での政治的粛清が頻発していた。多くのトルコの大学教授や元政府関係者から私は、諜報部員が住民を監視しているという話を聞いた。

「気をつけてください」とユスフは警告した。「諜報機関はスパイを増やしつづけています。あなた方も監視のターゲットになるかもしれない」。彼はさらに、ジャーナリストに話を暴露した元スパイとして、中国の諜報機関から報復される可能性があることを認識していた。ただどうしても区切りをつけたかった、とユスフは言った。

　アブドワリのようなウイグル人難民と行動をともにする外国人ジャーナリストの姿は、地元住民にとって奇妙で目立つものだ。さらなる注目を集めるまえに、町を離れるべきだと悟った。私たちはイスタンブールに行き、インタビュー取材をいっとき中断してから、メイセムのいるアンカラに戻った。

第9章 「政府はわたしたちを信用していない」

テロに抗《あらが》い、安定を守るための闘いは、持久戦であり攻撃戦でもある。
——新疆《しんきょう》ウイグル自治区党委書記・陳全国

2013年ごろ、カシュガルに住むメイセムの父親は、ますます疑心暗鬼になる地元政府から指示を受け、地方をまわって農民たちに愛国的な演説をした。「中国と一致団結し」と彼は宣言した。「ともにテロリストに立ち向かおう。偉大なる指導者、習近平主席、万歳！」

「お父さんはとても誇らしげでした」とメイセムは当時の様子を振り返った。「夜になって家に戻ってくると、自分の演説がどれほど見事なものだったのかを語りました。

文化大革命の時代のようだったって」

「３つの悪に立ち向かおう。それはテロリズム、過激主義、分離主義です！」と父親が伝えると、農民はみな拍手をしたという。しかし父の説明を聞いたメイセムは、農民たちが本心から拍手しているのかどうか判断がつかなかった。

メイセムはある日、家に戻ってきた母親から驚くべき話を聞いた。

「ベールをかぶっているからという理由で、学校でひとりの女の子が男の子のグループに殴られたの」と母親は言った。「すぐに男の子たちを捕まえて、校長室に連れていった。事の顛末《てんまつ》を聞いた校長先生は、男の子たちに罰を与えないことに決めた。理由は何も言わなかったけど、校長先生の眼が不安そうだったわ」。犯人の生徒たちを処罰することによって、政府から眼をつけられるのを恐れたというのが母親の読みだった。その当時、当局は「イスラム教徒のテロリスト」にさらに好戦的になっていた。

「そもそも、ベールを身につけるべきじゃない」とメイセムの父親はきっぱりと言った。

トルコの大学院へ

４年にわたって猛勉強を続けたメイセムは、２０１３年、社会科学の学位を取得して北京の大学を卒業。そのあと彼女は、トルコの大学院に出願した。

「外の世界を見てみたかった」とメイセムは言った。「トルコは良い選択肢だったと思います。多くのウイグル人を住民として受け容《い》れていましたから。それに、北京での生活はさみしいものでした。わたしは何かの一部になりたかった。そのころから、宗教に救いを求めるようになったんです」と彼女は言った。どちらかというと信仰心の薄い環境で育ってきたメイセムにとっては大きな変化だった。「自分はイスラム教徒なのだと心のなかで強く思うようになりました。なぜなら中国が、わたしをある種の〝他者〟とみなして脇《わき》へと追いやろうとしつづけたからです」

試験に合格した彼女は、アンカラの大学院で社会科学の修士課程をはじめることを決心した。北京の教師陣のなかでいちばん別れを告げるのがつらかったのは、彼女が尊敬してやまないイリハム・トフティ教授だった。

メイセムの母親はいかにも誇らしげだった。父親は不満そうだったが、会えなくなるのはさみしいと認めた。

「お別れの時でした。２０１３年秋にわたしは出発しました。でもそのあと、故郷はべつの場所へと変わってしまった。そのときはまだ気づいていませんでしたが」

頭の回転が速く聡明《そうめい》なメイセムは、大学院でもいかんなくその能力を発揮した。彼女はいつものとおり貪《むさぼ》るように本を読み、見事なレポートや分析を書き上げた。

心許せる新しい友人たちと出会ったことも生活に大きな影響を与えた。彼らはメイセムを理解し、彼女の高まる信仰心を受け容れてくれた。アンカラの大学でメイセムは、同じ学部で博士課程の研究をするアルマンという名の学生と出会った。元ジャーナリストのアルマンは年上で、離婚経験があった。論文のために研究中だった中世の書物に没頭する、どこか風変わりで一匹狼《おおかみ》のような男性だった。

「中国の国外に出たので、フェイスブックを使えるようになりました。まったく新しいコミュニケーションの世界がわたしたちのまえに広がったんです」。中国では禁止されているフェイスブックは、ふたりの関係にとって重要な意味をもつものだった。授業中でもアルバイト中でも、トルコではいつでも連絡を取り合うことができた。

「彼女と出会ったとき」と、メイセムのアパートで紅茶を飲みながらアルマンは言った。「特別な女性を見つけたとわかりました。自分と同じことに興味をもっていたんです」[1]。夜になるとアルマンは、フェイスブック・メッセンジャーを使ってメイセムに詩を贈った。その一部は、数世紀もまえに書かれた本から引用されたものだった。15世紀のある詩が、ふたりのお気に入りの一篇になった。

真の恋人同士はまれだ。真の恋人が小道に足を踏み入れ、
最初の一歩で最愛の女性を見つけられないとしたら？　そんなことはありえない
ああ、ネバイよ。敬意を払い、心の家に葡萄酒《ぶどうしゅ》をもってきなさい、
葡萄酒が運ばれてくれば、その家に哀《かな》しみが訪れることはないのだから[2]

「わたしたちはすぐに恋に落ちました」と彼女は言った。

夏休みのあいだ、メイセムは新疆ウイグル自治区に一時帰国することになった。彼女とアルマンはできるかぎり頻繁に連絡を取り合うことを約束した。しかしフェイスブックは中国では利用できないため、ほかの方法を使うしかなかった。

メイセムは「変わっていく場所」に戻った。「新疆はもう、わたしの記憶のなかにある場所ではありませんでした」

カシュガルに着くと、メイセムはバスに乗って実家に帰ろうとした。途中、検問所でバスを止めた警察が、全員に降りるよう命じた。警察官たちはウイグル人の身分証明書をとくに厳重にたしかめ、スマートフォンでスキャンした。

「その町に行く理由は？」と警察官はそれぞれの乗客に尋ね、すべての荷物を2度に

わたってチェックした。はじめ、メイセムはそれほど深刻にはとらえていなかった。それは「厳打」と呼ばれる警察のキャンペーンの一環で、テロリズム、分離主義、過激主義という3つの悪に染まったとされる犯罪容疑者を探しだすためのものだった。たしかに、新疆の雰囲気は変わったとメイセムは感じていた。しかし、「厳打」と似たスローガンを掲げたキャンペーンは20年ほどまえから断続的に続けられてきた。1996年に政府ははじめて「厳打」キャンペーンを打ちだし、麻薬密輸業者と犯罪組織を一掃しようとした。不快感こそあったものの、この最新の活動もすぐに終わるだろうとメイセムは考えていた。[3]

「警察とトラブルになったことはありません。簡単なチェックをするだけで、検問所をとおしてくれました。由緒《ゆいしょ》正しい家の出だったことが救いでした」

　しかし時間がたつにつれ、ドライブや散歩に出かけるという行為そのものが心理的な負担になった。どこに行くときにも、メイセムは何度も何度も検問所で止められた。1カ月もしないうちに、だんだんと精神が疲弊してきた。

「そのような世界では」と彼女は当時を振り返った。「どんどん防御的になります。誰かと話したり、出かけて人に会ったりするのが怖くなる。誰も信用できなくなるんです」

街の通りは徐々に閑散としてきた。わざわざ外に出て、警察に尋問を受けるという危険を冒すことを人々は嫌うようになった。その年、学校、職場、食料品店、あるいは家族や親戚《しんせき》の家への「必要不可欠な移動」だけが、外に出るための正当な理由になった。新疆ウイグル自治区はまさに、コロナ禍のロックダウンのような状況になった。しかし、広まっていたのは「国家による過剰な管理」というウイルスだった。

ある日、メイセムは両親とともに車でガソリンスタンドに立ち寄った。３人は車を降り、母親がＩＤカードをスキャンした。武装した警備員たちが、突然の動きや不審な行動がないか眼を光らせていた。しかし、どんな行動が疑わしいと判断されるのかは謎《なぞ》だった。そのときメイセムがうすうす感じつつあったのは、政府が新疆の住民にたいする格付けシステムを構築しているということだった。初期段階の粗削りなそのシステムでは、ウイグル族の出身、失業中、海外に住む家族がいるといった情報をもとに、住民たちの信用度が評価されているようだった。よってメイセムがトルコに住んでいるという事実が、家族の信用度ランキングに悪い影響をおよぼすおそれがあった。[4]

ＩＤをスキャンし、システムによってメイセムや家族の誰かが「信用できない」と判定された場合、ガソリンを購入する権利が剝奪《はくだつ》されることになる。さらに警察には、その種の判断を自分たちで独自に下す権限も与えられていた。「もううんざりでした」とメイセムは言った。

ある日のこと、地元のいつもの場所でメイセムが親戚や友人たちと会っていると、警察がやってきて全員のＩＤをチェックし、疑いの眼差《まなざ》しを向けてきた。そして、なぜ来たのか理由を言わずに去っていった。それは不穏な監視であり、地味ではあるものの執拗《しつよう》な脅迫だった。

夏のなかばになると、自由な考えの持ち主だった母親でさえメイセムにこう忠告するようになった。頻繁に、あるいは夜遅くに友人たちに会いにいかないで――。「家にいなさい」と母親は言った。「政府はわたしたち家族を信用していない」

しかし、メイセムはなんとか抗おうとした。２０１４年８月のある日、友人の結婚式に招かれたメイセムは、北京での学生時代に身につけるようになったイスラム教のベールをかぶって参加しようとした。式場の入口で彼女は警備員に呼び止められた。「そのベールを脱いでください」と警備員は言った。「いったい何を考えているんですか？」

夜、その出来事について聞いた父親はメイセムに言った。「そんな恰好《かっこう》をしちゃいけない。眼をつけられるだけだ」

一家は、新しいルールを取り決めた——外出するときには、警察を刺激するおそれのある伝統的な服装は避ける。代わりにメイセムは、不自然なほど明るい赤とピンクの服を着るよう言いつけられた。自分の好みには合わない服装だったが、都会的でフェミニンなその恰好は「洗練された女性」に見せるためのものだった。彼女の両親は、外を歩くときには警察官（ほとんどが男性）に微笑《ほほえ》みかけるようメイセムに言った。明るい赤のタイトな服と笑顔は、トラブルを避けるための確実な方法だった。

「みんな、きれいだと言ってくれました」とメイセムは言った。しかし街なかをまわり、両親のために食料品店や薬局に立ち寄ったときに彼女はふと思った。**こんなのわたしじゃない。本来の自分じゃない。**

２０１４年８月、夏の終わりにかけて警察の監視がさらに強化されると、人々は本心を隠すことを余儀なくされた。診療所、銀行、ガソリンスタンドではしばしば、ふたつの列ができた。ひとつは、事実上の多数派である漢族のための優先レーン。もうひとつは、ウイグル族とほかの少数民族用の進みの遅い官僚的な列。ウイグル人はつねに笑みを浮かべ、行儀よく振る舞わなければいけなかった。さもなければ、サービスを受けられないことさえあった。人々は権力のまえではすぐさま見せかけの態度をとり、国や企業のお偉方に媚《こ》びるようになった。メイセムは、その姿を見て不快な気持ちになった。

国営テレビでは、ウイグル文化の特定のイメージだけが紹介された。「漢族のテレビ番組のなかでシルクロードやウイグル族の話題がたびたび出てきましたが、すべてが偽物《にせもの》で信じがたいものでした」とメイセムは言う。「わたしたちは、つねに歌い踊っている少数民族として登場しました。テレビで描かれるウイグル文化は、食べ物や結婚の習慣といった表面的なものだけで構成されていた。わたしたちは異国情緒に満ちた存在だった。ウイグル族は、見物人にじろじろと見られる博物館の展示品のようなものになろうとしていました」。ついに、メイセムはあきらめた。「ただ家にこもって、一日じゅう本を読んでいるほうが楽でした」。やがて親戚や友人たちとも距離が生まれ、疎遠《そえん》になった。

「トルコに行ってたんでしょ？」とその夏、ある知り合いがメイセムに言った。「じゃあ、向こうで信仰心が強くなったんじゃない？」。中国当局は、政府機関の壁に看板や絵を設置するようになった。その絵のなかでは、英雄として描かれる警察や軍が、時代遅れで田舎者の中央アジア人として描かれるウイグル人テロリストを逮捕・制圧していた。**われわれの味方になるか、敵になるかのどちらかだ。**それが、新疆ウイグル自治区を覆《おお》う空気感だった。メイセムの知り合いのほぼ全員が、どこに行っても自分は政府の味方であるという態度をはっきりと示そうとした。

ある日の夜、メイセムの母親は、家の外から聞こえてくる大きな音に驚いて眼を覚ました。男性たちの叫び声のようだった。彼女は窓の外をのぞき、通りの向こうにある公安部の建物を見やった。そこは、住民を監視・逮捕することを仕事とする職員や警察官たちが働く組織の本部だった。中国では、公安部は国家権力の象徴とみなされている。その建物に向かって、イスラム教の伝統的な死に装束《しょうぞく》である白いローブをまとった7人の男性の集団が突進していた。

「男たちは誰かの名前を叫んでいました」とメイセムは言った。

母親は、眼のまえで何が起きているのか理解できなかった。突進した男性たちは武器をもっているようには見えなかった。しかし公安部のなかから銃声が聞こえ、母親は窓から離れた。

「撃たれた、とわたしたち家族は考えました」とメイセムは言う。「でも、彼らの目的はわからなかった。銃やナイフをもっているようには見えなかった、と母は言いました。でも白いローブは、『死ぬ覚悟ができている』という意味にまちがいありません」

メイセムの母親は翌朝、さらに翌々朝もネットのニュースをたしかめたが、その夜の事件についての報道はどこにも見当たらなかった。「なんらかのテロ攻撃だと思いますが、新聞ではいっさい報じられていませんでした」。友人や通行人たちは、あたかも何もなかったかのように振る舞っていた。

それからまもなく一家はふたたび、遠くから聞こえる銃声、爆弾や手榴弾《しゅりゅうだん》の爆発音のような音に眼を覚ました。翌日、目抜き通りの食料品店に行ったメイセムの母親は、通りに血が飛び散っているのに気づいた。黒い服をまとった機動隊のチームによって、市場は封鎖されていた。今回もまた、何が起きたのか説明はなかった。

２０１３年から２０１４年にかけて、推定５９２人のウイグル人が安全保障にまつわる罪で裁判にかけられたものの、そのうち何人の告発が正当なものだったのかを知る術《すべ》はない。同時期の中国ではさらに、社会秩序を乱した容疑で１万２０００件の裁判が開かれた。[5]しかし、それらの被告人の一部を知るウイグル人難民から私が直接聞いたところ、逮捕された多くの人はたんに平和的な抗議活動に参加したり、政府による宗教的儀式の禁止に異議を唱えたり、開示が禁止された情報を広めたりしただけだったという。

２０１４年になると中国政府は、ウルムチに住むウイグル人たちを呼びだし、身分証明書の更新が必要だと偽って故郷の村に戻るよう命令しはじめた（メイセムによれば、中国のほかの地域でも同じことが行なわれたという）。彼らが村に戻ってくると、警察は少なくともひとりに狙《ねら》いを定め、はっきりとした理由を示すことなく「再教育」のために連行した。残りの人々は、政府の許可なくほかの村に移動することを制限された。[6] カシュガル周辺では、人々が姿を消したという噂《うわさ》が飛び交った。

「新疆は、戦争へとじわじわ進んでいるかのようでした。その戦争では、ほかの人を信用することはできなかった」とメイセムは言った。「まわりの住民そのものが敵だったんです」

「ぼくが近い将来に死んだら、それは」

メイセムは、かつての恩師であるイリハム・トフティが警察から嫌がらせを受け、「毎週のように逮捕されている」という話を聞いた。

トフティは何度も身柄を拘束され、学生を扇動するなという警告とともに釈放された。

この一連の動きは２０１２年に勢いを増した。ラマダン休暇中のウイグル人を中国軍が監視していると批判する文章をオンライン上で発表したトフティは、10時間にわたって尋問を受けた。２カ月後、彼は一時的に自宅に軟禁され、ふたたび釈放された。[7]

２０１３年2月2日午前3時、自宅を出たトフティと娘のジェウヘルは、シカゴ・オヘア空港行きの便に乗るために北京首都国際空港に向かった。トフティは、アメリカのインディアナ大学ブルーミントン校で特別研究員として働くことになっていた。飛行機は午前10時発の予定だったが、真夜中に家を出たほうが当局に見つかる確率が低いとトフティは考えた。

空港に着くと、保安職員がふたりを引き留め、パスポートをチェックした。[8]

「出発直前でした」とジェウヘルは私に言った。「わたしは1カ月、父は1年滞在する予定でした。わたしの出国は認められましたが、父はダメだった。父を置きざりにしたくなかったので、どうするべきか尋ねました」

トフティは迷いなくジェウヘルにこう伝えた。「このチャンスを逃さず行くんだ」。このままだと娘も危険な状況に陥るのではないかと恐れたトフティは、突き放すように言った。「行け、いいから行くんだ」

ジェウヘルは空港の保安検査場を通過し、いつまた父に会えるかわからないままシカゴ便に乗った。

「こちらでは緊張が高まっています」と２０１３年7月24日、トフティは中国から語った。ワシントンＤＣにある亡命者のための非営利報道機関ラジオ・フリー・アジアの記者によるインタビューに応え、彼はこう言った。

ここ数日のあいだ、警察車両や国家安全部の職員につねに監視されています……このさき安全な日がそう長く続くことはないと悟りました。どうやら彼ら（中国政府）は、ぼくの状況について好意的に対処する意図はないようです。手遅れになるまえに、いくつか言葉を残しておく必要があると感じています……まんがいちぼくが近い将来に死んだら、それはふつうの病気によるものではなく、ましてや自殺ではない。そう理解してください……逮捕されたあとに自身の道徳観から逸脱したことを言ったとしても、それはぼくの言葉ではない。そう理解してください……

どんな種類の尋問や拷問《ごうもん》を受けようとも、体の一部を失うことになったとしても、ぼくはウイグル人の利益に反するようなことをけっして口にしないし、ウイグル人を裏切るようなことは絶対にしません。どうかそう理解しておいてください……ぼくはペンと紙だけを頼りに、ウイグル族の人権、法的権利、地域の自治権を外交的に追い求めてきました……しかしぼくは、暴力的な解決策を求めたことはなく、暴力を利用する集団に参加したこともありません。[9]

インディアナ州で新生活をはじめたジェウヘルは、毎日スカイプで父親と会話をするようになった。1日に3度以上話すこともあった。

「ある日、父が突然、知り合いのジャーナリストやアメリカ人外交官の名前と電話番号を挙げはじめて、それを書き留めろとわたしに言ってきたことがありました」と彼女は言った。

「どうしてこんなことを?」とジェウヘルは不安になって尋ねた。

「悪い予感がする」と彼は言った。「おまえはしっかり勉強しなさい。なるべく早く大学に入学するんだ。ソーシャル・メディアのアカウントもいまから作っておきなさい。たとえ父さんがいなくなっても、アメリカにはぼくの友人がたくさんいることを忘れないでくれ」

トフティは、影響力のあるジャーナリスト、活動家、外交官を知っていた。自分の身に何か恐ろしいことが起きたとき、その友人たちが娘ジェウヘルの助けになるはずだと彼は考えていた。「おまえはまだみんなに会ったことはない。でも、きっと彼らは助けてくれる。自分からみんなに連絡を取るんだ。そして、父さんのためにおまえが声をあげるときには、ソーシャル・メディアが重要になるということを忘れないでくれ」

ジェウヘルは英語のコースに通いはじめ、インディアナ大学への入学を目指した。彼女の計画は、2015年9月に大学での勉強をはじめるというものだった。

2013年11月4日、妻とほかの子どもたちと同乗していたトフティの車に、覆面パトカーが衝突した。幸いなことに大きなケガはなかったものの、それが偶然の事故だと考える者は誰もいなかった[10]。

2014年1月、警察がイリハム・トフティの自宅を家宅捜索し、スマートフォンやパソコンを押収《おうしゅう》、トフティを逮捕した。翌日、寮の部屋で昼寝をしていたジェウヘルは、扉をたたく大きな音に眼を覚ました。戸口に立っていたのはエリオット・スパーリングだった。父親の友人で、チベット研究の第一人者である彼は、中国の少数民族を支援する活動家でもあった。

スパーリングは痛ましいニュースをジェウヘルに伝えた。「お父さんが逮捕されたよ」

「エリオットが助けてくれました」とジェウヘルは私に言った。「それから数年のあいだ、父親のように面倒をみてくれたんです」

ダライ・ラマや中国共産党を批判することも恐れない雄弁な話し手だったスパーリ

ングは、ジェウヘルとともに各地をまわり、熱のこもった演説をするようになった。彼はイリハム・トフティの活動について世界に広く知らしめ、新疆ウイグル自治区でこれから起こりうることについて警告した。

トフティは、詳細不明の刑事犯罪の疑いで逮捕された。公安当局はすぐに公式ブログのなかで、「民族的憎悪《ぞうお》を煽《あお》り立てた」罪で彼を告発したと発表した。一部の中国の検索エンジンでは、トフティの名前が検閲されて検索できなくなった。[11]

２０１４年９月のある日、メイセムは微信の仲間内のチャット・グループを開いた。メッセージが１件あった——彼らの指導者であり恩師でもあるイリハム・トフティに無期懲役が宣告された。

トフティの犯した罪とは？

〝分離主義〟だった。教室で教え、ウェブサイトに掲載した内容が分離主義を煽っていると判断された。当局は、トフティが分離独立主義者のグループを結成したと主張した。そのグループに参加した７人の学生も逮捕され、裁判を受けることになった。[12]

微信のチャット・グループのメンバーたちは、政府がスマートフォンを監視していると疑っていた。「共産党を愛しています」と誰もが注意深く入力し、逮捕を逃れようとした。メイセムがそれまで見てきたなかでも、もっとも奇怪な忠誠心の表明だった。

トフティにたいする無期懲役の宣告は、教え子だったメイセムや友人たちの心をひどくかき乱した。メイセムには、現実逃避する時間が必要だった。

２０１４年の秋のはじめ、トルコに戻るまえにメイセムは家族とともに１週間の旅行に出かけ、田舎にある別荘に行った。家の真んなかに中庭がある伝統的な建物で、壁は水色に塗られていた。メイセムは母親といっしょに居間で何時間もくつろいで過ごした。ウイグル族の伝統にしたがって床に置いた枕《まくら》に体をあずけ、紅茶をすすり、お菓子やサモサを食べた。

そこは、沈思黙考のための場所だった。しかしメイセムの平穏な気持ちはすぐに、扉をノックする音に邪魔された。現われたのは地元の党の役員だった。

「近隣住民から、あなたの家の内部が水色に塗られているという報告を受けました」

と男性は言った。

この地域の伝統的な色である青は、ウイグル族の独立運動に関連する色であり、独立旗の色でもあった。しかしメイセムの家族は独立運動とは無縁で、ウイグル族の旗ももっていなかった。別荘の内装を決めたのは、独立運動が盛んになる何年もまえのことだった。

「室内の壁を赤く塗るよう命令します」と役人は言い、書類を差しだした。共産党のシンボルカラーである赤は〝信用できる色〟だった。

メイセムの母親は抗議した。

「ここは、美しい古民家です！　それを台無しにするわけにはいきません！」

しかし地元の役人は一歩も引かなかった。メイセムらは家の壁を自分たちで塗り替えることを余儀なくされ、簡易的な刷毛《はけ》でできるかぎりのことをした。壁の青は消されてしまった。

動揺し、幻滅したメイセムは孤独と瞑想《めいそう》の時間を求め、別荘の近くにある地元のモスクに行った。モスクは閉鎖されており、いつまた開放されるのかもわからなかった。扉には、「ここで祈るな」という脅しの落書きがあった。

閉鎖されたそのモスクは、それから2年のあいだに一気に加速するウイグル文化にたいする大規模な破壊と冒瀆《ぼうとく》のはじめの兆候だった。２０１６年から中国政府は、「モスク改正計画」と婉曲《えんきょく》的に名づけたプロジェクトの一環として多くのモスクを破壊・改造した。当局は、尖塔《ミナレット》などのモスクのイスラム教の象徴を撤去し、構造的に安全な建築物ではないという主張によってその破壊行為を正当化した。ある調査によると、カシュガルだけで3カ月のあいだに５０００棟ものモスクが取り壊されたという。

モスクと墓地の取り壊しを監督するカシュガルの民族宗教事務委員会の責任者は、ラジオ・フリー・アジアの取材にたいして、２０１６年にカシュガルの７割のモスクが取り壊された理由について、「モスクは充分な数があり、一部は不要だった」と語った[13]。

エイティガール寺院へ

数日後メイセムは、エイティガール寺院に行くという衝動を抑えられなくなった。カシュガルの中央広場に鎮座するその歴史的な大モスクは、ウイグル史を象徴する建物だった。

ペルシャ語で「祭祀《さいし》の場」を意味するエイティガールは、５００年以上まえに建てられた由緒正しい荘厳《そうごん》なイスラム教寺院だ。私が現地を訪れたときに案内してくれたガイドによると、梨《なし》や杏《あんず》の木が植えられた中庭を取り囲む室内はウイグル族の伝統にもとづいた設計で、天の構造についての土着の信仰とイスラム教の教えの両方を反映したものだという。その奥には、華麗な絨毯《じゅうたん》と緑の柱で装飾された礼拝堂があった。

エイティガールに足を踏み入れるたびメイセムは、モスクの長い歴史との揺るぎないつながりを感じ、それが彼女にとって慰めになった。10世紀からこの場所は共同墓地として利用され、[14] 1442年にカシュガルの統治者サクソズ・ミルザによって礼拝堂が建設された。[15]

侵略、新しい王朝、新しい政府を乗り越えて生き延びてきたエイティガールは、何世紀にもわたって拡大してきた文化と政治の中心地だった。かつては賑《にぎ》やかな市場へと続く巨大な玄関口として機能し、政治集会や抗議活動の聖地でもあった。中国の文化大革命のあいだ、つまり共産主義の騒乱が続いた1966年から1976年までの10年間、モスクは史上最大の脅威にさらされ、建物は深刻な被害を受けた。[16]

にもかかわらずエイティガール寺院は、中国の無慈悲な政治を生き抜いた。カシュガル周辺のほかの伝統的な建物は政府によって取り壊され、旧市街地は高層マンション街に変わった。しかしメイセムが考えるところ、このモスクは壊すことが許されない唯一無二《ゆいいつむに》の場所だった。毎週金曜日には、1万人の礼拝者がここに集まってきた。

メイセムは街の広場にたたずんだ。そして深呼吸をしてから、モスクへと近づいていった。

「中央アジアの伝統で、女性が礼拝堂で祈ることは許されていませんでした」とメイセムは説明した。

彼女はチケット売り場で入場料を支払った。すんなり入ることができたのは、身分証明書に「北京」在住と書かれていたからだった。大学時代からその記述は変わっておらず、入口の係員の男性は彼女が地元の住民だと気づかなかった。

　メイセムがベールをかぶって中庭をゆっくり歩いていくと、近くにいた数人の男性たちが驚いたような表情を浮かべた。礼拝堂の室内に入った彼女は、華麗な絨毯の上でひざまずいて屈《かが》み、額を床につけた。

「両親がどうか長生きできますように。そしてわたし自身も長生きできますように」と彼女は静かに言った。「神の正義をこの眼で目撃できますように」

「何をしてる?!」と導師《イマーム》が叫び、メイセムのほうに駆け寄ってきた。その場にいた当局の職員も大急ぎで集まってきた。

「女性がここで祈ることはできません！」

「あの女性たちを見てください」とメイセムは言い返し、室内で写真を撮る大勢の観光客を指さした。「あの人たちには何も言わなくていいんですか？　頭にスカーフすら着けていないのに」

「いったい何を考えているんだ？　まったく、親の顔が見てみたいもんだ」

「モスクは祈りのための場所です。わたしは祈りたい。ただそれだけです」

メイセムは外に連れだされ、警告を受けた。

「でも、わたしは満足でした」と彼女は言った。「わたしは抵抗した。それによって、自分のなかの一部を守ることができた」

家に戻ってその出来事について話すと、いつもは寛容な母親でさえ、二度と当局に逆らうなと強い口調で言った。

第10章　AIと監視装置の融合

テンセントは大規模なユーザー・データベースを保有している。そこからもっとも客観的で正確な分析を導きだし、一般市民の声を聞く経路をわれわれに提供することができる。
――習近平、テンセント訪問時の演説（2014年12月7日）

当局は自分の反抗的なモスク訪問を問題視したのか、あるいはそんなことを気にする余裕があるのか、メイセムには見当もつかなかった。当然、当局にはもっと差し迫った安全保障上の問題があるはずだと彼女は考えた。

ウイグル人技術労働者のイルファン［第4・5章参照］は、2014年当時の中国には「わたしたちが必要としていたあるものがなかった」と認めた。「つまり、監視をしっかり機能させるのに充分なデータがありませんでした」

その年に中国政府は、民間企業を通じてある試験的な計画を全国で展開しはじめた。この計画で構築されたのは、購買履歴やウェブ閲覧履歴を監視し、すべての国民の信用度をランク付けするシステムだった。政府の目標は、6年後にシステムを完全に稼《か》働《どう》させることだった[1]。

中国人の消費者はクレジットカードをほとんど使用せず、モバイルアプリでの支払いを好む傾向があった。そのような巨大なデジタル決済プラットフォームを管理し、日々アプリで支払いをする何億人ものユーザーのデータをもつ中国企業は当然ながら、この新しい信用格付け市場に進出したいという衝動に駆られた。こうして、オンラインでの購入・決済履歴にもとづき、「信用度」といった新たなカテゴリーで人々をランク付けする一連の流れができあがっていった。欧米で一般的なクレジットスコアに似たシステムだったが、それよりはるかに包括的なものだった。

中国のように急速に発展している国では、多くの国民は伝統的なクレジット決済を利用したことがなく、よってクレジットスコアも存在しなかった。全国民についてのマスデータを集めることによって中国は、クレジットスコアを構築するというハードルを飛び越え、全国津々浦々の人々にローン取引を利用する機会を与えることができた[2]。

しかし同時に、中国の社会信用システムには不吉な面もあった。クレジットサービス、芝麻《ジーマ》信用を運営する企業の幹部である李《り》應雲《おううん》は、中国の『財新』誌上でこう説明する。「たとえば、1日10時間ゲームをしている人は怠け者とみなされます。定期的におむつを買う人はおそらく子育て中の親であり、どちらかといえば責任感が強い人物である確率が高いとみなされる[3]」

社会信用スコアの高い人々は、中国全土で何気ない恩恵を受けることができる。たとえば、ホテルやレンタカーの優先予約、マッチング・アプリでの有利なプロフィール……。一方、信用スコアが低い人は、銀行ローンや賃貸契約の審査で落とされてしまうこともある[4]。

しかし当時の中国の社会信用システムはまだ、すべてを記録するオーウェル的なパノプティコンのように一元化された制度とはほど遠いものだった[5]。邪魔をしたのは、中国社会に根深く浸透する官僚主義と職場の駆け引きだった。たとえば、テンセントのある社員は私にこう認めた。「ＱＱや微信といったプラットフォームはテンセントが所有するものではありますが、社内の各部門は、自分たちが集めたデータをほかの部門と共有することに消極的でした。系列会社同士も、会社内の各部門もみんな互いに競い合っていたんです」

イルファンを含めた技術労働者たちは、最大の不安が２０１５年７月に現実のものになったと私に語った。イルファンはスマートフォンを操作し、あるニュース記事を表示させた――中国の議会は、国家安全保障に関する一連の画期的な法律の第１弾を可決。賛成１５４票、反対０票、棄権１票[6]。この「国家安全法」によって政府は、さまざまな種類の監視をとおして蓄積したデータを法執行のために利用できることになった。

法律の文言はあいまいで、婉曲《えんきょく》表現と二重表現に満ちあふれていた。そのなかでは、最高権力をもつ中国共産党が「中央集権的、効率的、権威的な国家安全保障のための指導体制」として規定されていた。

「中華人民共和国のすべての市民、国家機関、軍隊、政党、団体、企業、公共機関、そのほかの社会的組織は、国家の安全保障を保つ責任と義務を負うものとする」と法律には書かれていた[7]。

ニューヨーク・タイムズ紙は、この法律は動員を呼びかけるものであり、安全保障を国家の優先事項へと昇華させる抽象的な原則を並べ立てたものだと指摘した[8]。

この3カ月後にマイクロソフトは、顔認証技術の開発において画期的な成果をあげた。その技術は、監視と取り締まりにも活用できるものだった。前述のとおり孫剣博士［第5章参照］が率いるマイクロソフト・リサーチ・アジア（ＭＳＲＡ）の研究チームは、それまで4年にわたってニューラル・ネットワークの層をつぎつぎに増やし、より質の高いＡＩソフトウェアを築き上げてきた。そしてついに、ＲｅｓＮｅｔ が完成した。１５２層のディープ・ニューラル・ネットワークをもつ、ＡＩを利用した新しい顔認証システムだ。２０１５年9月に開かれた業界コンペのなかで ＲｅｓＮｅｔ は、グーグルなどの企業の製品をうわまわる評価を得た。それは、同市場のほかのどの製品よりもはるかに正確に顔を認識することができるという証《あかし》だった。[9]

その後、ＭＳＲＡの多くの元同僚と同じように、孫博士は突如として船から飛び降りた。彼がつぎに移ったのは、マイクロソフトのかつての同僚が4年まえに起《た》ち上げた顔認証スタートアップ企業、曠視科技（メグビー）［第5章参照］だった。同社が開発した顔認証ソフトウェア Ｆａｃｅ＋＋ は、中国政府だけでなく、顧客層の開拓に関心をもつ民間企業にも広く採用されていた。[10]

Ｆａｃｅ＋＋ は、新たに出現したエコシステムの一部にすぎなかった。このエコシステムは、ありとあらゆることを可能にするテクノロジーを生みだそうとしていた。

たとえば、カメラのレンズで人々を見つめ、その顔と声を結びつけ、住民の監視に必要なスマートフォンとアプリを警察に提供し、ＡＩによって処理される大規模な監視ネットワークにすべての情報をリンクさせることができた[11]。

２０１５年までに、メグビーにくわえ、競合相手である顔認証開発大手の商湯科技（センスタイム）〔第5章参照〕が、世界じゅうから大きな注目を集めるようになった。センスタイムは米ニュージャージー州の防犯カメラ製造業者インフィノバと提携し、新疆《しんきょう》ウイグル自治区に監視技術を提供した。

「中国事業においてインフィノバはまた、新疆ウイグル自治区公安部が推奨するブランドのトップリストに選ばれました。さらに、同地区のセーフ・シティー計画事業に欠かせない貢献をしてきました」と２０１５年のインフィノバのプレスリリースには記されている。「２０１４年には、新疆ウイグル自治区全体のセーフ・シティー計画のセキュリティー向けのＩＰ運用と保守プロジェクトを当社が担当することになりました[12]」

「顔認証ソフトウェアはセンスタイム製を利用していますが、監視カメラデバイスは弊社のものです」と、バズフィードの取材にたいしてインフィノバの元幹部フレッド・チャンは言った。「われわれは顔を検出して画像を保存し、そのあとセンスタイムと協力してデータベース内の画像との比較を行なっています」[13]

同じ２０１５年、マイクロソフト、メグビー、センスタイムによる画期的な新技術の開発に眼をつけた中国政府は、その流れにくわわろうとした。それらのスタートアップを国内屈指のハイテク企業に変えることを望んだ政府は、65億ドルのベンチャー投資ファンドを起ち上げた。[14]実際のところ、投資のほとんどは民間から調達されたものだった。国主導の共産主義体制ではあまり活発ではなかった民間ベンチャー投資が、中国国内でかつてないほどに増加していた。フィナンシャル・タイムズ紙は２０１５年１月、中国のプライベート・エクイティとヘッジファンド業界の規模が膨れ上がっていると伝えた。同紙によると、中国国内の３１００のヘッジファンドで約５６０億ドルが運用され、２５００人のプライベート・エクイティ・マネージャーが計１７２５億ドルを管理しているという。[15]

中国は、新しい一面をみせはじめていた。それは、技術的に洗練され、大盤振る舞いで、成長しつづける国力を国民や企業に誇示することを切望する、新たな中国だった。

一方、習近平はアメリカに眼を向けてべつの顔を見せはじめ、悪化しつつあった技術戦争の雪解けを約束した。

２０１５年9月、バラク・オバマ大統領と習主席は、両国間のサイバー・スパイ活動を制限するための合意に達したと発表した。オバマ大統領は習にたいし、企業秘密を盗むサイバー攻撃を中国はすぐさま「やめなくてはいけない」と伝えた。「米中両政府は、商業上の利益のために、企業秘密やそのほかの機密情報を含む知的財産のサイバー窃盗《せっとう》、およびその支援をしないことについて合意しました」とオバマはホワイトハウスの庭で発表した。[16]

これを機に、アメリカ企業の技術を盗むことを目的とした中国のサイバー・ハッキング活動は鎮《しず》まっていった。[17] ところが、複数の元米国政府高官たちは私の取材にたいし、定期的な情報ハッキングは止まらなかったと語った。それは一時的な合意であり、ちょっとした小休止でしかなかった。

中国政府からの極秘命令

アメリカとサイバー・セキュリティー協定が結ばれてから1カ月後の２０１５年10月、監視制御室の近くの事務所にいたイルファンのもとに、政府から極秘命令が舞い込んできた。それは、国家安全法にもとづいて正当化された命令だった。「新疆ウイグル自治区内の微信上のすべてのメッセージを2年にわたって会社のサーバーに保管することと、という命令でした」と彼は言った。[18]

それ以前も２０１３年４月から２０１５年８月にかけてイルファンのチームは、メッセージを送受信したユーザー名、通話時間、メッセージの送信日時といった微信のメタデータを集めていた。メッセージの発信者と受信者は記録されたが、内容が記録されることはなかった。これらのメタデータから、人々の社会的つながりについて相当量の情報を推測することができた。しかしいまイルファンのチームは、データ収集をさらにさきに進め、微信のメッセージそのものをくわしく探るよう命令を受けたのだった。

「ＡＩソフトウェアは、すべてをスキャンしていました」と彼は言った。「ＡＩは、わたしたちにはわからなかった相関関係を見つけだした。『爆弾』や『銃』といった単語を含むメッセージを探しだすこともできた。人間にはそんなことをしている時間はありません。でも、ＡＩソフトウェアにはできるんです」

それまで効率性の悪さに悩まされてきた監視装置に、ついに命が吹きこまれたかのようだった。イルファンの眼には、その新たな装置には、考え、見、認識し、理解する能力が備わっているように映った。とはいえ、〝意識〟をもつほど高度なものではなかった。一般的な知性を発揮することはできず、プログラムされた一領域を超えて機能する能力も持ち合わせていなかった。実行できるのはひとつのタスクだけだった――「コーラン」や「テロリスト」といったキーワードの使用と、宗教や暴力に関連すると思われるものの相関関係を引きだすことによって、微信のメッセージの内容を分析する。

進化した監視システムはＡＩの助けを借りつつ、ランダムな個人情報を制御室の監視スタッフに送信した。

ある若い女性は映画を見にいくのが好きだった。ある若い父親は飲酒問題を抱えているようだった。ある男性によるテキスト・メッセージの不可解な使い方は、泥棒に特徴的な兆候を示すものだった。テロを起こす可能性がある人々も見つかった。

「ＡＩがどのように結論を導きだしたのかは理解できませんでした」とイルファンは言う。「多くはランダムな情報でしたが、懸念《けねん》すべきものでした。でも、ＡＩに怪しいと名指しされた人たちがほんとうに怪しいのかどうか、わたしにはわかりませんでした。

ビッグデータとＡＩの融合がはじまると、そのタイミングですべてが変わりました。上司からわたしは、べつの部署に異動するよう命じられました。ほかのメンバーたちが、同じチームにわたしがいるのを嫌がったんです。彼らは漢族で、わたしはオフィスにいる数少ないウイグル人のひとりだった。気まずい雰囲気でした。漢族の従業員たちは、わたしが情報を漏らして仲間のウイグル人を助けようとすると考えていたのかもしれません」

国家安全法が成立した２０１５年秋ごろになると、イルファンはかつての同僚にあいさつしたり、会議中に発言しようとしたりするたび、冷たくあしらわれるようになった。同僚たちは視線を合わせようとせず、イルファンといっしょにいるところを人に見られないようにした。

「そのころから、機密データを扱う部屋には入ることが禁じられ、外で待つように言われました」

イルファンはそれまでの任務から外され、テレビ局での惨《みじ》めなプロパガンダ要員という退屈な仕事を与えられた。「わたしの仕事は、ウイグル族がどれほど幸せな生活を送っているかについての映像を国営テレビで放送するというものでした。上司たちは、そのプロパガンダ映画を世界じゅうで配信したいと望んでいましたが、もちろん実現することはありませんでした」

こうしてイルファンは、監視プログラムの機密情報にはアクセスすることができなくなった。政府は今後も大規模なマスデータ収集計画をこのまま続ける、と彼は確信していた。それ以外の方法で、少数派を追跡・監視し、多数派から切り離すことなどできるだろうか？　やがて政府は、ソーシャル・メディアやメッセージング・アプリのみを使った監視を超えた新たな方法を見つけようとする。それはまちがいなかった。

第11章　このうえなく親切なガーさん

というのは、政治とは子供の遊び場ではないからだ。
政治においては服従と支持は同じものなのだ。
——ハンナ・アーレント『エルサレムのアイヒマン
——悪の陳腐さについての報告』[iii]

２０１５年夏、メイセムはまた一時帰国してからトルコに戻り、大学院での社会科学の研究を続けた。アルバイトをしていたせいで、通常の2年よりも修士号取得に長い時間がかかった。トルコにいるあいだ微信経由で友人からときどき噂《うわさ》話を聞く以外、母国での動きにはほとんど注意を払っていなかった。

翌2016年6月、夏休みになるとメイセムはまた故郷カシュガルに戻った。胃腸炎にかかって家で寝込んでいたある朝、ノック音が聞こえたので扉を開けた。外に立っていたのは、彼女が「ガーさん」と呼ぶ女性だった。

「近所の人たちから、あなたについて通報がありました」とガーさんは告げた。

〝通報〟されるのは、けっして良い知らせではないとメイセムはわかっていた。

「あなたが今朝の9時にいつもの散歩に出かけなかった、と近所の人たちが言っていますが」とガーさんは続けた。「行動の変化についての理由は?」。ここ数日メイセムが不規則な行動をとったことについて、彼女は問題視しているようだった。いつもの時間に家を出ず、日課にしたがわず、やるべきことをやらなかったのはなぜか?

「胃腸炎にかかったので、家で休んでいるんです」

「胃腸炎にかかったことを証明する書類を提出していただけますか?」

「熱があるんですけど……」とメイセムは言いかけたものの、医者の診断書が必要だとわかっていた。彼女はしぶしぶながら、診断書をもらってくるとガーさんに約束した。その日のうちにメイセムは病院に行き、診断書を警察に提出した。

当時の新疆《しんきょう》ウイグル自治区では、各家庭が10世帯ごとのグループに分けて管理されていた。グループ内の住民は互いに監視し合い、訪問者の出入りや友人・家族の日々の行動を記録することを求められた。これは封建時代の中国の「保甲制度」にもとづくやり方で、かつてはこのような住宅の集団が違反行為の取り締まりや税金の徴収を担《にな》っていた。[1]

　ガーさんは、10世帯のユニットの班長として最近になって派遣されてきた礼儀正しい女性だった。彼女は毎晩それぞれの家をまわって扉をノックし、日々の行動について報告させ、隣人の行動に変わったことがないか尋ねた。

　ガーさんの質問はあからさまなプライバシー侵害行為だった。が、彼女はただ指示どおりに仕事しているだけだとメイセムの家族はあきらめるしかなかった。

　日課の質問を終えるとガーさんは、回答を書き留めて当局に報告した。数週間後の２０１６年７月はじめ、彼女はＱＲコードのスキャンを開始した。そのころから、各世帯の個人情報が含まれるＱＲコードがマンションの玄関ドアの外側に貼《は》られるようになった。家のチェックを終え、問題がないと判断した場合、ガーさんはそのＱＲコードをスキャンした。つぎに彼女は隣の部屋に行って同じプロセスを繰り返し、10世帯すべてのチェックを終えるとまた地元当局に報告する。２０１４年から２０１８年にかけて政府は、ガーさんのような党幹部20万人を新疆ウイグル自治区に送り込み、住民を監視させ、政治的なプロパガンダを広めようとした。[2]

「共同体を取り締まる方法としては、じつに効果的でした」とメイセムは言った。

「全員が監視員に変わるんです。その日に何か変わったことが起きたのに、わたしがガーさんに報告しなかったとします。でも隣人がそのことを報告した場合、わたしの信用度が下がります。政府にも、怪しい人間だと思われてしまう」

この地域自警システムは、当局が全住民についてのデータを集めるのに役立った。すぐに政府は、それぞれの住人を社会ランキングの3つのカテゴリーのどれかに振り分けていった――「信用できる」「ふつう」「信用できない」。信用できないと判断された人々は、警察に拘束されることもあれば、就職や大学進学で不利な扱いを受けることもあった[3]。

居間に監視カメラを設置

数日後、このうえなく親切なガーさんがまた扉をノックし、メイセムの家の居間に政府のカメラを設置する必要があると説明した。

「ご不便をおかけしてほんとうに申しわけありません」とガーさんは丁寧に言った。「でもこの決定については、わたしにはどうすることもできないんです。あなたの家で何か怪しいことが行なわれている、と地元の警察から通知があったものですから」

ガーさんから手渡された1枚の紙には、当局の支援を受けて監視カメラを設置する方法が書かれていた。メイセムと家族は、この命令が下された理由をはっきりと認識していた。メイセムは海外に留学中だった。さらに留学先はイスラム教の国だ。そのせいで彼女が〝容疑者〟とみなされたのだ。２０１５年のある時点で中国政府は、アフガニスタン、シリア、イラクなどの国が含まれる「26の要注意国」の公式リストにトルコを指定することを決めた。[4]

「自分は〝信用できない〟と判断されたんじゃないか、政府はわたしをもう信用していないんじゃないかと不安になりました」とメイセムは言った。「政府は、わたしがトルコと中国を行き来していることを知っていた。それで、わたしを信用できないと考えたにちがいありません」

　彼女の直感は正しかった。ガーさんは、政府が定めた「信用できる」の基準をメイセムが満たしていないようだと説明した。カメラを設置して信用できる人間だと示さなくてはいけない、と。

「選択の余地などありませんでした」とメイセムは振り返った。「わたしたちにできることなんてなかった。当局に抵抗すれば、逮捕されるだけですから。みんながみんなを監視して、密告し合っていた。誰も信用なんてできません。わたしたちは地元の電器店に行って、適切なカメラを探しました」

　電器店に行ってみると、多くの店で品切れ状態になっていることがわかった。最近のおもな顧客である警察が、あらゆる製品を買い占めていたのだ。適切なカメラを見つけるのは簡単ではなかったが、一家はやっとのことで見つけだした。

　購入後、家にやってきた技術者が、壁に埋め込まれたプラスチック製のケースのなかにカメラを設置した。そのためカメラを勝手にいじったり、電源を切ったりすることはできなかった。居間だけでなく、小さなマンションの広い範囲が映り込んだ。くわえて、音声も記録された。

「お母さんとわたしにとって、それは絶望的なことでした」とメイセムは言った。

「むかしから家はわたしたちみんなにとって、望むことはなんでもできる場所だった。個人的な場所であり、プライバシーが守られる場所でした。本を読み、会話し、本音を語ることのできる場所だった」

　メイセムと母親は居間を使いつづけた。しかし、いつものように本を並べたり、文学や世界情勢についての率直な議論をしたりするのは避けた。

「わたしたちは手ぶらで居間の椅子《いす》に坐《すわ》り、ただ紅茶を飲みました。もちろん、意味深なことは何も言わないように心がけました」

メイセムにとって、自由な会話を奪われるのは耐えがたいことだった。言葉とアイデアに満ちた彼女の豊かで色とりどりの心は、水に飢えた花のように枯れていった。「中国から早く逃げだしたくてたまりませんでした」と彼女は言った。恋人のアルマンに電話をかけ、テキスト・メッセージを送りたかったが、メイセムはその衝動をなんとか抑え込んだ。トルコの番号に電話すれば、政府からさらに怪しまれることはまちがいなかった。

1カ月後、政府からの新たな通知をもってガーさんが戸口にやってきた——全員で地元の警察署に出向き、〝検査〟を受けろ。一家が怪しいと判断されたため、こんどは家族全員への〝検査〟が義務づけられたのだった。

当局はやがて、このプログラムを「全民健康体検[5]」と名づけた。「身体検査、採血、声と顔の記録、ＤＮＡサンプルの採取が行なわれます」とメイセムは説明した。「地域の安全のためという名目です。警察は全員のＤＮＡデータを必要としていた。今後も引きつづき海外に行きたいのであれば、検査を受けるしかありません。さもないと、新しいパスポートを取得することはできませんからね」

メイセムが警察署に着いたとき、慌《あわ》ただしい待合室の椅子には数十人の人々が坐っていた。赤ん坊が泣き、母親たちが心配そうな表情を浮かべていた。身体検査を行なうのは、医療従事者ではなく警察官だった。
長い待ち時間のあと、やっとメイセムの名前が呼ばれた。警察官に導かれ、〝患者〟でいっぱいの診察室に行った。そこは、医療プライバシーの欠片《かけら》もない場所だった。はじめに身長と体重が測定され、視力が検査された。それからメイセムは、採血に同意するかどうか尋ねられた。が、現実問題として拒否できるはずもなかった。選択の余地などなかった。まだ公表こそされていなかったものの、自身のＤＮＡ情報がなんらかの生体認証データベースのために警察に引き渡されることもメイセムはわかっていた。
室内にひとりだけいる医療従事者の助けを借りつつ、警察官たちは静脈を探して針を刺そうとしたが、失敗した。代わりに彼らはメイセムの指に針を刺し、小さな医療用チューブに血液を流し込んだ。そのＤＮＡ採取装置はアメリカの医療技術企業サーモ・フィッシャー・サイエンティフィックが製造したもので、同社は製品を新疆ウイグル自治区に直接販売していた。[6]
つぎに男性警察官にべつの部屋へと案内されたメイセムは、一連の検査を受けた。まず、カメラのまえに立ち、警察のデータベース記録用にさまざまな表情を作るよう言われた。笑顔、しかめっ面《つら》、左右の横顔にくわえ、さらに8つのアングルから写真が撮影された。そして最後に、「国家安全保障」についての文章を声に出して読むように指示された。

「3つの悪とは、テロリズム、分離主義、宗教的過激主義です」とメイセムは素直に読み上げた。こうして、警察は彼女の声紋情報を手に入れた。

　メイセムの近くでは、警察官が幼児の頭と足から採血していた。10分ほどで検査を終え、彼女は家族を待った。家に戻ったときにはみな疲れ果て、恐れていた。しかし、居間のカメラに見られているという恐怖から、その日の経験について正直に話し合うことはできなかった。

　不審者と判断されたメイセムは、医療プログラムの一環として強制的にDNAを抽出された。彼女が参加した時点では、このプログラムは新疆だけで行なわれていた。のちに、メイセムがこの医療プログラムに参加したもっとも初期の集団のひとりであることがわかった。その年の9月、政府はより大規模に身体検査を展開しはじめた。[7] 最終的に3600万人が検査を受けたと国営の新華社通信は報じた。[8]

　この生体認証データ収集を監督していたのは、住民サービス・管理および実名登録作業リーダーシップ委員会（自治区人口服務管理和実名制工作領導小組弁公室）と呼ばれる謎《なぞ》の政府組織だった。ヒューマン・ライツ・ウォッチ（HRW）は、それを警察の傘下《さんか》にある組織だと推定した。当局は公式発表のなかで、「全民健康体検」によって「貧困緩和、管理改善、および〝社会の安定性〟を促進する〝科学的意思決定〟」を後押ししたいと説明した。このプロジェクトは、より質の高い効率的な医療の提供を可能にし、主要な疾患を特定し、新疆ウイグル自治区の全住民の医療記録を作成するためのものだと政府は主張した。

ＨＲＷが見つけた公式のオンライン資料には、当局は「各村すべての世帯、各世帯の全員、各個人の全アイテムを確保しなければならない」と書かれていた。

政府の発表によると、検査を受けたすべての人の血液型情報が警察に送られたという。ＨＲＷが見つけたべつのオンライン資料には、「ＤＮＡサンプル採取用の血液カードは、県の警察署に送られてプロファイリングされる」とある。すべての情報は保存され、各個人の国家ＩＤ番号と紐《ひも》づけられたため、当局は必要に応じて簡単に参照することができた。

私はオンライン上で「全民健康体検」の仕組みを説明する入札書類や政府発表を見つけたが、それらの資料はのちにネット上から削除された。

「県の衛生・家族計画委員会は各地で医療ユニットを組織し、参加必須《ひっす》の健康診断のなかで血液情報とＤＮＡ血液カードを収集すること」と、ある県当局のウェブサイトの資料には書かれている。「血液情報は県の公安部に送られ、ＤＮＡ血液カードはそこで検査される」

「公安部は12歳から65歳までの住民の外見の写真、指紋、虹彩《こうさい》スキャン、そのほかの生物学的な特性情報を収集しなければいけない」とべつの資料には書かれていた。[9]

ウイグル人に話を聞くと、かならずといっていいほど強制的な医療データ収集の話題が出てきた。

「同意を拒むことなど誰にもできません。そのような環境で拒めるはずがありません」と詩人タヒル・ハムット［第２・３・６章参照］は言った。２０１７年５月、彼も家族とともに警察署で同じような検査を受けたという。

「政府は可能なかぎりすべてのものを測定し、それをデータベースに入れました」と著名なウイグル人実業家のタヒル・イミンはインタビューのなかで私に語った。「それは、監視と管理のための大規模なＤＮＡサンプル収集キャンペーンでした」

そして、その技術の一部はアメリカから来たものだった。

すべての遺伝子プロファイルを集める

中国がマスデータを収集していたのは、遺伝学者のあいだで「短鎖縦列反復配列」

（ＳＴＲ）と呼ばれるマーカーを使った分析処理のためだった。各個人には固有のＳＴＲプロファイルが存在する。遺伝学者は血液を調べることによってプロファイルを解析し、そのプロファイルを使って個人を特定することができる[10]。

　世界じゅうの警察が行なっているように、犯罪現場でＤＮＡが見つかった場合、大規模データベースと照合して容疑者を割りだすことができる。しかし中国のプロジェクトはもっと壮大なものだった。中国政府は、新疆に住む12歳から65歳のすべてのウイグル人、カザフ人、そのほかの少数民族の遺伝子プロファイルを集めることを目論《もくろ》んだ。構築されたデータベースは法執行機関の捜査のためだけでなく、それらの少数派を多数派の漢民族から区別するために使うこともできた[11]。

「中国は、完全な安全保障の神話とでも呼ぶべきものを生みだそうとしている。それは、技術の発展によって、すべてのテロを防ぐ完璧《かんぺき》な安全保障システムを構築することができるという考えです」と、カナダのウインザー大学の社会学者マーク・ムンステルヒェルムは私に語った。「彼らはすべてのウイグル人、カザフ人、そのほかの少数民族のプロファイルを手に入れようとしている」

　ムンステルヒェルムはこれまで、南米、太平洋諸島、台湾の先住民についての情報が法遺伝子学の研究のなかでどのように利用されているのかを調査してきた[12]。

中国はさらに「一塩基多型」（ＳＮＰ）と呼ばれるべつのマーカーを用い、大量の遺伝子データセットを集めているとムンステルヒェルムは語る。ＳＮＰとは、顔の構造、肌の色、遺伝病などの特性を分析するために利用されるもので、専門家たちは顔の復元や集団の分析のためにＳＮＰの研究を長いあいだ進めてきた。

　これらの不気味な中国政府プロジェクトが最終的に眼をつけたのは、「次世代シーケンシング」と呼ばれる技術だった。

「遺伝子研究においては、人種という概念や分類は１９７０年代から１９８０年代にはあまり信用されていませんでした」とムンステルヒェルムは説明した。「しかし１９９０年代に、法遺伝子学の発展とともにふたたび注目されるようになったんです」ムンステルヒェルムは15年にわたり、イェール大学医学部の遺伝学教授ケネス・キッドの研究についての情報を追ってきた。

「９・11同時多発テロのあと、いわゆる〝大統領のＤＮＡプロジェクト〟がはじまりました。それは、民族性、表現型、祖先に関する遺伝子研究を進めようとするものでした。敵と味方、飛行機のハイジャック犯と犠牲者を区別するのがその目的です」。ケネス・キッドは、祖先マーカーを用いて個人の遺伝サンプルの起源を明らかにする分野で世界的な先駆者となった。イェール大学の遺伝子データベースの運用を担当する彼は、９・11後のＤＮＡプロジェクトの血縁・データ解析委員会のメンバーにも選ばれた[13]。

「そのころから、中国で行なわれていた遺伝子研究の一部にわたしは注目するようになりました」とムンステルヒェルムは言った。「すぐに、いろいろと手がかりが集まりはじめました。そして２０１７年には、ネイチャー誌とＨＲＷによる報道がありました。サーモ・フィッシャー社が新疆の警察に販売したシーケンサーが、住民にたいする大規模な遺伝子プロファイリングに使われているという内容です」

ムンステルヒェルムは、中国政府所属の科学者と共同執筆されたオンライン上の査読付き論文をとおして、ケネス・キッドが中国のＳＮＰマーカー研究に協力していたことを知った。中国の警察は捜査のなかでこのＳＮＰマーカーを利用し、ＤＮＡサンプルの起源（ウイグル族なのかほかの民族なのか）を特定することができた。ムンステルヒェルムはまずＨＲＷに接触し、その後ニューヨーク・タイムズ紙と組んで追究を続けた。このＤＮＡプロジェクトは、「これまで行なわれてきた生体認証による監視のなかでも、もっとも大規模で攻撃的なものの一部である」と彼は綴《つづ》った[14]。

ケネス・キッドの中国への興味は、彼がはじめて同国を訪れた１９８０年代に掻《か》き立てられたものだった。人間の遺伝的変異への地理の役割についての研究によって、キッドは遺伝学の分野で脚光を浴びるようになった。彼はまた、探索行動や新奇性追求に関連する遺伝子を発見した人物でもあった。

外国人の研究者にたいして、中国の民族集団にまつわる遺伝子構造を独自に解明する機会が与えられるのはきわめてまれなことだった。そのような外国人は中国人専門家と協力して研究を進める必要があったが、パートナーとなる中国人専門家はきまって政府となんらかの利害関係がある人物だった。

２０１０年、キッドは中国公安部から中国に招待された。それは通常の要請のように思われた。なんといってもキッドには、犯罪解決のための法医学の応用について世界じゅうの法執行機関と協力してきた経験があった。[15]

中国訪問中に彼は、公安部・法医学研究所の主任法医学者である李《り》彩霞《さいか》に声をかけられた。キッドの祖先研究に興味をもつ彼女は、イェール大学の研究室で11カ月にわたって客員研究員として働きたいと申しでた。ナショナル・パブリック・ラジオ（ＮＰＲ）の取材にたいしてキッドは、「はじめのうちは」なんの懸念《けねん》もなかったと語った。

法執行機関に所属する科学者である李は、中国の少数民族（ウイグル族、カザフ族、キルギス族）のＤＮＡ記録へのアクセス権をもつ数少ない人物のひとりだった。

「それらのサンプルは、同意書に署名をもらったうえで集められたものだと彼女は説明しました」とキッドはＮＰＲに語った。「わたしがそれを疑問視することなどできません[16]」

１年におよぶ研究協力は実りの多いものだった。キッドは、自身の世界的なデータベースにウイグル族のＤＮＡをくわえた。その後ふたりは、この分野で名高い学術誌『法医学インターナショナル　遺伝学』の２０１６年７月号のなかで、いかにも当たり障《さわ》りのなさそうなタイトルの論文を発表した――「74ＡＩＳＮＰsのパネル――東アジア内の改良された祖先推定[17]」。

ムンステルヒェルムをはじめとする専門家たちは、少数民族の遺伝子を記録するという中国の国家戦略のためにキッドが都合よく利用されてしまったと考えた。１９９０年代以降、中国は遺伝子の記録を最優先事項のひとつに据えてきた。なぜなら政府は、中国人が血統を共有するひとつの遺伝子ファミリーであるという神話を国民に植えつける必要があったからだ[18]。

「サーモ・フィッシャー社のシーケンサーは、いまでは世界じゅうの警察で日常的に使われるようになりました。しかし中国はそのテクノロジーを駆使し、より限定的なマーカーのみの解析に簡略化して、漢族とウイグル族を区別しようとしているんです」とムンステルヒェルムは教えてくれた。

共同研究が終わったあとにキッドは中国公安部にたいし、自身が提供した遺伝子サンプルの使用をやめるよう求めた。

「返事はありませんでした」と彼は認めた。

議論が落ち着いたあとの2020年6月に私は、イェール大学のオンライン遺伝子データベースを調べ、問題のウイグル族の表現型が削除されているかどうかたしかめた。実際にキッドは、中国公安部から提供されたサンプルを削除していた。しかしイェール大学は、キッド以外から入手したほかのウイグル族のサンプルを数多く所有していた。

「ウイグル族のこれらのサンプルは、新疆ウイグル自治区で収集されたものです」と、あるサンプルの但《ただ》し書きには書かれている。「すべてのボランティアは、3世代以上にわたって新疆ウイグル自治区に居住してきた人々で、研究に参加するまえに同意書に署名をしています。本研究は、中国・新疆医科大学の施設内倫理委員会によって承認されました[19]」

「このサンプルは、新疆ウイグル自治区のアクス地区クチャ県のウイグル族の人々のものである」と、べつのサンプルの但し書きに書かれていた。「このサンプルは本人の同意を得て収集された」[20]

メイセムやほかの何十人ものウイグル人が、〝同意〟を拒んだ場合、政府から嫌がらせを受けたり逮捕されたりすると私に話した。つまり、同意を拒否するという選択肢などありえないのだ。

「ＤＮＡシステムはすでに構築され、もう被害を食い止めることはできません」と作家のアブドワリ・アユップ〔第２・３・６・８章参照〕は言った。彼もまた、中国の拘留施設でＤＮＡサンプル、指紋、足紋を採取された。メイセムもこう指摘した。「ずいぶんと都合のいい話ですよ。中国がそれを良からぬことに利用するのはわかりきったことですから」

しかし、一部の科学者たちは嬉々《きき》として中国を訪れ、遺伝学の学会に積極的に参加した。

２０１５年、ノース・テキサス大学の遺伝学者ブルース・バドウルはケネス・キッドとともに、中国で開かれた遺伝学の学会で講演した。ニューヨーク・タイムズの報道によると、この学会を後援していたのがサーモ・フィッシャー・サイエンティフィック社だったという。ＤＮＡシーケンシング装置を製造し、新疆ウイグル自治区当局に販売したアメリカ企業だ。[21]

サーモ・フィッシャーは、サーモ・エレクトロンとフィッシャー・サイエンティフィックが合併して誕生した、科学分野の世界屈指の大企業である。２０１８年時点の従業員数は7万人、売上高は２４０億ドル、純利益は30億ドルにのぼる。[22] 中国とは長年にわたって取引があり、２０１７年の利益の10パーセントが中国関連によるものだった。[23]

中国公安部はある特許出願書類のなかで、サーモ・フィッシャー製の装置を使って市民の遺伝子マッピングを行なっていると記載した。ニューヨーク・タイムズも、サーモ・フィッシャーが新疆当局に機器を直接販売したと報じている。調達文書によると、少なくとも機器の一部は警察が使用するために購入されたものであることはまちがいなかった。[24]

２０１７年6月と8月、ＨＲＷは独自の調査結果に関してサーモ・フィッシャー社に質問状を送った。グローバル・コーポレート・コミュニケーション部門の責任者カレン・Ａ・カークウッドはつぎのように答えた。

「サーモ・フィッシャー・サイエンティフィックは、顧客やその購入内容について情報を開示することはありません。事業のグローバルな性質にかんがみると、弊社が製造するすべての製品の使用やその用途を監視することは不可能だと考えます[25]」

　しかし中国国営メディアの報道によると、サーモ・フィッシャーの幹部たちは中国でビジネスチャンスを得たことを大喜びしていたという。

「習近平主席の演説にわれわれは勇気づけられました……世界貿易の自由化と開放に向けた中国政府の支援に心より感謝しています」。国営英字新聞『チャイナ・デイリー』は2018年11月、サーモ・フィッシャー・サイエンティフィック中国のトニー・アッキアリート支社長がこう語ったと伝えた。「習主席が中国の経済発展にたいしてじつに前向きな姿勢を保っていることを知り、たいへん喜ばしく感じています」[26]

　ムンステルヒェルムは、嫌悪《けんお》と苛立《いらだ》ちをあらわに当時の状況を振り返った。「キッドにたいしては非常に悪い印象が残りますね」と彼は私に言った。「しかし彼は引退した。かなり影響力がある人物ですから、誰も手を出すことはできません」

　メイセムやほかのウイグル人たちは、中国で行なわれているウイグル族への陰湿な社会実験について、アメリカが無関心を貫いていることにただただ愕然《がくぜん》としていた。

第12章　すべてを見通す眼

現在の状況によって、新時代の新疆《しんきょう》を統治する党の戦略が
完全に正しいことが証明された。
——習近平

DNAサンプルを採取された数日後にガーさんがふたたび戸口に現われた、とメイセムは説明を続けた。

「地区の警察が、不審な動きを察知したそうです」とガーさんは言った。

「〝不審な動き〟ってどういう意味ですか？」とメイセムは言い返した。「わたしはただの学生ですよ」

「わたしからこれ以上お伝えすることはありません。地区の警察署に出頭してください」

警察も同じように不親切だった。メイセムが椅子《いす》に坐《すわ》ると、机の反対側にいる公安部の役人が書類をぺらぺらとめくり、コンピューター画面に映る医療データと生活記録をたしかめた。

「海外への渡航経験がある」と役人は言った。「留学していたんですね。具体的には、何を勉強していたんでしたっけ？」

「社会科学です」

メイセムは、渡された用紙に必要事項を書き込むよう指示を受けた。

「自身の宗教的習慣、移動履歴、パスポートの入手方法と時期、26の要注意国への渡航経験などを尋ねるものでした。まさに、プライバシー侵害だらけの国勢調査でした[1]」

公安部の役人はメイセムに言った。「市民教育のクラスに参加してもらいます。くわえて週に2回、署に出頭してください。もし出頭を怠れば、あなたのことをさらにくわしく調べなくてはいけなくなる。集中してしっかり勉強すれば、なんの問題もありませんから安心してください。そのあと、トルコに戻って大学院の勉強を続けることができますよ」

「わたしはすでに大学院で勉強をしているんですよ」とメイセムは反論した。「どうしてそんなバカげたプロパガンダの授業を受けなくちゃいけないんですか？」

市民教育クラスでの尋問

ここでも、彼女に選択肢などなかった。毎週金曜日、メイセムは自宅近くの政府庁舎で行なわれる市民教育の授業に参加した。それぞれの教室には部屋の隅に1台ずつ、計4台のカメラが設置されていた。

「党を愛しています！　習主席は偉大な最高指導者です！」とメイセムはノートに何度も書かなければいけなかった。

「新疆の3つの悪とは？」と教官は尋ねた。

「テロリズム、分離主義、宗教的過激主義です！」と受講生たちは口をそろえて答えた。

毎週月曜日には、警察が3時間にわたってメイセムの思想について尋問した。

「なぜ中東の国に行くことを選んだんですか？」と取調官のひとりが彼女に訊《き》いた。きまって3人の警察官が眼のまえに坐って質問し、答えをコンピューターに打ち込んだ。

「わたしは大学院で勉強をしているんです」と彼女は説明した。「自分の教育のためです」

「教育ですか、なるほど」と取調官は言った。「どのような種類の教育ですか？」

「ただの社会科学です」

「社会科学を学んでどうするんです？　あなたはどのような分離主義的考えを抱いていますか？」

　べつの取調官が口を開いた。「知り合いの人たちは、あなたは本を読むのが好きだと証言しています。幼いころから読書家だった、と。あなたのような女性が、なぜそれほど多くの本を読む必要があるのですか？」

　何週にもわたって尋問と授業が続いた。相手は言葉を変えながら同じ質問をひたすら繰り返した。そのうちメイセムは、執拗《しつよう》なまでの心理戦に疲れ果ててしまった。

「何度も言いましたが、わたしはただの学生です」

「中東では、どのような過激派と接触したことがありますか？」

「接触などしたことはありません！」

　警察の実際の目的は、尋問や授業をとおしてその人物についてのデータをできるかぎり多く集め、将来の行動を予測することだった。そうのちにメイセムは知ることになる。彼女以外にも数十人のウイグル人が、同じような経験をしたと私に話した。

「身体検査、尋問、ガーさんの訪問……当局は、ＡＩシステムのためにできるだけ多くのデータを集めようとした。ソフトウェアがそのデータを分析し、誰が罪を犯すのかを予測する。そういう流れのようでした」とメイセムは言った。

そのような予測的取り締まりは、「一体化統合作戦プラットフォーム（ＩＪＯＰ）」と呼ばれる新しいプログラムをとおして行なわれた。ＩＪＯＰの詳細については、新疆ウイグル自治区の公安部が２０１６年８月以降に発表した公共調達の通知のなかで少しずつ明らかになっていった。

これらのオンライン上の公共調達通知を精査したヒューマン・ライツ・ウォッチ（ＨＲＷ）は、つぎのように報じた。

> ＩＪＯＰは、複数の情報源や機械の「センサー」から情報を収集している。情報源のひとつはＣＣＴＶカメラで、なかには顔認証機能や（暗視のための）赤外線機能を備えたものもある。カメラの一部は、警察が危険だとみなす場所に設置されている。娯楽施設、スーパーマーケット、学校、宗教指導者の自宅などだ。も

うひとつの情報源である「Ｗｉ－Ｆｉスニファー」は、コンピューターやスマートフォンなどのネットワークに接続された機器の固有の識別アドレスを収集する。くわえてＩＪＯＰシステムは、地域一帯にある無数の検問所、出入りが管理された共同体の「訪問者管理システム」をとおして、車のナンバープレート番号や市民の身分証明書番号などの情報を受け取っている……車両検問所はＩＪＯＰに情報を送信し、「ＩＪＯＰが通知する予測的警告をリアルタイムで受信し、調査・規制するべき対象者を特定する」ことができる。[2]

公式の報告によるとＩＪＯＰはさらに、所有する車、個人の健康状態、家族計画、銀行取引、法律上の記録といった既存の情報も利用しているという。警察や地方当局はまた、家庭訪問や取り締まりのあいだに見つかった「通常とは異なる行動」や「治安を乱す行為」についての情報をＩＪＯＰに送信する。ＨＲＷの取材を受けたある人物は、たとえば大量の本を所有しているだけでも、教師として働いているなどの明確な理由がない場合にはＩＪＯＰに報告されると証言した。

　ＩＪＯＰは人工知能を利用し、犯罪容疑者や将来の犯罪者候補について「プッシュ通知」し、警察と政府当局にさらなる捜査をうながすようになった。警察は、通知を受けしだいすぐに行動を起こさなければいけなかった。ときにそれは、通知が来た当日のうちに直接訪問して話を聞いたり、自宅軟禁にしたり、容疑者の移動を制限したりすることを意味した。あるいは、完全な身柄の拘束や逮捕を意味することもあった。なかには、爆発物の原料として利用されるおそれのある肥料の購入を監視するシステムもあった。

「ふだん5キロ分の化学肥料を買う人が、突如として15キロの肥料を買ったとしたら、地元の警察官を派遣してその人物を訪問し、使用状況をたしかめます」と警察所属のある研究者は中国メディアに語った。[3]

それこそが２０１６年夏にメイセムの身に起きたことであり、結果として彼女は市民教育のクラスを受講するよう命じられた。システムが、メイセムがトルコで「過激化した」可能性があると予測したのだ。

「でもわたしには、はっきりとしたことは何もわからなかった。それが問題でした」と彼女は言った。「警察がわたしについてそれほど多くのデータをもっているなんて、わかるはずがありません。向こうが主張するほどシステムが優秀じゃなかったら、いったいどうなってしまうのか？　政府の行動があまりに不透明だったので、わたしはひどく不安になりました。誰かを不安にさせるのは、脅すのと同じくらい効果的なことです。つねに監視されていると思って行動したほうがいい、そう人々は考えるようになる」

それが、パノプティコンの役割だった。

ＩＪＯＰシステムの目的

メイセムにくわえ、ほかの数十人のウイグル人にインタビュー取材をするあいだに私は、ＩＪＯＰシステムの目的と使命について徐々に理解していった。その目的は実行可能なテロ対策を生みだすことではなく、巨大な捜査網を作りだすことだった。独自の情報網をもつ前述の作家アブドワリをとおして私はのちに、中国語で書かれた何十枚もの共産党の機密文書が含まれるダンプファイルを手に入れた。それらの文書によって、政府によるかつてない類《たぐい》の裏工作の一部が明らかになった。その内容は「新疆文書」（Xinjiang Papers）と「中国電報」（China Cables）と呼ばれる2組の資料によって２０１９年に公開され、マスコミや外交関係者のあいだで流布《るふ》していった。

「２０１９年のある日、ＷｈａｔｓＡｐｐ上で誰かから文書（中国電報）が送られてきたんです」と、ウイグル人女性のアシエ・アブドゥラヘブがオランダの自宅からリモートで私に教えてくれた。２００９年に新疆を離れたのちにオランダで市民権を得た彼女は、中国電報の暴露の立役者となった。「ウイグル問題についてソーシャル・メディアで大々的に発信してきたわたしに、誰かが資料を送ってきました。メディアで注目されていたわたしをとおせば、情報を世界に広められると考えたのでしょう」。新疆の元政府職員であるアブドゥラヘブは、名前が公開されることに懸念《けねん》はないと語った。なぜなら、メディアでの高い認知度こそが報復から彼女を守ってくれているからだ。

「その文書が非常に重要なものだとわかったので、まずツイッターに投稿しました。でも驚いたことに、まったく反応がありませんでした」

しかし、それも時間の問題だった。

彼女は研究者やジャーナリストに連絡を取り、文書を共有しはじめた。中国政府は国民を抑圧するためにオンライン・ツールを駆使したが、そのオンライン・ツールがいま中国の残虐《ざんぎゃく》行為を暴露するために使われていた。[4]

新疆からの情報漏洩《ろうえい》はまさに爆弾だった。それは、政府の権力というベールの裏側をあらわにし、新疆の中国人指導者たちの思考と意思決定プロセスを明らかにするものだった。さらに、政府の内部にも反対派がいることを示すものでもあった。政権内にいる誰かが、投獄どころか処刑される危険を冒してまでアブドゥラヘブに、つまり外国メディアに文書をリークしようとしたのだ。

すぐに、中国の諜報《ちょうほう》部員たちはアブドゥラヘブと家族にたいする嫌がらせをはじめた。

「わたしの元夫のもとに、新疆の古い友人から電話がかかってきました。その友人は、ドバイで会おうと夫を誘いました」

アブドゥラヘブと元夫ははじめ、その時点でどこかに移動するのは危険だと考えていた。しかし友人はしつこく誘いつづけ、元夫の交通費とホテル代を支払うことを申しでた。

最終的に元夫は同意した。

「ドバイに着くと、中国の公安部の職員たちがホテルで待ちかまえていました。夫をずっと待っていたんです」。アブドゥラヘブによると、諜報部員のひとりはこう言ったという。「われわれはおまえが何者なのかを知っている。オランダにはたくさんのスパイがいるから、おまえの命を奪うなど簡単なことだ。このあたりの砂漠では、死体を埋めてもけっして見つからない」

ひととおり脅迫したあと、職員たちは元妻のコンピューターをハッキングしろと彼を説得しようとした。

「諜報部員たちはUSBメモリを渡し、元夫にこう言いました。『このUSBスティックには、中国にいるおまえの古い家族の映像と写真が入っている。パソコンに挿せば、母親の姿を見ることができるよ』」

USBスティックには、元妻のコンピューターに侵入するためのマルウェアが仕込まれているにちがいないと元夫は考えた。

「オランダに戻ってきた彼は、ドバイで起きたことを説明してくれました。わたしたちは警察に通報して、USBを公安当局に渡しました」。政府はマルウェアを取りのぞいてから、USBを返却してくれた。

そのうち、アブドゥラヘブの一家はネット上で殺害の脅迫を受けるようになった。

予測的取り締まり

2013年から2017年までの新疆での活動について書かれたそれらの漏洩文書は、恐るべきIJOPシステムの内部に潜入するために必要な爆弾そのものだった。内容は全体的に単調なもので、IJOPをとおして報告された不審者の数が列挙され、彼らの居場所が正確に示されていた。たとえば、「中国電報」のある文書にはこうあった。「不審者2万4412人。内訳は、カシュガルで1万6354人、ホータンで

３２８２人、クズルス・キルギス自治州で２５９６人、アクスで２３８０人」。しかし実際のところ、この単調なリストは情報の宝庫だった。

「イデオロギーに関する問題や異常な感情をもつ学生に出くわしたときには、かならず状況を予測して適切な対処をすること」と、ある文書には書いてあった。

「学生」という言葉は文字どおりではなく、拘留施設の被収容者という意味の二重表現として使われていた。「秘密部隊を作りだして集団に浸透させ、情報を操作し、学生たちが連携して問題行動に出るのを防ぐこと」

この「秘密部隊」という言葉には、被収容者同士で監視し合う状況を看守が作るべきだという意味合いがあるようだった。

「寮エリアと教室エリア全体を監視技術によって完全にカバーすること。一点の死角も作ってはいけない」

さらに、学生の「イデオロギーを浄化」する方法についての指示もあった。

「イデオロギーの矛盾を効果的に取りのぞき、悪い感情に働きかける」とある文書には書かれている。「以前の行動、犯罪行為、そのほかの危険な活動についての違法性を学生に理解させる。心理カウンセリングは、矯正において大きな役割を担《にな》っている」

収容施設に関してだけでなく、メイセムの故郷カシュガルのような都市のなかで住民を管理・監視する方法について説明する文書もあった。

ある文書では、ＩＪＯＰシステムについてこう記載されている。「一体化プラットフォームを展開する際には技術的手法を用い、家族のみならず、家庭内の未知の人物に細心の注意を払うこと。これらの技術的手法を用いて問題をつぶさに調べ上げ、徹底的な解決へと導く」

新疆の社会信用システムのなかで「信用できない」と分類された住民がいる場合、警察は追加のデータを集めるべきだと漏洩文書には書かれていた。つぎに、それらのデータを受け取ったシステムが、犯罪予防《プリ・クライム》のために容疑者の身柄を拘束して収容施設に送り込むべきかどうかを判断することになる。[5]

正式には「予測的取り締まり」と呼ばれるプリ・クライムとは、将来的に誰が罪を犯す可能性があるのかをＡＩがアルゴリズムを使って導きだすことを意味する。国家的なシステムであるＩＪＯＰは、プリ・クライムの容疑者を見つけだすと警察官に通知し、くわしく捜査するか、あるいは対象者を拘束するよううながした。「礼拝」「断《だん》食《じき》」「宗教活動」「海外にいる親戚《しんせき》」などの要素はすべて、プリ・クライムの容疑者と判断される指標になった。ウイグル難民たちの多くはこの状態を、映画『マイノリテイ・リポート』にたとえた。１９５６年発表のフィリップ・Ｋ・ディックの短編小説をもとにしたこの映画の核となる物語は、主人公である犯罪予防局のチーフが、翌週に殺人を犯すと予想された人物を捜査するというものだった。

では実際のところ、監視はどの程度の規模で行なわれていたのか？　その問いに答えるかのように、パズルのもうひとつのピースが白日のもとにさらされた。具体的にどのような情報が集められているのかが明らかになったのは、２０１９年、オランダ人コンピューター・ハッカーのビクトル・ジュベールが監視・追跡の対象者についてのデータセットを見つけたときだった。監視対象者についてのその個人情報は、なぜか誰でもアクセスできるデータベースに保管されていた。

セキュリティー対策が不充分なこのデータベースを作ったのは、深網視界科技（センスネッツ）という顔認証開発企業で、中国の2大顔認証企業のひとつセンスタイム［第5・10章参照］が株式の49パーセントを所有する会社だった（このデータ流出が明らかになった同時期に株式を放棄）。データベースには２５０万人分の個人情報が含まれており、そのほとんどが新疆の住民のものだった。リストには、名前、性別、民族、ＩＤ番号、生年月日、雇用主などが記載されていた。驚くべきは、データベースによって６７０万件の「トラッカー」位置情報が明らかになったことだった。そこには、過去24時間の住民の移動履歴が記録されていた。このトラッカーとは、監視カメラ、警察が使用するカメラ付き携帯端末、ＩＤスキャナーを意味した。それらの追跡装置は、モスク、ホテル、インターネット・カフェ、警察署などに設置されていた。[6]

　トラッカーは「この人工知能ベースのセキュリティー・ネットワークの一部を構成するものであり、そのネットワークのなかでは顔認証、群衆解析、個人認証が利用されている[7]」とジュベールは主張した。

　データベースを作ったセンスネッツ社は、マイクロソフトと提携関係にあると喧伝していた。

「当社はセンスネッツとの提携には関与していません」とマイクロソフトの広報担当者は、ジュベールによる暴露のあとにニュース専門放送局ＣＮＢＣに語った。「センスネッツが当社のロゴをウェブサイト上で無許可で使用している事実を把握したため、削除を要請しました[8]」

　のちにジュベールは、またもセキュリティー保護されていないべつのオンライン・データベースを見つけた。そのなかには、中国全土の数百万人分のソーシャル・メディアのプロフィールと彼らの微信のユーザー名が記載されていた。くわえて、女性たちが「妊娠適齢期」かどうかを推測する情報も含まれていた。[9]

監視の実際の規模を知ったメイセムは、ただただあきれ返った。しかし、身をもってそれを経験してきた彼女にとっては、なんら驚くべきことではなかった。

それらのデータは、イルファン［第４・５・10章参照］やほかのウイグル人技術労働者たちが私に証言したことをはっきりと裏づけるものだった。彼らがかつて協力した工作活動において中国政府はまちがいなく、モバイルアプリをとおして市民を監視していた。

２０１６年７月から中国政府は、北京のスタートアップが開発にかかわったモバイルアプリＺａｐｙａ（快牙）のユーザーを標的に定めるようになった。ファイル共有アプリＺａｐｙａのユーザーたちはコーランをダウンロードし、友人や家族に宗教的な教えを広めていると中国政府は考えた。[10]

ある政府文書は、つぎのような人々に自首するよううながした。

「国家分離主義、暴力とテロ、宗教的過激主義、〝聖遷《ヒジュラ》〟についての音声や動画、そのほかの違法なプロパガンダ素材（に関連するコンテンツ）を少量だけ所持し、深刻な理由のためではなく、家族のあいだで見たり読んだりするためだけに（そのような資料を）送信した人々[11]」

「ウイグル人を呼び止めた警察は、かならず携帯電話をチェックしました」とメイセムは私に言った。「Ｚａｐｙａも警察がチェックするアプリのひとつです。携帯電話にＺａｐｙａがインストールされているのが見つかると、その人物は不審者とみなされる。そのまま再教育の授業に送られるケースもありました」流出した中国政府のある文書のなかには、約４０００人の「非公認のイマーム」を含む１８０万人以上のウイグル人がＺａｐｙａを利用していると書かれていた[12]。

ほかにも警戒すべき〝進展〟があった。禁止されたコンテンツがないか携帯電話をたしかめたあとに警察は、「浄網衛士（「浄網」はネット浄化の意）」と呼ばれる新しいアプリをインストールするよう人々に求め、ときにそれを強制するようになった。非営利団体オープン・テクノロジー・ファンド（ＯＴＦ）の研究チームが浄網衛士を分析したところ、このアプリによってＩＭＥＩ（国際移動体装置識別番号）やメーカーなどの携帯電話の基本情報が抽出され、追跡・監視がより容易になることがわかった。「このアプリは端末の外部ストレージにあるファイルをスキャンし、〝危険〟とみなされるものを探す」とＯＴＦは報告した。「ファイルが〝危険〟だと認識されると、ユーザーにファイルを削除するよう警告する[13]」

バズフィード・ニュースは２０１８年４月、中国国営メディアの情報にもとづいた記事のなかで、警察が「百姓安全（人々の安全の意）」と呼ばれるアプリを一般市民の携帯電話にインストールしはじめたと報じた。このアプリをとおしてスマートフォンのユーザーは、「ひげを生やした男性」「通常より大規模な礼拝」など不審なものを見つけたときにその場で警察に情報を送ることができた。

「ウルムチ警察当局は、百姓安全を全市民にダウンロード・インストールするよう奨励した」と、ある中国語の公式報告書には綴《つづ》られている。「このアプリをとおしてすべての市民が内部告発者となれば、反テロ活動のための強力な支援システムを築き上げることができる」。中国政府は、２０１７年のアプリ運用開始から3カ月のあいだに3万件の情報が寄せられたと主張した。[14]

毎週の授業のなかでプロパガンダを暗唱するうち、メイセムの被害妄想はみるみる大きくなっていった。それは人間に見られていたからではなく、感情を排した抜け目ない機械に見られていたからだった。ひたすら監視を続けるこのコンピューター・システムは、どれほど全知全能なのだろう？　ソーシャル・メディアのアカウント、スマートフォンの使用状況、テキスト・メッセージの内容まで見られているのだろうか？

「情報や真実から切り離されると、つねに推測しなければいけない状況になり、まわりのすべてが危険に見えてきます」とメイセムは私に言った。「誰が見ているのか、誰が聞いているのか、誰を信用していいのか、ほんとうにわからなくなるんです。友人や家族でさえ、わたしを陥《おとしい》れようと狙《ねら》っているのかもしれない、と」

第13章　収監、強制収容所へ

カシュガル地域は、対テロ活動と社会の安定維持の最前線である。

――習近平

２０１６年8月ごろになると、カシュガルじゅうでさまざまな噂《うわさ》がホタルの光のようにさっと広まっては消えていった。ある時点まで、通りでより大きな存在感を示していたのは警察の部隊だった。やがて1台、あるいは2、3台の軍の装甲車が街じゅうの通りの角に停まり、その横に立つ兵士たちが歩行者を見張るようになった。さらに、カシュガルの街なかには「コンビニ交番」が続々と設置されていった。メイセムがアンカラ行きの飛行機に乗るときにいつも乗り継ぎで寄るウルムチの街には、いまや950以上のコンビニ交番があった。[1]

「何かが変わろうとしている」と住民たちは口々に言った。共産党がより厳しく、より強い支配を求めているという噂が広がった。

カシュガルの街を歩きまわったメイセムは、友人たちが住む旧市街の地区が、突如としてフェンスで囲まれているのに気づいた。閉じ込められた住民たちは、身分証明書を提示しなければ出入りすることができなくなった。「突然、なんの知らせもなく建設作業員がやってきて、一晩のうちにフェンスを張り巡らせた。眼を覚ました住民たちは、びっくり仰天ですよ」とメイセムは言った。[2]

台所用品や食料品といったごく単純な日用品を購入するのも面倒なことになった。やがて街の店は、数千ドルする機械を導入しなければ包丁さえ売ることができなくなった。その特別な機械を使い、購入者のIDカードの写真、民族、住所をQRコードに変換し、販売するすべての包丁の刃にレーザーで刻印しなければいけなくなったのだ。[3] 購入者のデータと身元が包丁に刻み込まれるようになったのは、ナイフ攻撃を企《たくら》むテロリストにたいする予防策だった。

「でも、情勢がこれより悪くなるはずがない」と人々はメイセムに言った。政府はすべての監視ツールを使い果たしてしまった、というのがその理由だった。国民の自由を制限するためにほかに何ができるというのだろう？

　ある日、メイセムが週2回の単調な洗脳教育を受けているときに、新疆《しんきょう》に新しくやってきたリーダーについて講師が話しはじめた。

「陳全国がこの地域を率いることになります」と講師は言った。「尊敬すべき指揮官である彼が、テロリズム、分離主義、宗教的過激主義という3つの悪との闘いのなかでわたしたちを導いてくれるでしょう」

　メイセムの母親も同じ話を耳にしていた。「新しい指導者が来るんですって」とその夜に彼女は言った。

「ああ、チベットで働いていた同志さ」とメイセムの父親が応《こた》えた。「チベットで治安活動を担当していた人だ」

　仏教徒が大多数を占めるチベットは、イスラム教徒が大多数を占める新疆ウイグル自治区のすぐ南にあった。「世界の屋根」たる長大なヒマラヤ山脈を有するチベットは、この5年ほどまえから恐るべき弾圧の中心地となっていた。１９５１年に中国共産党の支配下に置かれて以来、チベットの３００万人の住民たちは苦しい生活を強いられてきた。中国が地域一帯を侵略・併合したあと、チベットのカリスマ的かつ精神的指導者ダライ・ラマはインドへの亡命を余儀なくされた。

60代前半の陳全国は、チベットではじめてコンビニ交番の制度を築き上げた人物だった。

砲兵として軍に従事したのち、陳は自動車工場に就職。その後、若くして政界入りし、１９９０年代のあいだ毎年のように昇進して出世の階段を駆け上がっていった。競争の厳しい中国の政界では、まさに偉業だった。[4] 安全保障の会議で実際に陳に会ったことのあるウイグル人は、正確無比で抜け目のない性格の男だったと私に語った。陳はけっしてミスを許さなかった。

毎日午後に水泳をする習慣があるというのは有名な話だったが、それ以外の陳の私生活についてはほとんど知られていなかった。彼は秘密主義者であり、公表された情報はきわめて少なかった。中国の不透明な政治の基準に照らし合わせても、ここまで情報が出てこないのは珍しいことだった。

「公《おおやけ》の場での陳は、いかにも党幹部という雰囲気の人物だった。豊かな黒髪をまとい、どこか緊張した面持ちで、舌を嚙《か》みそうな難解な党の専門用語をちりばめた長い演説をする傾向があった……40年のキャリアがあるにもかかわらず、彼の公式スピーチをいくら検索してみても、野心的なスローガン、冗談、個人的な逸話についての発言はまったく見つからなかった」と、香港のサウス・チャイナ・モーニング・ポスト紙は報じた。

ところが新疆ウイグル自治区では、陳の評判はすでに広く知れ渡っていた。そして２０１６年8月29日、地域の首府であるウルムチに彼は新たに配属された。

陳が実践した戦術のひとつに、みずから歩きまわって街を視察するというものがあった。彼はきまって、緊急事態が起きたと言って警察に通報した。それから、臨場までの時間を腕時計できっちりと計りながら待った。陳が望んだのは、より速く、より敏感で、より活発な警察活動だった。[5]

「再教育センター」に行ってもらいます

「ある日、地区の当局から携帯電話に連絡がありました」とメイセムは振り返った。陳全国が新疆トップに就任してからおよそ１週間後、２０１６年9月のことだった。

「役所に来てください。今日は大切な話がありますので」と職員は言った。

「ふだんなら役所には母といっしょに行くのですが」とメイセムは私に語った。「でもその日はお母さんの体調が悪かったので、ひとりで行ったんです」

地元政府の庁舎に着いたメイセムは、海外留学や生活経験のあるウイグル人学生の知り合いのほぼ全員が手続きの列に並んでいることに気づいた。自分の順番が来ると、メイセムはカウンターの男性職員のところに行った。

「外国からの帰国者は全員、再教育センターに行ってもらいます」と職員は言った。

「大切な会合がありますので、出席してください。その場所で1カ月にわたって勉強することになります」。職員は〝その場所〟がどんなところなのか具体的には説明しなかった。

「1カ月？」とメイセムは声をあげた。「大学院に戻らないといけないんですけど！」。予定では、2週間後にトルコに戻って修士課程の最終年をはじめることになっていた。

「あなた方のくだらないプロパガンダを学ぶために、大学院での研究をあきらめろと言っているんですか？」

職員はくわしい事情を知らなかったことを謝ったが、大学院の開始に間に合うようにトルコに戻るための手助けはできないと言った。

メイセムの実家がある地区の監視員であるガーさんも庁舎内におり、出入りする全員に眼を光らせていた。

ガーさんはメイセムを脇《わき》のほうに連れていった。彼女が親切にしてくれているのか、あるいは脅そうとしているのか、メイセムには判断がつかなかった。ガーさんはいつも礼儀正しかったが、信用できない人物だった。

「よかった、まだ中国にいたのね。もう離れてしまったんじゃないかと思っていたんです。大きな変化があるようですよ。これがわたしの指示じゃないってことは理解しておいてくださいね。陳全国の指示なんです。彼は大きな計画を立てているっていう噂ですよ。つぎに何が起きるのか、わたしにはわかりません。でも、再教育のまえにあなたにお伝えしておきたくて」

　メイセムは、再教育センター行きの車の後部座席に乗り込むよう命じられた。1カ月分の服を取りに家に戻る機会は与えられなかった。

　メイセムの母校の高校の横を通った車は、それから自宅の近所を過ぎていった。祖母のかつての住まいや地元の公園が眼に飛び込んできた。伝統的な日干しレンガ造りの家々、カシュガルの旧市街を取り囲む城壁が見えた。メイセムは、重大な過《あやま》ちを犯したことに気づきはじめた。なぜこれほど簡単に自分の権利を放棄し、すぐに命令にしたがってしまったのか……。どこに連れていかれているのか、彼女にはまったくわからなかった。

　1時間ほどたつと、目的の建物が視界に入ってきた。メイセムは、口から心臓が飛びだしそうなほどの緊張に襲われた。

「銃をもった迷彩服の軍人がいました。特殊部隊の黒い制服を着た警察官もいた。たくさんの人が、アサルト・ライフルや巨大な棒をもっていました」。のちに彼女はその棒が、スパイク付きの電気ショック警棒だと知ることになる。

「車を降りました。眼のまえにあったのは高校の建物でしたが、明らかに改装されて新しい施設に変わっていました。警察官たちがわたしを待っていました。金属探知機で体をチェックされたあと、ふたつの黒い鉄扉《てっぴ》の奥へと連れていかれました」

扉の上の看板にはこう書かれていた――「わが国家の防衛は、すべての市民の義務である」[6]。

戸口を抜けると、体のうしろで扉が急にバタンと閉まった。

「わたしは市民です。祖国を愛しています。祖国を偉大な国にします」と壁のスローガンが訴えていた。

「その場所の目的は、すべての〝時代遅れ〟の人々を現代的なライフスタイルへと引き入れることでした。つまり、わたしのような人間がテロリストになるのを防ぐための施設でした」

廊下の突き当りにまた扉があった。突如として扉が開き、警察官が飛びだしてきた。

「入りなさい」と彼は命じた。

扉の奥には、受付係がひとりいる不気味なロビーがあった。部屋の四隅には監視カメラが設置されている。

「どうして地区当局はわたしをここに送り込んだんですか？」とメイセムは訊《き》いた。

「何をしなくちゃいけないんですか？」

「質問をしないでください。坐《すわ》って待っていてください」と受付係はぴしゃりと言った。

10分後、警備員に付き添われた数十人の身なりのいい年配の男女が部屋に入ってきた。

「これはどういうことなの?!」と、派手な宝石を身につけた年配の女性が声をあげた。「わたしを誰だかわかってらっしゃる?! わたしの夫は、副知事のために働いているんですよ！」

黒い特殊部隊の制服を着た10人ほどの警察官が部屋のまえに立ち、そのうちひとりが「政治的再教育コース」をはじめることを宣言した。再教育センターで必須《ひっす》となる教化のためのコースで、1日6時間にわたって続くという。部屋の人々は怒りをあらわにした。

警察官のひとりが静かにしろと叫んだ。

「この部屋には問題がある」と彼はまわりの人々に向かって説明した。「この場所はずいぶんと汚れている。掃除しなくてはいけない。誰か、掃除をしてくれる人は？」

数人の若い女性たちが机を拭《ふ》き、床を磨きはじめた。率先して手伝いをすれば、警察に良い印象を与えられると思ったのだろう。

「おまえ！」と警察官のひとりが言い、50人ほどの人々のなかからメイセムの体を引っぱりだした。「どうやら、おまえがここでいちばん年下のようだ。おまえは窓を拭け」

「それが新たな問題のはじまりでした」と、メイセムは当時の様子について振り返った。「わたしはいちばん年下だったので、追加の仕事を押しつけられたんです。『政治について勉強する、と言われてわたしたちはここに連れてこられました。窓拭きをするなんて聞いていません』とわたしは抗議しました」

看守たちは苦い顔をした。「おまえはセンター長と面談だ」と看守のひとりがメイセムに言った。

メイセムは、すぐ近くにある再教育センター長の部屋に連れていかれた。センター長はぶっきらぼうに尋ねた。「地位の高い親戚《しんせき》は？」

「わたしは由緒《ゆいしょ》正しい家の出です」とメイセムは言った。

「きみは窓を掃除しなさい」とセンター長は無表情で応えた。「われわれは、きみを助けようとしているだけだ」

　メイセムは拒否した。するとセンター長は机から書類の束を引っぱりだし、それから誰かに電話をかけた。

「若い娘がいてな、窓を拭きたくないというんだ。なので、そちらでしばらく教育してくれないだろうか？」

　看守に導かれ、メイセムは廊下を抜けて外に出た。部屋を出るとき、ほかの被収容者たちが職員に訴えかけた。

「大目に見てやってくださいよ」とひとりの女性は言った。「まだ若い女の子なんだから」

　建物の外にパトカーがやってきた。

「拘留センターに連れていけ」とセンター長は運転手に指示した。メイセムは以前にも、警察が「拘留センター」という言葉を使うのを聞いたことがあった。その夏に参加していた授業と同じような、プロパガンダのコースが行なわれる場所にちがいないと彼女は考えた。〝拘留〟という言葉がはるかに大きな意味をもつことなど、そのときのメイセムは知る由《よし》もなかった。「そっちのほうが、彼女に合っているはずだ」

「午前11時ごろでした」とメイセムは言った。「そのころになると、大きな怒りが込み上げてきました。つぎに、失望と悲しみが交互に押し寄せてきた。わたしは車の後部座席に坐り、故郷の街のほうに眼を向けました。すると、どこからともなく涙があふれでてきて……もう自分では止めることができませんでした」

メイセムを乗せた車はすぐに、ふたつ目の収容所に着いた。看守たちが「拘留センター」と呼ぶその施設は、大きな鉄扉がついた大規模な建物で、さきほどよりも多くの特殊部隊員がまわりを警備していた。[7] メイセムは不気味な廊下を通り抜けていった。一方の壁には、ベールをまとった悲しそうな女性たちの絵。反対側の壁には、ワンピースとハイヒール姿の幸せそうな女性たちの絵が描かれている。ロビーにやってくると、まずコンピューター・システムによる確認作業が行なわれた。直後、看守たちがメイセムを床に押し倒し、中庭のタイガー・チェアに体を固定し、それから去っていった〔第3章参照〕。

しばらくして戻ってきた看守たちはストラップを外し、メイセムに立つように命じた。「両腕を上げて、そのままの姿勢で数時間じっとしてろ」とひとりが言った。

メイセムは言われたとおり、中庭で両腕を上げたまま突っ立った。

「動いたらどうなるか、わかってるだろうな」と看守は彼女に言った。

娘を助けだすためには？

メイセムが2番目の収容所に連行されてから数時間後、カシュガルにある彼女の自宅に警察官の一団がやってきた。扉を開けた母親にたいして警察は、「思想ウイルスに満ちた頭を浄化する」ためにメイセムが「再教育センター」に収容されたことを知らせ、今回の身柄拘束について説明する政府の書類を渡した。

母親はすぐに、友人や知り合いのなかで誰に声をかけるべきか考えをめぐらした。メイセムを助けだすために、あるいは施設でよりよい扱いを受けさせるためにはどうすればいいのだろう？　母親は政府で働く古い友人たちに電話をかけ、娘を助けだしてほしいと頼み、将来なんらかの形でお返しすると約束した。

メイセムの母親には、市の助役室で働く知り合いがいた。助役室がある建物の入口を大急ぎで抜けて受付係のところに行った母親は、メイセムの身柄拘束について書かれた警察の書類を見せた。「犯罪の容疑があるわけではないんです！」と彼女は叫んだ。

中年の受付係は、日常茶飯の出来事に対応するかのようにメイセムの母親を見やった。しかしやがて、助役の補佐官になら面会してもいいと告げた。その補佐官の男性もまた、無関心で不親切だった。

「センターでは、５０００人の女性たちに対応しなくてはいけないんです。この命令はわれわれではなく、もっと上から来たものです」と補佐官は言った。「どうしてあなたの娘さんだけが特別なのですか？　たくさんの人が身柄を拘束されてセンター送りになっています。そう、われわれも把握しています。何人もの親御さんが、不安になってここに来ました。しかし、われわれで対応できるような問題ではないんです」

しかし、メイセムの母親はあきらめなかった。

2時間後、看守はメイセムにたいし、両手を上げた姿勢をもとに戻すように言った。それから、彼女は監房に連れていかれた。一般的な住宅の居間と同じ30平方メートルほどの室内には、20人ほどの女性がおり、２台のカメラが設置されていた。[8]

メイセムの眼には、女性たちが放心状態にあるように見えた。坐っている人も立っている人もみな、ぼんやりと遠くを見つめていた。「わたしは誰にも話しかけなかったし、彼女たちもわたしには話しかけてきませんでした。誰もお互いを信用していなかった」

メイセムの直感は正しかった。

「多くの場合、警察は監房のリーダーを選ぶんです。リーダーは監房を管理し、囚人を見張り、誰かがルールを破ったら看守に知らせる。同房者と喧嘩《けんか》したり、プロパガンダの勉強を怠ったりしたら告げ口する。監房がどういうふうに機能しているのかまだわからなかったので、わたしはとにかく目立たないようにしました[9]」

その夜、メイセムは一睡もできなかった。彼女の2段ベッドの横にはバケツが置かれており、女性たちが夜どおし代わる代わるやってきて排尿・排便した。室内にはひどい汚臭が充満していた。

こんなところから早く出なくちゃ、と彼女は考えた。**お母さんが何か対応してくれているといいんだけど。**

「頭のなかにあるウイルスを取りのぞこう！」

朝6時に起床のベルが鳴ったとき、メイセムはまだ寝られずに起きていた。監房の室内に、明るい蛍光灯の光が灯った。女性たちはベッドから飛び起きた。

さっとシャワーを浴びた囚人に与えられた最初の仕事は、中庭に出て隊列を組むことだった。彼女たちはそこで運動やストレッチをした。スピーカーから、動きの指示とプロパガンダが入り混じった女性の声が流れてきた。

「体を右に伸ばして！　左に伸ばして！　そのまま！」

「繰り返してください！　習近平主席を愛しています！　共産党を愛しています！　頭のなかにあるウイルスを取りのぞこう！」

囚人たちはその言葉を繰り返した。女性アナウンサーの声はさらに続いた。「心を清め、思想ウイルスを駆除しよう！　わたしたちはみな、国を愛する善良な市民にならなければいけない！」

それから、もうひとつの朝の日課がはじまった。囚人たちは線のうしろに並んで立ち、膝《ひざ》を曲げ、全速力で走る準備をするよう指示された。女性の看守がそばに立ち、叫んだ。

「よーい、どん！」

1分間、囚人たちは中庭を全速力で駆け抜け、賞品のある場所に向かって走った——地面の上の皿に置かれた、カビの生えたパン。メイセムは運動が得意ではなかったものの、必死で走った。少しでも気を抜いたら罰を与えられるのではないかと不安だった。

「止まれ！」

女性たちは立ち止まり、息を整えた。

「では、勝者を発表します！」。看守たちは、もっとも速く走り、もっとも一生懸命がんばったと思われる10人ほどの女性たちを選んだ。メイセムも勝者のひとりに選ばれた。

「では、ご褒美《ほうび》を与えます」

看守は女性たち全員を食堂へ連れていき、朝食を与えた。メニューは、ゴール地点に置かれていたカビの生えたパンと白湯《さゆ》だった。走るのが遅かった女性の一部は、罰として朝食抜きになった。

「わたしは食べるのを拒みました」とメイセムは私に言った。「そのパンを食べたらお腹《なか》を壊すんじゃないかと心配になったんです。それにお湯は変色して、白い埃《ほこり》がかぶっていました。看守がわざと水を汚したんじゃないかと考えました」

つぎに待っていたのは、その日に行なわれるふたつの教化コースのひとつ目だった。教室に入ったメイセムはすぐに、隅々に監視カメラが設置されているのに気づいた。生徒に向けられたその高性能カメラは、顔の表情やノートの文字まで読み取ることができるものだった。

午前9時、講師が教室に入ってきた。女性の講師は教室のまえに立った。生徒たちの机と教壇のあいだは金属棒で仕切られ、左右の壁近くには警備員がひとりずつ立っていた。合図でもあったかのように、生徒たちはいっせいにノートを開いた。講師は男性のグループのほうに眼を向けた。

「子どものころ」と彼女は尋ねた。「携帯電話を見たことがありましたか？」

　生徒たちはほぼいっせいに、「見たことがない」と身振りで示した。男性がひとり立ち上がった。

「食べ物もありませんでした。電気も水もありませんでした。テクノロジーもありませんでした。テレビが何かすら知りませんでした」と彼はロボットのように抑揚なく言った。「わたしたちは党と政府に感謝しています」

　男性は坐った。

「中国人の成功を見てください！」と講師は大声で言った。「ちがいを見てください。わたしたちの偉大な国は、あなた方の町、学校、道路、病院を建設した。わたしたちのテクノロジーを見てください！　以前のあなた方には何もなかった。チャンスがあっても、自分たちを向上させる術《すべ》を何ももっていなかった。われわれ偉大な中国人は、あなた方を現代の世界に導いたのです！　では、法律の授業をはじめます」

　メイセムは教室を見まわし、生徒たちの無表情な顔を見やった。みな、個人的な意見を言わないよう調教されているかのようだった。

「ここ中国では、法制度によってすべての少数民族の平等が保障されています」と講師は言った。

「ソビエト連邦には、数多くの少数民族がいました。ところが、それらの少数民族を守るためのしっかりとした政策がなかった。よって、ソ連は崩壊しました。しかし、中国は強い存在でありつづけます。中国はあなた方を守り、中国はあなた方を大切にします。

　わたしの父と母には、7、8人のきょうだいがいました。わたしたちは貧しかった。しかし政府は、ひとりっ子政策によって国民を正しい方向へと導いてくれました」と彼女は言い、家族内の出産数を制限する中国の政策について触れた。

「いま、わたしは裕福になりました。ふたりの子どもになんでも好きなものを与えることができます。わたしたちは政府に感謝しなければいけません。

　みなさんはとても頭がいい人たちだ。いまだ道端で働いている多くの人々よりも、あなた方は賢い。みんな海外に行った経験があるんですから。だからこそ、わたしたちの偉大な国家はあなた方をここに連れてきたんです。毎日、みなさんにお会いできることを、わたしはとても誇りに思います。だって、みなさんに知性があるとわかっていますから。では、頭の体操をしましょう」

　講師は2本の水のペットボトルを机に置いた。ひとつは空《から》で、もうひとつは水で満たされていた。

「水で満たされたこのボトルは『水で満たされている』とわたしは言います。でも、こちらの空のボトルも『水で満たされている』とわたしは思います。みなさんはどう思いますか?」

生徒のひとりが手を挙げて立ち上がった。「両方のボトルが水で満たされています」

「すばらしい!」

メイセムは、眼のまえで行なわれている奇怪な心理ゲームについて理解しようとした。

この不快きわまりない刑務所はすばらしい場所だと講師はわたしたちを洗脳しようとしている。講師が良いと言えば、すべてが良いことになる。講師は、わたしたち自身の現実を疑うよう仕向けている。[10]

室内のほかの生徒たちを見まわすと、みな無言で無表情のままだった。

正気を保つ方法を見つけなきゃいけない。このシステムの弱点を見つけなきゃ。

システムの弱点を見つけるというメイセムの作戦は、はじめは不可能に思えた。ルール、規則、〝テスト〟はどれも場当たり的かつ恣意《しい》的であり、ほとんど意味をなさなかった。被収容者を脅し、無防備にさせ、圧力をかけるために作られたかのようなシステムだった。そうやって自白書に署名させ、同房者に密告されるまえに相手を密告するよう仕向けているかのようだった。

　被収容者はひとりずつ、ミニチュア模型が置かれた2台のテーブルのまえに坐らされた。左側のテーブルには、家と庭の模型が無造作に置かれていた。右側のテーブルには、ＡＫ-47アサルト・ライフルと手榴弾《しゅりゅうだん》の模型が同じく無造作に置かれていた。「家、庭、茂みの模型を、実際の中庭に見えるように並び替えるんです」と、メイセムと同じ強制収容所で過ごした経験のあるウイグル人が私に教えてくれた。「つぎにテストの監督者は、ＡＫ-47と手榴弾の模型を正しい配置に並び替えるように言いました。でも、アサルト・ライフルと手榴弾のテーブル上の正しい配置なんてわかるはずがありません。

　あとで知ったのですが、偽物《にせもの》の銃や手榴弾に触れて動かそうとするだけで、テストでは不合格となるそうです。武器に触れることに抵抗がなさそうだから、テロリストにまちがいないと判定されてしまう。わたしは運のいいことに、何をすればいいのかわからなかったので触れませんでした」

　失敗したときの罰は、1日以上の隔離とその後の再テストだった。[11]

　このような活動が午前中に2時間続いたあと、日課の作文の儀式をはじめるよう講師は指示した。

「以上で授業は終わりとなります。いつものとおり今日のコースについて7ページ分の意見を書いてください」と講師はうながした。午前11時から、制限時間は1時間。

生徒たちは静かに文字を綴《つづ》りはじめた。ノートに並ぶのは、講師と政治指導者たちを喜ばせることだけが目的の言葉だった。ほかの生徒たちのノートをのぞき見したメイセムは、すぐにそう気づいた。

「わたしは政府を愛しています……自分の国を愛しています……すばらしい先生を愛しています……わたしは過ちを犯した悪い人間です……すばらしい先生から正しい考えを学ぶことができて幸せです」

すべての生徒が、同時にほぼ同じことを書いているようだった。教室を見まわしていた講師が、メイセムの机の上にノートがないことに気がついた。

「ノートはどこですか？」と講師は言った。

「もらっていません」とメイセムは答えた。

これが弱点だ、とメイセムは気がついた。すべてを監視、記録、管理するという探求のなかでこの国の指導者たちは、バカげた官僚的な警察国家を築き上げた。高校やほかの建物から大急ぎで改装された収容所は、明らかに定員オーバーでうまく機能していない。警察国家の官僚制度は、被収容者の急増にうまく対応できていなかった。機能的な強制収容所システムを構築するためには、もっと時間が必要だった。[12] 結果、再教育システムの隙間《すきま》にハマってしまった被収容者にたいし、ノートなどの単純なアイテムを配布し忘れるというミスがたびたび発生した。

「窓拭きを強制されたことにわたしが文句を言ったので、警察官がその場の判断でこの拘留センター行きを決めたんです」とメイセムは説明した。

　しかしその警察官は、より高いレベルの強制収容所の被収容者としてメイセムを登録するために必要な官僚制度の手続きをしっかりと踏んでいなかった。メイセムはより低いレベルの再教育センターの被収容者として登録されており、そこで1日6時間にわたって共産党の統治について学ぶことになっていた。くわえて、メイセムの情報がシステム内できちんと共有されていなかったため、当局は彼女のためのノート、制服、生活キットを用意できていなかった。職員たちは、メイセムについてどう対処するべきか戸惑った。

「そこに少し希望を見いだしました。このシステムの穴をどうにか利用して、外に出られるんじゃないかって」

　何かがおかしいことに気づいた講師は看守を呼び、メイセムを収容所の〝政務官〟

の部屋に連れていくよう指示した。メイセムが事務所に入ると、疲れ果てた表情をした長身の男性が眼のまえにいた。

「わたしは顔をしかめていました。授業の無意味さに腹が立って、その感情が顔に出てしまっていたんです」

男性はメイセムにノートと鉛筆を渡すのではなく、すぐに説教をはじめた。

「ファイルを見れば、あなたが高学歴であることはわかります。いまは大学院で研究をしている。北京で大学に通い、テストの点数も高く、海外生活も長い。たくさんの言語を話せる。近所の人たちは、あなたがいつも本を読んでいると証言している」

メイセムは反応を示さなかった。

「講師のことを、小学校の先生のような人間としかあなたは考えていない。自分にとってはすべてが低レベルなことだと考えている。それはわかっています。しかし、彼女はあなたのボスであり、わたしもあなたのボスだ。だからあなたはここに送られてきた、それを忘れないでください」

メイセムはあきれて眼をまわした。

政務官は書類の山に手をたたきつけた。「わたしのまえで二度とその表情をするな」

「わたしの感情はあなたとは無関係のものです」とメイセムは言い返した。

「まわりの人たちを見なさい」と政務官は言った。「ここでは誰も感情をもっていない。彼らは憎しみを示さない。情熱もない。看守に殴られても、叫び声をあげない。生徒たちがノートに書いていることを見てみなさい。すべて同じことが書かれている。ウイルスが取りのぞかれて、彼らの心はひとつになったんですよ。

あなたにはオリエンテーションを受けてもらうことができなかった。そのことはお詫《わ》びします。この施設の被収容者としてあなたの登録がなかったものでね。自宅近くの行政機関に電話で問い合わせて、記録をいま修正しているところです。いずれにしろ、あなたはまだ来たばかりだ。時間をかけて学んでください。この施設にいるあいだ、あなたの顔に出ているその感情はもう二度と見せないでください。では、行ってよろしい」

「全員に罰を与える」

看守に付き添われてメイセムは教室に戻った。ノートをもっていなかったため、残りの時間は壁のスローガンを見つめて過ごした。チャイムが鳴ると生徒たちはノートを閉じ、昼食のために食堂に移動した。あらかじめ決められた4人のグループに分かれ、割り当てられたテーブルの椅子《いす》に坐った。食事のまえに全員が起立し、中国の国歌「義勇軍進行曲」を歌った。昼食は、小さなどんぶりに入った茹《ゆ》で野菜と白米だった。食事の時間が終わると、看守が見守るなか、生徒たちは4人1組で動きをほぼ完全に合わせながら歩いて監房に戻った。厳しい条件はあったものの、そこで30分の昼寝が許された。

「自分のベッドをきちんと整理整頓《せいとん》している人だけが眠ることができました。でも、寝ているあいだもベッドはきれいでなければいけなかった」とメイセムは言った。「眠らなかったり、体を動かしすぎたり、ささやき声でも話したりすると、看守に罰を与えられました。殴られることもあれば、翌日の昼食が抜きになることもありました。ベッドをきれいにしておく唯一《ゆいいつ》の方法は、坐ったまま眠ることでした」

メイセムは疲れ切っていた。背筋を伸ばして坐っていると、眠ることができなかった。

30分後、看守が戻ってきた。

「なぜあの若い女は寝ていないんだ？」と看守のひとりがほかの同房者に言い、メイセムを指さした。「ちゃんとルールを教えなきゃダメじゃないか。仕方ない、全員に罰を与える」

看守たちは、メイセム以外の同房者に立ち上がるよう命じた。30分のあいだ身動きせずにじっと立ちつづけるというのが罰だった。誰かひとりでも動けば、また全員ではじめからやりなおしになると看守は説明した。

「おまえのせいでみんながどうなったか見てみろ」と看守がメイセムに吠《ほ》え立てた。

「ぜんぶ、おまえのせいだ！」

　儀式が終わって看守が去ると、メイセムはほかの囚人たちに謝った。

「心配しないで」とひとりが言った。「あの人たちはいつも、いろんな理由を見つけて罰を与えるだけだから。今日はあなたのせいにされた。明日はきっと、床に髪の毛が落ちているから懲罰だって言いだすわ」

　午後2時から4時まで、女性たちは男性の被収容者とともにさまざまな授業を受けた。「イスラム教」「憲法」「挙国一致」「習近平の人生と思想」などの授業があった、とメイセムは証言した。

　その日の午後、宗教指導者を名乗る男性講師が教室に入ってきた。[13] また奇怪なプロパガンダを延々と聞かされるのだろう、とメイセムは心の準備をした。

「あなた方は誰ひとり、宗教のほんとうの意味、イスラム教の意味に気づいていません」と男性は言った。「祈禱《きとう》や断食《だんじき》といった行為はどれも、この偉大な国家の現代生活には適していない。われわれは、あなた方の脳や思想を手術する外科医です。みなさんの頭は毒におかされている。では、あなた方に薬を差し上げましょう。このような薬を与えてくれた偉大な国に感謝しなければいけません」

メイセムはまたあきれて眼をまわしそうになった。が、監視カメラの存在とその日の朝の政務官の警告の言葉を思いだした——感情を出すな。**無表情を貫いたほうがいい**、と彼女は考えた。**わたしのせいでみんながまた懲罰を受けるのはいや。**

「典型的なイスラム教徒の村について想像してみてください」と自称・宗教指導者は続けた。「夫は貧しい労働者。女性は働かない。宗教と貧困のせいで、子どもたちは学校にも行けない。あなた方がいまここにいるのは、あなたたち自身のせいです。自分の家族のことを考えてみてください。あなた方の頭のなかに思想の毒があったせいで、家族の生活はたいへんなことになった。あなた方は、自分を浄化するためにここに来る必要があった。そしていま、あなたがいなくなったせいで家族が苦しい思いをしているかもしれません。もしかすると、仕事を見つけられないかもしれない。子どもたちが学校へ行けなくなるかもしれない。それはあなたのせいです。あなたのせいなのです。

あなた方は宗教の正体を知らない。知らない。知らない。何もわかっていない」

単調な講義が終わると、生徒たちはノートを開き、7ページ分の要約を静かに書きはじめた。自称・宗教指導者は、ひとりの生徒を指名して書いたことを発表するようながした。

「わたしはまちがった人生を送ってきたことを後悔しています」とその生徒は言った。「共産党に感謝します。党はすべてを与えてくれました。党はわたしの親のようなものです。父であり、母でもあるのです。党は太陽であり、月であり、山です。わたしは天国や地獄の存在を信じません。党がわたしにとってただひとつの天国です。わたしがついていくのは、党だけです。わたしを永遠に導いてください。進むべき道を教えてください」

その夜も、メイセムはなかなか眠ることができなかった。近くにある男性用の監房から、囚人と看守の口論が聞こえてきた。

「タバコのなかに巻かれているこれはなんだ?!　泥棒め」

何を持ち込んだことが咎《とが》められているのか、メイセムは聞き取ることができなかった。看守たちが大急ぎでやってきて、男性を殴りつけた。

朝、看守が監房に来てメイセムの名前を呼ばわった。「いっしょに来なさい」

メイセムは、また同じような罰が待ち受けているのではないかと不安になった。

看守に連れられ、建物の入口近くのロビーのような場所に行った。室内に入ると、メイセムの体に喜びが駆けめぐった。そこに、母親がいた。

第14章　強制収容者たちの日常

健全な心と態度のために、彼らを徹底的に矯正しなければならない。

——新疆《しんきょう》ウイグル自治区の中国政府関係者（2017年8月）

収容所の場所を突き止めたメイセムの母親は、施設の政務官を説得し、1回だけ娘と面会する許可をとりつけていた。

「母は金の指輪をして、派手な服を着て、化粧をしていました」とメイセムはそのときの様子を語った。「自分が重要な人物であり、無視したらたいへんなことになるぞ、と収容所の職員に思わせようとしていたんです」

母親は着替えを持参していた。施設への登録が済んでいなかったメイセムには、まだ正式な制服が与えられていなかった。

「これを着なさい」と母親は言った。

「どうやってここを見つけたの？」とメイセムは尋ねた。

「いっしょにいられる時間はあまりないの」と母親は言った。「でも、何が起きているのか、できるだけ手っ取り早く説明する[1]」

これはたんなる〝状況〟

　メイセムの母親は、地区の政府庁舎の外で夜どおし待ちつづけた。その後、行政官に何時間もかけて訴えた。さっき面会した助役の補佐官ではなく、市長本人に会い、自分からお願いしたい。

「いちどでいいから娘と会わせてください」と母は懇願したという。メイセムは、母親から聞いた話を思いだしながら私に教えてくれた。「娘がどこにいるか知りたいだけなんです」

「それは国家機密です」と行政官は冷たく応じた。「国家の安全保障にまつわる問題に対処するのは当たりまえのことです」

「娘は、安全保障にたいする脅威などではありません！」

「再教育センターには、たくさんの若い女性たちがいます。あなたをお手伝いすることはできません」

　メイセムの母親は、一晩じゅう外で待っていれば、翌朝いちばんに出勤してくる職員を捕まえられると期待していた。秋のそよ風が吹くなか、母親は外のベンチで眠ろうと考えた。

　その晩、庁舎が閉まったあと、べつの行政官がベンチに近づいてきた。

「もう家に帰ってください」と女性の行政官は言った。「こんな夜遅くにできることは何もありません」

　しかし、メイセムの母親はその場にとどまった。翌朝、陽が昇ると、庁舎で働く男性がひとり近づいてきた。庁舎内であなたのことが話題になっている、と彼は説明した。

「一晩じゅうここにいたんですか？」

「どうしても娘に会いたいんです」

「あなたの娘さんがどんな方なのかはわかりません」と彼は言った。「トルコに留学していたということですから、もしかしたら彼女は危険なのかもしれない。トルコは中東の国ですからね。頭が思想ウイルスに感染しているのかもしれない。もしそのような感染があるとすれば、1、2年は施設で治療しなければいけません。安心してください。娘さんはよりよい人間になって戻ってきますから。これはたんなる〝状況〟です。どうか理解してください[2]」

そのころからウイグル人たちは、〝状況［weziyet］〟という表現を使うようになった。その言葉は、トラブルに巻き込まれるのを避けつつ、台頭する警察国家について説明するための中立的な二重表現のようなものだった。「集団強制収容」「残虐《ざんぎゃく》行為」「抑圧的な政府」といった表現を使うことはできなかった。メイセムの話を聞きながら私は、新疆やトルコで出会ったウイグル人の住民や難民が自分たちの窮状を〝状況〟とたびたび呼んでいたことを思いだした。「〝状況〟はあまり良いとはいえない」と、2017年にあるビジネスマンは説明した。「だけど、政府が〝状況〟を改善しようとしていることは認めるよ[3]」

メイセムの母親は、その政府職員の言葉が本心から出たものなのかどうか判断できなかった。ほんとうに彼は洗脳されているのだろうか？

地元政府の官僚を説得することに失敗した母親は、急いで家に戻った。メイセム拘束の知らせを聞いた父親も、山岳地帯への旅行から大急ぎで戻ってきたところだった。「お父さんはずっと泣いてた」と母親はメイセムに伝えた。「あなたはあまり愛を感じていないかもしれないけど、お父さんは心からあなたのことを愛しているのよ」

共産党の官僚であるメイセムの父親は困り果てて家のなかを歩きまわり、それから旧友に電話をかけた。

「〝状況〟について理解しなきゃダメだ。あの訓練センターのことに干渉はできないよ」というのが友人からのメッセージだった。「そんなことをしたら、公安部に給料の支払いを止められる。最悪、おれ自身が収容所送りになるかもしれない」

考え抜いた末にメイセムの両親は、翌日に政府庁舎をふたたび訪れ、ひたすら訴えるしか望みはないと判断した。今回は、役に立ちそうなさまざまな書類をもっていくことにした。

「お母さんとお父さんは、地区の政府庁舎の受付に行きました。古い身分証明書、パスポート、結婚証明書、卒業証書、家系図などを持参していました。それも、家族全員分のものを」とメイセムは説明した。「わたしが由緒《ゆいしょ》正しい家で育ち、安全保障上の脅威でないことを証明しようとしたんです。でも両親は、ないことを証明するのがいかにむずかしいかを思い知りました。有罪だとみなされているときに、無罪だと証明するのはとてもむずかしいことだった」

「あなたの娘さんだけを特別扱いするわけにはいかない」と、党の下級幹部は鋭い口調で言った。前日に話したのとはべつの役人だった。

　メイセムの母親は官僚の感情に訴え、メイセムが特別な存在だとなんとか説得しようとした。

「たしか、あなたの娘さんたちは全寮制の学校に通っていらっしゃるんですよね」と母親は言った。「遠くで暮らしているんでしょう？　娘さんたちが質の良い教育を受け、一生懸命勉強することをあなたは望んでいる。でも、遠くにいる娘さんたちには危険がいっぱいです。彼女たちが何をしているのか、まわりで何が起きているのかを管理することはできませんよね。ある日、授業を終えた娘さんたちが突然、テロの疑いをかけられて連れ去られたら、どう思いますか？　でもあなたは、何千キロも離れたこの場所にいる」

　その党の幹部は学者でもあり、メイセムの母親と同じように地域社会のなかで尊敬される人物だった。みずからの子どもたちに質の高い教育を施そうとする学者として、彼はメイセムの母親のなかに自分自身に似た何かを見いだした。母が教育の価値と文学への愛を、自身の娘にしっかりと教え込んだことが役人に伝わったからにちがいない。そうメイセムは考えた。

「役人は母のほうをちらりと見やり、それから電話をとって知り合いに連絡したそうです。相手が誰なのか、母にははっきりとはわからなかった。でも役人は、母が収容所に行ってわたしと面会する許可を取りつけてくれた」

　母親は収容所のロビーの椅子《いす》に坐《すわ》り、なんとかメイセムを慰めようとした。

「恐れないで」と母親は言った。「誰に何を言われても、自分が何か悪いことをしたと考えてはダメ。ときどき、人生には荒波が押し寄せるものよ。でも、それを乗り越えてもっと強くならなくちゃいけない」

　与えられた時間が終わると、母親は荷物をまとめた。そして、メイセムにシンプルな言葉を残して去っていった――「この経験は贈り物よ。わたしはあなたのことをとても誇りに思う」。

ウイグル人の10人にひとりが収容

　新疆ウイグル自治区研究の第一人者である人類学者のアドリアン・ゼンツは、中国政府、警察、請負業者が公開した中国語の入札書類から情報を集めて調査を進めた。すると、２０１６年から２０１７年にかけて新疆の学校、警察署、スポーツセンターがつぎつぎに拘留施設へと改修され、くわえて地域の治安維持のための予算が92・8パーセント増加していたことがわかった。[4] ２０１７年末にゼンツはこう報告した。

「少数民族の居住区の一部では、全住民の最大10パーセントが身柄を拘束されているという報告がある。ウイグル族が多数を占めるカシュガル地区だけでも、収容された住民の数は12万人に達した[5]」

「収容されている人数は最低でも10万人、最大で１００万人強にのぼると考えられます」とゼンツは私に説明した。１００万人強というのは、新疆ウイグル自治区に住む１１００万人のウイグル人の約10分の１に相当する。

これはゼンツが調査をはじめたばかりの早い段階の推測であり、２０１６年から２０１８年にかけてネット上で公開された入札書類にもとづいて出された数字だった。のちに彼は推定値の上限を引き上げ、２０１７年の春以降、拘留施設に収容された人数は最大で１８０万人にのぼる可能性があると訴えた[6]。

幸運にも脱出することができた元被収容者や職員たちの一部は、中国国外に逃れ、収容所の状況についてメディアに伝えた。

「２０１８年のはじめからわたしは、中国で〝政治キャンプ〟と呼ばれる場所で働いていました。その実態は、山のなかにある刑務所です」。これは、カザフスタンで大きな注目を集めた裁判でのサイラグル・サウトバイの証言だ[7]。彼女は中国出身のカザフ民族系住民で、２０１７年11月に新疆北部の収容所で教師として雇われた。その後、国境を越えてカザフスタンに逃亡。２０１８年7月、サウトバイはカザフスタンへの亡命を求めた。拷問《ごうもん》されるおそれがあると彼女は訴え、中国には送り返さないでほしいとカザフスタン政府に要請した。

サウトバイはこう証言した。「殺されると思いました。収容所の秘密を暴露したせいで、中国では死刑になるのではないかと考えました。

わたしが勤めていた山中の収容所には、およそ２５００人が収容されていました。超ハイテクのＡＩ監視室とさまざまなデバイスがありました。人々が収容されていた各部屋には、四隅に4台のカメラ。さらに中央にもう1台あり、ぜんぶで5台のカメラが設置されていました。くわえて、廊下もカメラだらけでした。

監房内でひとりに与えられるのは、1平方メートルにも満たないスペースだけです。ひとつの監房は13〜14平方メートルほど。そこに16〜17人、ときには20人が収容されていた。全員が24時間ずっと監視されていました」[8]

「カメラのマイクをとおして音もすべて録音されています。わたしたち囚人の動きを感知するセンサーが床に埋め込まれている、と看守は言いました」と説明したのは、べつの収容所に拘束されていたカザフスタン国籍のオムル・ベカリだ。「音を立てたら、ゴム製のスパイク付き警棒で殴られました」。そう言うと彼は、拷問や殴打《おうだ》によってできたという背中の傷跡を私に見せてくれた。

中国生まれでカザフスタン国籍をもつオムルは、２０１７年3月に出張で中国を訪れた。「中国に住む家族に会いにいったときのことです。当局の職員が家に突然やってきて、わたしを拘束しました。国家の安全保障を危険にさらした、というのが理由でした。

結局、警察の拘留施設で8カ月過ごすことになりました。裁判すら受けさせてもらえませんでした。２０１７年11月になると、供述書に署名したら釈放すると警察に言われました。そして署名したにもかかわらず、それからまた1カ月にわたって強制収容所に入れられました。タイガー・チェアに坐らされ、鎖で床につながれて……20〜30人の男性たちが、ひとつの部屋に押し込まれて生活していました。カメラにいつも監視され、落ち着くことなどできません。鎖で床につながれ、何時間あるいは何日も同じ姿勢を保つのを強要されることもありました。

わたしたちの行動はすべて見られ、聞かれていた。共産党は、わたしたちについてすべてを知っていました」

自分は中国国民ではなく、収容所送りになるべき人間ではないとオムルは訴えた。実際に彼は、２００８年にカザフスタン国籍を取得していた。しかし、訴えはすべて無視された。当局は、オムルがテロ容疑者であり、頭のなかの精神的なウイルスを浄化する必要があると主張した。くわえて、彼が中国で生まれたという事実が、拘束するに足る充分な理由だと言った。カザフスタン政府が抗議すると、２０１７年11月24日に中国政府はオムルを釈放した。[9]

強制労働者の恩恵を受けた83社

ウイルスが浄化されなければ、メイセムには強制労働が命じられる可能性があった。このような強制労働は、メイセムの看守たちが「感染した精神」と呼ぶものをもつ被収容者にたいして規律と忠誠心を教えるという名目のもと、政府のプロジェクトの一部として行なわれていた。

中国の沿岸地域の豊かな省には、ナイキのスニーカーやｉＰｈｏｎｅを製造するたくさんの工場があった。しかし中国の経済成長と高齢化が進むと、多くの労働者が工場での組み立て作業の仕事を離れ、ホワイトカラー層に変わった。[10] かくして、中国は労働力不足に直面するようになった。[11] そこで、中央政府はどこに眼を向けたのか？

捕らえられたウイグル人の存在は、労働力を再活性化し、経済成長を助け、被収容者に規律を教え込むための中国の解決策になった。メイセム自身も看守からそう説明されたことがあった。２０１７年、政府は「援疆」と呼ばれる計画を拡大し、ウイグル人被収容者を中国全土の工場に派遣しはじめた。この計画について政府は、「民族間の融和」と「貧困の緩和」を目指す取り組みだと主張した。

オーストラリア戦略政策研究所（ＡＳＰＩ）はやがて、雇用プログラムによって派遣されたウイグル人労働者から恩恵を受けた計83社を特定した。そのなかには、アマゾン、アディダス、カルバン・クライン、ＧＡＰ、トミー・ヒルフィガーなどが含まれていた。２０１９年までの2年のあいだに8万人以上のウイグル人が新疆から全国の工場へと派遣され、「一部は強制収容所から工場に直接移動させられた」とＡＳＰＩは報じた。さらに、その人数はあくまでも控えめな見積もりだという。

アマゾンは、米政府による２０２０年7月の制裁リスト更新を受け、ある特定の事業体（名前は未発表）からの調達を停止したことを公表した。[12] アディダスは、調査の結果が出るまでのあいだ、染糸メーカー華孚（Huafu）からの糸の購入を停止するようサプライヤーに通告した。カルバン・クラインとトミー・ヒルフィガーを傘下《さんか》にもつ親会社は、原材料を供給する企業にたいする監視を強めると発表した。ＧＡＰは、新疆の工場で生産された糸を使用するふたつのサプライヤーと協議を進め、関係の整理と見直しを進めていることを明らかにした。[13]

アップルもまた、新疆から恩恵を受けるアメリカ企業のひとつだった。同社のサプライチェーンと関係する少なくとも3つの工場が、収容所から強制的に移送されたウイグル人労働者を雇用していることが発覚した。

ＡＳＰＩの調べによると、２０１７年4月28日から5月1日のあいだに７００人のウイグル人が、欧菲光集団（オーフィルム）の工場で働くために中部の江西省南昌市に移送されたという。オーフィルムは、iPhone8やiPhoneXのカメラを製造するメーカーだった。２０１７年12月にアップル社のティム・クックCEOは、中国国内のべつのオーフィルムの工場を視察した。アップルのプレスリリースによると、クックは視察中にオーフィルムの「従業員にたいする人道的なアプローチ」を褒めたたえたという。彼はさらに、従業員たちは「この会社をとおして成長し、幸せな生活を送っている」ようだと述べた。

アップルと提携を結ぶ複数の中国の製造パートナーは、２０１９年9月にウイグル人労働者の利用をさらに拡大した。ある地方自治体の文書によると、５６０人のウイグル人労働者たちが鴻海科技（フォックスコン）［第1章参照］の工場に移送されたという。アップルの主要パートナーであり、世界のiPhoneの半数を製造するフォックスコンは、「援疆」計画に参加する企業の1社だった。[14]

のちにアップルは、オーフィルムにたいする調査をはじめたと発表。「当社は、サプライチェーンにかかわる全員が尊厳と敬意をもった扱いを受けるよう尽力しています」と広報担当者は声明を出した。「アップルの生産ラインにおいて強制労働が行なわれた形跡は見つかっていませんが、引きつづき監視を強化する予定です」。一部報道によると、２０２０年末から２０２１年はじめのどこかの時点でアップルは、強制労働に関与した疑いがあるオーフィルムとの部品供給取引を停止したという。[15]

アップルのサプライヤー向けに部品を製造していると標榜《ひょうぼう》する翰博高新材料(Highbroad Advanced Material)は、３年にわたって毎年１０００人のウイグル人労働者を雇用する契約を地元自治体と結んだ。[16] フラットパネル・ディスプレー用の部品を製造する同社の顧客には、ＨＰ、メルセデス・ベンツ、Ｄｅｌｌ、ＬＧ、フォルクスワーゲンなどが含まれている。[17]

強制労働の事実が発表されたにもかかわらず、ＨＰは報道機関からのコメント要請に応じなかった。一方、Ｄｅｌｌ とＬＧは、サプライチェーンにおいて強制労働が行なわれている形跡はないものの、調査をすると約束した。[18] ウルムチに工場をもつフォルクスワーゲンは、同社は事業のすべての分野において「直接的な権限」を有しており、「少数民族、従業員の意見、社会・労働基準を尊重している」と強調した。[19]

ＡＳＰＩは、ウイグル人労働者計画から恩恵を受けているもうひとつの企業としてナイキを挙げた。ＡＳＰＩによると、２０２０年1月、ウイグル人女性を中心とした６００人の被収容者が、山東省萊西《らいせい》市にある青島《チンタオ》泰光製靴有限公司の工場に移送され、ナイキのスニーカーの製造に従事させられたという。被収容者たちは休日にも帰宅することが許されず、「心理浚渫《しゅんせつ》室（心理疏導室）」によって思想をつねにチェックされた。工場の壁には、「ここ萊西で働く者たちは恵まれている！」と書かれた看板が掲げられていた。[20]

ナイキはつぎのような声明を発表した。「当社は、新疆ウイグル自治区に住むウイグル人などの少数民族の中国の他地域における雇用に関連する強制労働の潜在的なリスクを特定・評価するために、中国のサプライヤーと継続的な取り組みを行なってきました。その調査から得られた情報にもとづき、潜在的な労働力移送プログラムに関連した新たなリスクを特定するために、当社は監査手続きを強化しました。現在も進行中の取り組みのなかでは、当社のサプライチェーンのどこにおいても、新疆ウイグル自治区のウイグル人やそのほかの少数民族の雇用の証拠は見つかっていません」[21]

新疆ウイグル自治区では、衣料品や履物などの製品に使われる世界の綿花のうち20パーセントが生産されている。２０１８年、新疆の3つの地域で少なくとも57万人が準軍事組織・新疆生産建設兵団に派遣され、過酷な綿摘みを手作業で行なうことを強制された[22]。２０２０年12月に調査結果が公表されたあと、アメリカはそれを「奴《ど》隷《れい》労働」だと非難し、兵団からの綿の輸入を禁止した[23]。

労働力移送についての詳細が明らかになったあと、大手衣料品ブランドで構成されるアメリカの業界ロビー団体、小売業リーダーズ協会（ＲＩＬＡ）は、ほかの業界団体とともに声明を出した。「報告された状況は、グローバルなサプライチェーンが広がる現代において、前例のない規模、範囲、複雑さを持ち合わせたものである。現状を受け容《い》れるという選択肢はありえない[24]」

家庭に政府職員を送り込む

２０１７年12月に共産党は、１００万人の党幹部をウイグル人の家庭に配置する「家族になる運動」（結対認親）をはじめた。政府のプロパガンダでは、この人員配置は「家族の再会」と呼ばれた。しかし実際のところその取り組みは、ウイグル人の住居に政府職員を送り込み、寝食をともにしながら住民を監視するためのものだった。

実験的に行なわれた「家族になる運動」は、やがて本格的なホームステイ・プログラムへと拡大した。政府職員は、２カ月おきに5日間にわたってホスト・ファミリーとなる一般家庭の家で生活した。受け容れ先の家庭が参加を拒んだ場合、その家族はテロリストとみなされ、強制収容所送りになった。[25]

世界じゅうから人権侵害の報告が出てくると、中国はその評判をなんとかごまかし、新疆の状況から注目を逸《そ》らそうとした。

２０１７年6月1日、中国政府は「新疆ウイグル自治区の人権——発展と進歩」と題した白書を発表した。「新疆ウイグル自治区は、法律にもとづいて市民の公民権を充分に尊重し、しっかりと保障している。その一環として生命と財産を尊重・保護し、公正な裁判を受ける権利を守り、表現の自由を促進している……１９９０年代以降この地域では、危険なテロリスト、民族分離主義者、宗教過激派が一連の暴力的なテロ犯罪を企てて実行し、すべての民族集団の人々の生命・財産が奪われてきた[26]」

２０１７年8月、国営新聞『新疆日報』のなかである政府関係者はこう訴えた。「多くの人が、心からの言葉としてこう言っています。『世界でもっとも幸せなイスラム教徒は、新疆ウイグル自治区に住んでいるイスラム教徒だ』とね[27]」

のちに中国政府は、外国人ジャーナリスト、国連職員、そのほかの外国政府関係者を収容所に招待しはじめた。アメリカは人権侵害を正当化するおそれがあると懸念《けねん》を示し、国連のテロ対策責任者による新疆への訪問に反対した。

「中国政府は、ウイグル人やほかのイスラム教徒にたいする抑圧的な活動を、合法的な反テロリズムのための取り組みとして描きつづけている。が、実際にはちがう」と、２０１９年に国連が新疆を訪問したタイミングでアメリカの有力な外交官は言った。[28]

「中国の問題は、新疆について報じる外国ニュースがすべて国内全土で検閲されているという点です。だから、中国の多くの市民は真実を知らず、わたしたちのことをテロリストだと思っているんです」とメイセムは指摘した。「中国はさらに、検閲の影響がおよばない国連でもプロパガンダを発信して、世界じゅうの物語に影響を与えようとする。収容所にいたとき、そこで実際に起きていることを外の世界の誰かが知ってくれているのかどうかがわからなかった。それが、とても悲しかったんです。わたしたちの存在は、地図上の空白のようなものでした」

「戦争は平和なり　自由は隷従なり　無知は力なり」

強制収容されてから3年後の２０１９年11月、アンカラでの取材中にメイセムはふと『一九八四年』を手に取った。

「この作者は天才です。イギリス人の男性が70年まえに、わたしの経験を予言する本を書いていたなんて信じられません。『戦争は平和なり　自由は隷従なり　無知は力なり』[iv]」とメイセムは、本のなかに登場するオセアニアの架空の国のスローガンを暗唱した。

「とても知的な言葉ばかりが並んでいます。ジョージ・オーウェルは未来を見抜いていた。彼はわたしたちの世界、ウイグル人の世界の未来を見抜いていた。単純言語《ニュースピーク》の戦略についての説明も見事です」

「ニュースピークは、これまでもあらゆる種類の独裁政権に利用されてきました」と私は指摘した。「ウイグル族への弾圧がそれと異なる点はなんだと思いますか？」

「テクノロジーです。『一九八四年』が（１９４９年６月に）出版されてから、たしかに数多くの独裁政権が生まれました」とメイセムは説明した。「ソ連、毛沢東の中国、北朝鮮、鉄のカーテン。でも、新疆がそれらと異なるのは、テクノロジーがついにＳＦ小説を模倣できるレベルに達したという点です。過去の作家たちが予測していた技術は、いまや完全に現実のものになった。

　テクノロジーと従来の独裁的な戦術が組み合わさると、オーウェルが語ったすべてのことが突如として拡大していきます。ニュースピーク、党のプロパガンダを示す大きなスクリーン、厳しい処罰、強制収容所、住民にたいする絶え間ない監視……。

　むかしの指導者たちは、力と暴力を利用して人々を抑圧した。テクノロジーが発達した現在、かつてのような暴力は必要ありません。指導者たちはテクノロジーをとおして人々を支配し、洗脳し、人間性をはぎ取って従属させることができる」

「パノプティコンのように？」と私は言った。それは、多くのウイグル人や独裁主義の専門家が中国の体制について表現するときに使った言葉だった。

「そのとおりです」と彼女は言った。「でもかつては、パノプティコンには人間の看守が必要でした。人間は居眠りをしたり、ミスをしたり、ときに人に同情したりすることもある。それは不完全なシステムなんです。

人工知能にもとづく新しい世界では、危険はさらに増すことになります。機械が人間についてどんな結論を出すのか、すべてを理解することはできません。ある日、あなたが授業に遅刻したとします。カメラをとおしてあなたを監視する機械は、全国から集めたあらゆるデータと照らし合わせ、どういうわけかあなたが誰かを襲撃しようとしていると結論づける。すると警察は、予測的取り締まりのためにすぐに駆けつけ、あなたの身柄を拘束するんです。

でも警察は、自分たちがなぜそのような行動をとっているのか、つねに把握しているわけではない。わたしはそう学びました。彼らの仕事は命令にしたがうことです。わたしたち人間が批判的思考をやめてしまうと、きわめて厳しい状況に置かれることになります」

床にセンサー、トイレやシャワー室にカメラ

自身が拘束された経験からメイセムは、強制収容所の監視システムについて多くを学んだ。誇らしげな党の幹部が、自分たちの〝能力〟について囚人に向かって自慢げに話すこともあった。彼らは、囚人をたんに脅そうとしていただけではなかった。ひねくれた方法ではあるものの、そこには相手を感心させようとする思惑もあるようだった。

「われわれはすべてを見て、すべてを聞くことができる」とある看守はメイセムに言った。「床にはセンサーが埋め込まれていて、人々がどこを歩いているかを感知することができる。いつ排尿しているのかもわかる。いたるところに設置されたカメラが、誰が何をしているのかをすべて正確に把握している。われわれはすべての詳細を見ることができる。きみたちが何を書いているのかまですべてだ」

やがて収容所ではＡＩシステムが活用されるようになったが、それは中国全土に広がる大規模なスカイネット監視システムのひとつの要素にすぎなかった。看守たちは、そのシステムによって何が可能になるのかをたびたび説明した。

「学習中の囚人が上の空なのか、きちんと集中しているのかもシステムで感知できる」とある看守は言った。「そうやってＡＩシステムは、それぞれの囚人にどう対処するべきか、われわれにヒントを与えてくれるんだ」

カメラは、女性用トイレやシャワー室にも設置されていた。メイセムによると、男性の看守たちが制御室からこれらのカメラの映像を見て、音まで聞いていたという。メイセムがそれを知ったのは、制御室の開いた戸口から室内をこっそりのぞき込んだときだった。壁一面に、収容所のカメラの映像を映し出すモニターが並んでいた。

メイセムはほかの囚人たちを警戒し、最小限のことしか話さなかった。彼女は誰も信用していなかった。監房も、中庭も、食堂も、教室も、どこもコンピューター制御の灰色の雲に覆《おお》われているかのようだった。人間は機械であり、機械は人間だった。その機械は、顔認証技術をとおしてまわりの世界を理解することができた。少なくとも、メイセムにはそう感じられた。

「人間には個性も、存在も、魂もありませんでした」とメイセムは私に言った。「人間よりもむしろ、機械のほうが人間らしいのではないかとさえ感じるようになりました。わたしたち囚人が生きるも死ぬも、それは政府次第。そう宣告されているようなものでした。彼らは〝頭脳〟や物事の仕組みを理解していた。彼らはテクノロジーを支配していた。だからわたしたちは、言われたとおりにしなくてはいけなかったんです」

中国のスタートアップ企業と囲碁

中国のＡＩ企業は、国家の監視システムの構築をとおして巨万の富を築いた。２０１６年12月、マイクロソフト・リサーチ・アジアの元職員らによって5年まえに北京で設立された顔認証スタートアップ企業メグビー［第5・10章参照］は、投資家から１億ドルを調達した。[29] 微信を開発したテンセントの時価総額は、その年のはじめに１８００億ドルに達した。同社は活発な投資を続け、オンラインゲーム、ライドシェア、遺伝子の配列解析などさまざまな分野のスタートアップ企業に２１０億ドル以上の資金を注ぎ込んだ。[30]

中国の多種多様なスタートアップ企業はしだいに富と影響力を増していき、ビッグデータ、顔認証、ＡＩを結びつける全国的なエコシステム構築への流れが生まれた。そして、中国で人気のボードゲームである囲碁が、国内でのＡＩ開発の動きを一気に加速させることになった。

長年のあいだＡＩ技術者たちのあいだでは、３６１個もの碁石が使われる囲碁は絶望的なほど複雑であり、人間に勝つソフトウェア・プログラムを作ることは不可能だと考えられてきた。碁盤上の考えられる局面の数は、既知の宇宙に存在する原子の数より多く、高度な囲碁ソフトウェアには驚異的な計算能力とパターン認識が必要とされた。[31]

１９９８年の創業以来ＡＩへの投資を続けてきたグーグル[32]は、２０１４年はじめにイギリスのスタートアップ企業ディープマインドを買収した。かつてのチェスの神童を含む３人の非凡な技術者によって設立されたディープマインドは、「アルファ碁」と呼ばれるＡＩソフトウェア・プログラムを開発した会社だ。[33]

アルファ碁の原型を作り上げたプログラマーたちはつぎに、ソフトウェアが人間の手を借りずに、この非常に複雑なゲームのプレイ方法をみずから学ぶことができるかどうか試そうとした。やがて彼らは、データ入力をまったく必要としない新しいアルファ碁プログラムを作り上げた。そして、ゲームをひとりでに学ぶこのプログラムが、世界チャンピオンたちと対決することになった。

それから起きたことは衝撃的だった。新しいアルファ碁プログラムは、自分自身と70時間の対戦をしただけで、人間のトップ棋士に勝つレベルに達した。その後に再起動されたアルファ碁はわずか40日のあいだに、人間がもつ囲碁の知識のすべてを身につけた。すると新アルファ碁は、それまで最新鋭とされていた前バージョンのアルファ碁を9割の確率で打ち負かすまでに成長した。

開発者たちは戸惑った。彼らでさえも、新しいアルファ碁が短期間のうちにそれほど賢くなった理由がほとんどわからなかった。

これらの発見は、潜在的にとてつもない意味を持ち合わせていた。同様のレベルのＡＩがほかの分野に応用されれば、人々の仕事、生活、運転、買い物、食事、さらには外交や戦争の方法までもがまるっきり変わる可能性がある。結局のところアルファ碁のＡＩシステムは、戦争の背後にある考え方を忠実に模倣したものであり、戦場で応用することもできる。中国でこのＡＩソフトウェアが注目されるようになったのは、（ほとんどが東アジアを拠点とする）囲碁の名人たちがアルファ碁と対戦するようになってからのことだった。

「逆に言えば、人間の関与はシステムの発展を抑制していたということになる。まったく新しい発想で考え、独自の選択をするシステムを設計したことが成功につながった」と技術未来学者エイミー・ウェブは著書で主張した。「これは予想外の飛躍であり、ＡＩシステムが人間とは違うやり方でがんのスクリーニング検査をしたり、気象データを読み取ったり、貧困を分析したりする未来の前触れとなった。人間の研究者では不可能なブレイクスルーにもつながるかもしれない」[34]

過去18回世界チャンピオンに輝いた韓国の李《イ》世《セ》乭《ドル》がアルファ碁に打ち負かされるころまでに、「汎用《はんよう》ＡＩ」と呼ばれる能力がみるみる築き上げられていった。汎用ＡＩは単一の目的に限定されない人工知能であり、ゲーム以外のさまざまなことに活用できる可能性を秘めていた。

２０１６年3月にソウルのフォーシーズンズ・ホテルで行なわれた対戦を見た私は、この瞬間がどれほど重要な意味をもつのか少しずつ理解していった。対戦会場にいたある囲碁棋士は、一手一手について説明しながら私にこう言った。「ＡＩにはあらゆる能力が潜んでいます。まちがいなくＡＩは人間より賢くなった」

李世乭は、5番勝負のはじめの3局で投了した。4局目でアルファ碁が投了すると、会場から安堵《あんど》のため息が漏れ聞こえてきた。第5局のあいだに李は、勝利へのはっきりとした道筋を見いだすことができず、混乱して頭を抱えた。彼が投了の合図をすると、観衆はハッと息をのんだ。[35]

「これですべてが変わります」と、会場にいたあるＡＩ開発者は私に言った。「すべてが」

私が直後に知ったところによると、中国政府は、アメリカ企業が開発した機械が自国の文化と密接に結びついたゲームで勝利したという事実に感銘を受けるとともに、びっくり仰天したという。台湾出身のＡＩ投資家カイフ・リーは、これを「中国のスプートニク的瞬間」と呼んだ。１９５７年10月、ソ連は世界初の人工衛星スプートニクの打ち上げに成功した。国際的なライバルの技術がはるかさきへと進んでいることを恐れたアメリカは、これを機に宇宙開発競争に本格的に乗りだし、月面着陸を目指すアポロ計画を築き上げた。

そして中国はいま、技術的に進んだ世界大国に追いつく必要があると考えるようになった。技術面でアメリカに追いつくための壮大な戦略を実行するために、習主席は政策立案者たちのチームを起《た》ち上げて新しい目標を与えた。アメリカを打ち負かし、中国を世界のリーダーに変える、それが新たな目標だった。[36]

第15章　ビッグ・ブレイン

インターネット時代は、人間の生活、生産、生産性の発展を後押しするだろう。
――習近平、テンセント訪問時の演説（２０１４年12月7日）

「収容所で過ごした時間について思いだすと、そのシステム下で生きるのがどんなに皮肉なことかわかってきました」とメイセムは言った。「生き残るために誰もが感情を捨て、ロボットになる必要があった」。しかし彼女はすぐに、全員が洗脳されているわけではないと知ることになる。一部の人々は演技をしていた。

メイセムは、同じクラスにいたベフラムさんという男性について振り返った。60代と思《おぼ》しき囚人だった。愛国的なプロパガンダの歌を歌ったあと、彼はたびたび立ち上がってマヌケな童謡を歌い、恭《うやうや》しい雰囲気を断ち切った。すぐに看守が駆けつけ、警棒で彼を殴りつけた。しかしベフラムさんは怯《ひる》まず、引きずりだされるまで童謡を歌いつづけた。翌日にふたたび教室に現われたときには、体が痣《あざ》だらけで、腕にギプスをしていることもあった。それでもベフラムさんはまた童謡を歌い、また殴られて引きずりだされた。

叫ぶ老婦人

ある日、監房でつぎの授業の準備をしていたメイセムはぎくりとした。近くの監房から、男性たちの泣き声が聞こえてきたのだ。

「黙れ、男らしくしろ。泣くな！」と看守が叫びながら囚人たちを殴りつけた。

それからメイセムの監房の扉が開き、70代くらいの老婦人が看守に導かれて室内に入ってきた。彼女は直前に身柄を拘束されたばかりで、これから収容所で「職業訓練」を受けることになっていた。

か弱い女性は看守に向かって叫んだ。「この場所は野蛮だわ！　毛沢東の時代みたい！　無法状態で、バカな警察が好き勝手してる！」

監房の扉が自動的に閉まると、怒りが収まらない様子のまま女性はベッドに坐《すわ》った。

気持ちを落ち着かせてから、彼女は静かにみずからの物語を話しはじめた。

「あっちの監房で泣き叫んでいたのは、わたしの息子たちなんです」と老婦人は説明した。「今日、家で問題が起きたんです。3人の息子にくわえ、孫たちも家に来ていました。ちょうどそのタイミングで、警察が家の扉をノックした。定期的な保安検査のためにやってきた警察は、室内をのぞき込み、そこにたくさんの子どもがいるのを見つけた。息子たちが、国の子ども政策を破ったことがばれてしまったんです。室内に入ってきた警察は、身分証明書を出すよう命じて、それをスマートフォンでスキャンしました」

警察は子どもたちを捕まえ、国の孤児院に入れて政治的な洗脳をしようとした。

「わたしは仕事もしていないただの老人です！　子どもたちに嫌がらせをするのはやめて」と女性は抗議した。

「申しわけありませんが、これは人口管理の問題です」と警官は不穏なほど冷静に応《こた》えた。

「家から出ていって！」と女性は言った。すると警察は、老婦人と3人の息子に手錠をかけた。

「公安部の権限により、〝予測的取り締まり〟のためにあなた方の身柄を拘束します」

と警察官は言い、それが犯罪予防《プリ・クライム》の措置であることを説明した。「あなた方は、思想の調整のために拘留施設に行くことになります」

「わたしは病気で健康状態が良くないんです」と老婦人はメイセムとほかの同房者に言った。メイセムが見たところ、女性は歩くのもままならず、耳もかなり遠いようだった。彼女のまわりに、20人の同房者ほぼ全員が集まっていた。

近くの監房にいる看守が3人の息子について何やら話し合い、彼らをふたたび殴りつける音が聞こえてきた。

「こんなところで泣き叫ぶとは、何様のつもりだ！」と看守のひとりが叫んだ。

「誰か、やめるように看守に言ってください」と老婦人は言い、ぜえぜえと喘《あえ》ぎだし、それから胸をつかんでベッドに倒れ込んだ。

「心臓発作を起こしています！」とメイセムは叫んだ。扉が開き、看守が無関心な様子で入ってきた。

「どうせ演技だよ」と女性の看守が言った。「よくあることだ。助けなくていい」

看守はゴム製のスパイク付き警棒を振りかざし、囚人たちに関与しないよう身振りで示した。

「助けたら、頭をたたき割ってやる」

メイセムは倒れた老婦人に近づいたが、看守にまた追い払われた。ベッドに横たわった女性の呼吸は苦しそうで、意識を失っているかのように眼は虚《うつ》ろだった。

「心臓発作を起こしている人を見たのははじめてで」とメイセムは私に言った。「とてもやるせない気持ちになりました」

看守は、同房者たちに教化の授業に行くよう命じた。

「その瞬間、わたしたちに何ができます？　どうしようもない状況ですよ」とメイセムは言った。

プロパガンダの授業を2時間にわたって受けたあと、彼女たちは監房に戻った。老婦人はいなかった。3人の息子たちのほうは、中庭で1時間にわたって直立不動の姿勢で立ちつづけるよう命じられていた。

3人の男性のうしろに立つ看守もまた、ゴム製のスパイク付き警棒を手にもっていた。

「あの老婦人がそれからどうなったのかはわかりません。きちんと治療を受けて、無事に家に帰ったと願うしかありません。なんといっても、それがあの場所から逃げだす唯一《ゆいいつ》の方法ですから」とメイセムは言った。「生きたまま出られないかもしれない、と気づいたのはそのときです。とにかく生き延びなくてはいけないと悟りました」

「聖戦《ジハード》についてどう思いますか？」

翌日の夕方、教化の授業のあとに1日を終えようとしていたメイセムは、看守に呼ばれ、殺風景な部屋へと案内された。以前にも受刑者たちがその部屋に連れていかれたことがあった。彼らはきまって血まみれで傷だらけになり、精神的なショックを受けて戻ってきた。

「尋問用のデスクの奥の椅子《いす》に、男性がひとり坐っていました」と彼女は振り返った。「わたしのことを待っていたように見えました」

4台のカメラのレンズに見つめられるなかメイセムは、デスクを挟んで反対側の椅子に坐った。

その男性は、母親が数日まえに話をした党の下級幹部の学者だった。どうやらメイセムの拘束について何か問題があることに気づき、真相をたしかめるためにやってきたようだった。

「きみとわたしだけの会話だ」と彼は言い、カメラの電源は切ってあると主張した。もちろん、メイセムは信じなかった。

「わたしはただ、きみがどんな人物なのかを知りたいだけなんだ」

「わたしはただの学生です」とメイセムは応えた。「これはすべて何かのまちがいなんです」

男性はノートを取りだし、書かれた文章を読みはじめた。

「中東で活動する分離主義者を誰か知っていますか？　テロリストや過激派は？」

「もちろん知りません」

「中東でのわが国の戦略についてどう思いますか？」

いっとき、メイセムはどう答えるべきか迷った。すべてがひっかけ問題かもしれなかった。いつも適切なタイミングで適切な発言をする母にならい、母の答えそうなことを言ってみた。

「国が自国の利益を守るのは当然のことだと思います」とメイセムは、自身がそれまで勉強したことを思いだしながらあいまいに答えた。「自分たちを守ろうとしない国など存在しません」

「東トルキスタン・イスラム運動の歴史について教えてください」と党の幹部は言った。それは、国内でテロ攻撃を扇動していると中国政府が主張するグループだった。

もちろん、メイセムとはなんの関係もなかった。**何も知らないふりをしても、きっと信じてもらえない。わたしはすでに収容所にいるのだから。**どう答えるべきかメイセムは思案した。**でも何かを知っていると言えば、わたしが中東で勉強しているということを理由に、テロリストと関係があると非難されるにちがいない。**

「彼らと闘う必要があるということはわかっています。テロ集団ですから」

党の幹部はつぎに、イスラム教の聖典であるコーランを取りだした。

「あなたは神を信じますか？」

「はい」

彼はコーランを開いた。原文のアラビア語から中国語に翻訳されたバージョンだった。「そのような者と出くわしたらどこでも戦え。そして彼らが汝《なんじ》らを追い出した場所からこちらで向うを追い出してしまえ。もともと騒擾《そうじょう》は殺人よりもっと悪質であったのだ」[1]

党の幹部は本を置き、メイセムのほうを見た。

「おわかりのとおり、これは闘いについての節だ。あなたは聖戦《ジハード》についてどう思いますか？」と彼は尋ねた。

「ジハードはわたしが毎日していることです」とメイセムは即答した。「精神的な葛《かっ》藤《とう》です。朝、起きてもまだ疲れが残っているとき、わたしは自分のなかでジハードを闘い、なんとか授業に出て勉強する。試験を受けること、それもわたしのジハードです。どんな逆境を眼のまえにしても公正・公平で自分に誠実であること、それがジハードです。たんに暴力にまつわるものだと考える人が多いと思いますが、それはちがいます。誰もが、自分のなかでジハードを闘っています。それは子どもでも同じです[2]」

「そのようなことをどこで学んだんです？」

「母は、イスラム教だけでなくすべての宗教について教えてくれました」

党の幹部はメモをとった。

「では、バイリンガル教育についてのあなたの意見は？」と彼は言い、ウイグル人の子どもたちに標準中国語を教える政府の政策について言及した。

「誰もがふたつの言語を話せるようになるべきだと思います」

「トルコと中国のちがいはなんだと思いますか？　人々や文化のちがいは？」

「もちろん、中国はわたしの故郷です。わたしたちは勤勉で、尊敬されている。トルコの人たちは怠け者で、街も汚いんですよ」。実際のところは留学先に早く戻りたくてたまらなかったものの、メイセムとしてはここを乗り切るにはトルコを侮辱するしか選択肢はないと感じていた。

「われわれの拘留センターについてどう思いますか？」

「早く外に出たいです。なぜそんなことを訊《き》くんですか？」

「理由もなく離れられると思っているんですか？　あなたはまだ自身の潔白を証明できていない」

「ないことを証明するのは容易ではありません」とメイセムは応えた。

「政府はかならず目的をもって行動する。理由もなくあなたをここに送り込むと思いますか？」

党の幹部は立ち上がってコートを羽織り、帰る準備をはじめた。彼は最後にひとことだけ忠告した。

「あなたがここにいる理由を考えてください」と言って彼が出ていくと、メイセムはまた監房に連れ戻された。

政府による「国家AIチーム」

2016年末ごろ、中国の顔認証技術メーカー曠視科技（メグビー）［第5・10・14章参照］の幹部たちは、北京のビルのワンフロアを占める自社のオフィスに集まり、会計帳簿をしげしげと見つめた。メグビーは拡大、投資、積極的な行動を続け、将来の犯罪取り締まりシステムを築き上げるための方法を模索してきた。ところが、あらゆる産業のデジタル事業を支える頭脳になるという夢を達成するには、利益がまったく足りていなかった。くわえて、新規株式公開によって資金調達にこぎつける見とおしも立っていなかった。

「われわれは悪循環に陥っていた」と幹部のひとりは私に語った。「安定した収益をあげることができていませんでした。事業を一気に拡大させたせいで、いつも借金の返済に追われていた。われわれは1年のあいだに何度か方向性を変え、そのたびに多くの従業員を入れ替えていました。たいへんな時期でした。でも、なんとか生き延びることができたのは、ひとつの理由があったからです。そう、アルファ碁です」[3]

韓国の李世乭を破ってから1年数カ月後、アルファ碁は、世界チャンピオンである中国人棋士、柯潔《コジェ》との勝負に挑もうとしていた。柯潔は、アルファ碁との3番勝負に挑むことを承諾した。

苦戦が続いたあとの3日目の第3局でも、柯潔は投了した。彼は3局すべてで敗北した。[4]

「コ・ジェは地球上で最強の棋士のはずだが」とAI専門家で投資家のカイフ・リーは綴《つづ》った。「今日の彼は、だれも見たことのないレベルの棋士と戦っていた」[5]

その対戦が分水嶺《ぶんすいれい》となった。

１カ月後の２０１７年６月27日、中国の議会で奇妙な新しい法律が承認された。いわゆる「国家情報法」は、私が取材した多くのウイグル人を不安にさせるものだった。この法律によって、すべての市民が国家の命令によってスパイになるという道が拓《ひら》かれることになった。

第７条――「いかなる組織及び国民も、法に基づき国家情報活動に対する支持、援助及び協力を行い、知り得た国家情報活動についての秘密を守らなければならない」

第22条――「国家情報活動機構は、科学技術的手段を活用し、情報に対する鑑別、選別、統合及び判断・分析の水準を向上させなければならない」[6]

４カ月後の２０１７年10月18日に習近平主席は、注目されていた第19回全国代表大会の演壇に立った。共産党のエリートたちが一堂に会し、今後５年間の国家戦略を決め、新しい代表者を選ぶ場だった。アルファ碁の最新の勝利を目の当《ま》たりにした中国の指導者たちは、ＡＩ技術の開発をさらに急ぐ必要があると考えた。

「質の高い製造大国の建設を加速し、先進的な製造業の発展を推し進め、インターネット、ビッグデータ、人工知能を実体経済とさらに融合させる」と習近平は宣言した。

「ミドル・ハイエンド消費、イノベーションによる開発、グリーン低炭素経済、共有経済《シェアリング・エコノミー》、現代的なサプライチェーン、人材資本サービスなどの新しい成長分野を見きわめ、成長の原動力を育成する」[7]

この夢の実現にすぐさま乗りだした政府は、「国家AIチーム」を起《た》ち上げた。中国の科学技術部はまず、4つの国内企業を選んだ。AI最大手のバイドゥ、アリババ、テンセントのいわゆるBAT3社。くわえて、音声認証を専門とする科大訊飛（アイフライテック）〔第5章参照〕も選ばれた。のちに、顔認証大手の商湯科技（センスタイム）〔第5・10・12章参照〕も仲間にくわわった。[8]

中国政府はそれまで10年以上にわたって、多くのAI企業を財政的および政治的に支援してきた。AIにたいする政府の後押しはかつてない水準にまで拡大し、まさにゴールドラッシュの様相を呈していた。私の取材にたいし、中国テクノロジー企業の複数の幹部がつぎのように語った。いますぐ流行に乗り、深い意味についてはあとで心配すればいい。大急ぎで行動しなければ、競合他社に出し抜かれてしまう。

顔認証企業メグビーの多くの幹部もそう考えた。いまこそ政府の支援を利用し、どんな犠牲を払ってでも拡大を進め、ライバルのセンスタイムに勝たなくては、と。「スタートアップ企業は歴史によって前進するということを理解しなければいけない。われわれは歴史の人質であり、歴史の創造者ではありません」と、メグビーの研究開発担当幹部は私に言った。「突破口となったのは、アルファ碁の一件のあとに政府から資金援助を受けたことです。メグビーには４億３０００万ドルの資金が注ぎ込まれた。いまや会社は５～６倍の規模となり、小さなワンフロアのオフィスから抜けだすことができました。

まず企業として生き残るのが先決で、道徳的な価値観はあとから築くことができる。ほかの国（アメリカ）から輸入されたひとつの観点を、すべての人間のための生活の基準として用いることはできません。ひとつの基準がすべてに当てはまるなら、企業は生き残ることなどできない。誰が正しいとか、誰がまちがっていると言っているわけではありません」

一方、ライバルのセンスタイムの幹部たちの意見も一致していた——なんとしてでもメグビーに勝つ。

「重要なのは、できるだけ多くの市場シェアを獲得して、強い立場を築くことです」とセンスタイムのある社員は私に言った。「他社に先駆けてチャンスをつかまなければ、あとから相手を追いかけるという厳しい立場に置かれることになる。どんな犠牲を払ってでもより多くのプロジェクトを獲得する、それがわれわれの戦略です」

自分たちの技術がどのように利用されるのかは二の次だった。

「政府と近い関係にあれば、より多くの政府プロジェクトを獲得し、自社の市場シェアを広げることができる。政府と近い関係を保つのは、絶対に不可欠なことです」
　中国がＡＩ技術を使って人権を侵害しようとするのではないかというジャーナリストらの質問にたいして、ＡＩ開発者たちからはほぼ似通った答えが返ってきた――それはわたしたちの問題じゃない。
「ベンチャー・キャピタリストとしてわたしたちはＡＩ分野には投資していないし、この特定の問題を深く研究しているわけでもありません」と創新工場（シノベーション・ベンチャーズ）［第5章参照］の代表であるカイフ・リーは『60ミニッツ』のインタビューのなかで答えた。[9]
　２０１７年までに中国は、国家の強い後押しとともにＡＩ開発の道を猛然と進むようになった。もはや、センスタイムやメグビーのような営利企業が先頭に立って戦略を進めているわけではなかった。つまり、メッセージング・アプリ、監視、オンライン・ショッピングのための技術を企業が開発し、必要に応じて政府にサービスを提供するという戦略はもう終わった。いまや政府そのものが、国益にもとづいてＡＩ戦略をみずから強化していた。企業はその波に乗るか、取り残されるかのどちらかだった。

第16章　ここで死ぬかもしれない

迫害の目的は迫害、拷問《ごうもん》の目的は拷問、権力の目的は権力……

——ジョージ・オーウェル『一九八四年』[v]

1週間後、メイセムは眼が覚めたまま収容所のベッドに横たわりながら、党の幹部から与えられた任務について熟考していた——ここにいる理由を考えろ。しかし、収監された理由についてどう自分で解釈すべきかよくわからなかった。看守によると、党の幹部は明日の朝にまたやってくるという。

眠りに落ちたり目覚めたりを繰り返すあいだに、さまざまな考えが頭のなかを駆けめぐっていった。母親ならどう答えるだろう？　ふたたび眠りにつくと、収容所の外に立っている自分の姿が見えた。つぎの瞬間、母親が自転車に乗って現われた。

「行くわよ！」と母は言った。

ベルが鳴って眼が覚めると、自分が夢を見ていたことにメイセムは気がついた。扉が開き、朝の日課の運動と朝食を終えた。午前9時、党の幹部がいる部屋にまた案内された。

幹部はすぐに本題に入った。「きみがここにいる理由は？」

「プライドが高すぎるからだと思います」とメイセムは答えた。「わたしは、親戚《しんせき》のなかでもいちばん大切にされていました。いつも話題の中心にいた。だから、ほかの人との接し方がよくわかっていないんだと思います。自分のほうが立派で、重要な人物だといつも思っていました。わたしは役人を見下し、愚かで教養のない人々だと思っていた。でも、教養がないのは自分のほうだと気づきました。だって、わたしは共産党を見下していたんですから」

「クラスメートについてはどう思いますか？」

「彼らも教養のない人々だと思います。この国の法律や習慣について、きちんと学んでこなかった。子ども時代に本を読むこともなければ、知的な活動もしてこなかった。だから彼らはいま、1日5時間にわたって勉強をしている。わが国のために役立つ市民になろうとしている」

「きみはたしかに成長しているようだが」と幹部は言った。「まだ帰すわけにはいかない。もっと勉強してもらう必要がある」

メイセムは愕然《がくぜん》とした。逃げだすのはもう無理かもしれない、そんな考えが頭のなかに広がっていった。**このシステムは、わたし自身が自分は愚かでまちがっていると認めることを望んでいる。でも自分が愚かでまちがっていると認めたら、こんどは自分が愚かでまちがっていると認めたせいで、さらに長く収容されることになるなんて。**

「自分が認めたことがぜんぶ、コンピューター・システムに入力されるのではないかと心配になりました」とメイセムは私に言った。「自分の欠点について進んで話したせいで、機械はわたしのことをテロリストだと結論づけるだろうか？　みずから墓穴を掘ってしまったのではないか？」

これは罠《わな》なのだろうか？

大きな不安に襲われたメイセムは、にやにやと笑う看守たちに連れられ、朝のプロパガンダの授業の教室へとまた歩いていった。

「あなたのノートとペンです」と講師は言い、学習に必要な文房具を手渡してきた。

メイセムの心は沈んだ。

「ノートとペンが手渡されたというのは、正式に受刑者となったことを意味します。わたしはついにシステムの内側に入ってしまった。それで終わりだと思いました。ここに何年もいるんだ、ここで死ぬかもしれない、と思いました」

メイセムは教室内を見まわした。誰もが彼女を見つめていた。そこに坐《すわ》っていたのは、希望と夢がついぞ打ち砕かれ、見捨てられた人物だった。

メイセムは、恐る恐るノートへと視線を下げた。眼のまえの罫線《けいせん》入りの紙は、迷宮の奥深くへと彼女を引きずり込んでいった。もはや逃げだすことのできない反復作業の地獄のなかで、メイセムはそれまでの考えを捨て去り、自身を作り替えようとする機械の命令にしたがうことを余儀なくされた。

「党を愛しています。国を愛しています！」

メイセムは鉛筆をにぎり、教壇の講師がひたすら繰り返す愚かな言葉を書き留めようとした。数カ月後、あるいは数年後に釈放されるかもしれないという虚《むな》しい望みだけが頼りだった。

わたしは党にしたがいます。党はわたしの母であり父です、と彼女は自分が書く姿を想像した。**わたしは傲慢《ごうまん》でした。わたしはまちがっていました。親である党が、わ**

たしを守ってくれる。保護者であり救世主であるあなたに、わたしはしたがい、身を委《ゆだ》ねます。あなたは太陽であり、月であり、山であり、海なのです。

メイセムは病的な空想の世界からなんとか抜けだし、眼のまえの白紙のページを見た。まわりの生徒たちはいつものように、7ページ分の自己批判と決まり文句を書き留めていた。彼女は、故郷の牧草地やオアシスの広がりに思いを馳《は》せた。しかしいまは、ひとりの人間であるという本能を抑え込まなくてはいけないときだった。

鉛筆をもったメイセムは覚悟を決め、文字を書きはじめた。いっときが過ぎ、教室の扉が勢いよく開いた。ノートから視線を上げると、数人の看守たちが彼女を取り囲んで見つめていた。例によって、手にはゴム製のスパイク付き警棒。それが何を意味するのか、メイセムにはわかっていた。ついに眼をつけられてしまった。どこかのタイミングで、党に逆らったと判断されたのだろう。彼女は、罰を受ける心づもりをした。

「いっしょに来なさい」とひとりの看守が言った。

「車が外で待ってる」と、収容所の責任者が不愛想な表情のまま言った。メイセムは坐ったまま、相手の言葉の意味を咀嚼《そしゃく》しようとした。

「車が待っていると言ってるんだ」

頭のなかが真っ白になっていく感覚に襲われた。もはや何ひとつ合点がいかなかった。車が外で待っているということは、おそらくもっと劣悪な場所に連れていかれるにちがいない。

「地元の役所から連絡があった。何かまちがいがあったようだ。きみはべつの場所に行くことになる」

収容所の責任者はまるで叱責《しっせき》されたかのような顔をしていた、とメイセムは当時の様子について語った。

「何を言われているのか、正確に理解することはできませんでした」と彼女は私に言った。「頭の整理がつかず、ただ坐っていました。これは罠なのだろうか？」

収容所の役人たちが出したほかのすべての命令と同じように、今回の命令も意味をなさないように思えた。まるで、自分が置かれた現実をいままで以上に疑えと言われているかのようだった。

ノートと鉛筆を手渡してきたばかりなのに、なぜ出ていけと言われるのだろう？

ふたりの看守がメイセムを椅子《いす》から立たせ、体を無理やり押して歩かせようとした。何が起きるのか不安になり、メイセムは抵抗しようとした。カメラのレンズが、歩く彼女を追っているようだった。それから、不気味なセメントの廊下を抜けていった。

片側に描かれたベール姿の虐《しいた》げられた女性たちは、メイセムのために泣き叫んでいるように見えた。もう一方の壁に描かれたハイヒールと現代的な服をまとった女性たちは、買い物や食事に出かける途中らしく、メイセムの存在には無関心のようだった。その後、収容所の外にいる看守が最後の扉を開けると、まばゆい陽射《ひざ》しが降り注いできた。**いったい今度はなんなの？　どこかへ連れていかれて、拷問されるの？**　看守たちはメイセムに車に乗り込むよううながした。車が走りだすと、彼女は収容所のほうを振り返った。**あの受刑者たちはいつここを出られるのだろう？　それとも一生出られないのだろうか？　みんな、もう希望を捨ててしまったのだろうか？**

車は、カシュガルの伝統的な日干しレンガ造りの家々の横を通りすぎていった。メイセムは、自分が街に戻ってきたことに気がついた。母校の高校がちらりと見え、それから友人たちの家が眼に飛び込んできた。

ふたたび再教育センターへ

「でも、それで終わりではありませんでした。まだもうひとつステップがありました」とメイセムは私に教えてくれた。「再教育センターで教化の授業を終えなければいけなかった。2番目の強制収容所に送られるまえに、はじめにいた場所です……それまでいた2番目の強制収容所は拘留センターでした」

彼女はまた再教育センターへと連れていかれた。戻ってきたメイセムを見て、生徒たちは大喜びした。彼女が教室に入ってくるなり、みんなが鉛筆を置いて拍手をした。高揚感に包まれたのもつかの間、講師が静かにするよう指示した。メイセムは椅子に坐り、生徒として学習をはじめた。卒業まであと数週間だった。

彼女は、いつかトルコに戻ることを望んでいた。大学に通い、ボーイフレンドといっしょに過ごすふつうの日常が戻ってくるのを願った。

「でも、何かがおかしかった。きちんと考え、感じることができなかった」とメイセムは私に言った。「思考が抑え込まれていたんです」

批判的な考えや旺盛《おうせい》な想像力が頭のなかに入り込んでくると、彼女はそれを制止しようとした。

危険だ。黙れ。考えるな。ただ眼のまえの作業を続けろ。

つぎの2週間の授業では、退屈な作業ばかりが続いた。あたかも時間が止まり、毎日が同じことの繰り返しのようだった。誰もが従順な態度に徹し、日々の反復学習の義務をのらりくらりとこなした。毎日6時間の授業が終わると、生徒たちは自宅に戻って家族の夕食を準備した。翌日も、全員が同じプロセスを繰り返した。

毎日のどこかの時点で、講師はプロパガンダの映像を流した。隊列を組んで行進する愛国的な学生たち、中国を賛美する街中の人々、国旗のまえに立つ国民の姿などが映像に映っていた。映像の多くはまったく特徴がないものだった。しかしある日、講師が流したドキュメンタリーにメイセムの知り合いの顔が映っていた。「わたしの恩師であるイリハム・トフティでした」

「終身刑を宣告されたイリハム・トフティは、過激派のテロリストである」というナレーションが流れてきた、とメイセムは振り返った。ドキュメンタリーの映像には、手錠をかけられたトフティが裁判官のまえに立って判決を受ける様子が映っていた。

「イリハム・トフティは教授という立場を利用してわが国に潜入し、学生や国民の心を汚染した。党は、国家の癌《がん》であるイリハム・トフティのような敵に断固として立ち向かう」

つぎに、トフティ教授のかつての教え子たちへのインタビュー映像が流れた。メイセムは度肝を抜かれた。インタビューを受けていたのは、彼女が教授の授業を聴講したときに同じ教室にいた学生たちだった。

「ぼくはイリハム・トフティのもとで学んでいました」とポロシャツを着た男子学生は言った。「トフティ教授が、ぼくたちの心を汚染しようとするテロリストだとすぐに気づきました。再教育センターにいるぼくにたいして党はいま、イリハム・トフティのウイルスに感染した心を浄化する方法を教えてくれています」

「テロリズム、過激主義、分離主義という3つのウイルスが、以前のわたしのなかには存在していました」とべつの学生は滔々《とうとう》と語った。「イリハム・トフティ教授のせいで、ウイルスが広がってしまいました。しかし党がわたしを治してくれました。党が正しい道へと導いてくれたのです」

「党を愛しています！　国を愛しています！　ならず者のイリハム・トフティを倒せ！」[1]

　ドキュメンタリーに登場する学生たちはひとりずつ順に、トフティ教授を糾弾する言葉を口にした。

　映像が終わると、講師はいつもの日課をはじめるよう指示した――ノートを開き、イリハム・トフティについて7ページ分の感想を書く。

「わたしはかつて、党の教えについて疑問を投げかけました」とメイセムは書いた。

「わたしはまちがっていました。党は偉大です。この国は偉大です。反動的な知識人たちがこの国に潜入し、わたしの心と魂を汚染した。党はわたしの父であり母です。党がわたしを矯正してくれました」

メイセムは疲れ切っていた。家に帰りたかった。

「もう、故郷を離れる心構えはできていました。授業はほぼ終わり、残りはあと3日だけになりました。卒業間近のそのとき、中国を脱出し、自由を獲得する方法を考えなくてはいけませんでした」。メイセムは最終日の授業を終え、ほかの生徒たちに別れを告げて家に帰った。なんらかの違反を犯したと政府に非難された残りの生徒たちは、メイセムよりも長く再教育センターにとどまる必要があった。

「〝状況〟は急速に悪化していました。きょうだい、父親、母親、友人が強制収容所送りになったという話が日々あちこちから聞こえてきました」とメイセムは言った。「真夜中に突如として警察がやってきて、人々を連行していきました。わたしは運が良かった。再教育のコースを早い段階で終えることができたからです。まさに、事態が最悪の方向へと向かう直前のタイミングでした」

メイセムと母親は、カシュガルの主要政府機関の事務所で役人に会う約束を取りつけた。その役人は、メイセムに出国許可を出す権限をもつ人物だった。彼女は教化コースをなんとか無事に終え、邪悪な考えを頭のなかから追いだしたと証明できる段階までたどり着いていた。

役人はメイセムにたいし、ありとあらゆる機関に提出すべき途方もない数の書類のリストを示した。地区当局の事務所、地元の警察署、党の政務官の事務所など、リストはひたすら続いた。[2]

「すべての部署の署名と証印が必要になります」と役人は説明した。

「母とわたしは、ひたすら何時間もかけて書類を集めました。出生証明書、住民登録書、小学校から大学までの卒業証明書、さらには祖父母の死亡証明書まで」

そして最後にメイセムは、署名をもらうために数多くの政府機関に出向いた。毎回、長い列に並び、自身の計画を事細かに説明し、署名をもらうという単純な作業に耐えなければいけなかった。

「どうして中国を離れる必要があるんです？」と役人たちはきまって尋ねた。「中東になんの用があるんですか？」

「わたしは中国での政治研修を終え、忠実な市民であることを証明しました」と彼女は答え、再教育センターでの学習カリキュラムを示し、愛国的な献身の結果として卒業した事実を伝えた。「トルコにある大学院を卒業しなければいけないんです。すでに入学して、研究の途中ですから」

毎回、官僚たちは申請書に注意深く眼をとおし、不足している書類や署名がないか再確認した。1、2回どこかに電話をかけ、自分たちの行動の手順や合法性をたしかめる役人も少なくなかった——街の封鎖が強化されているさなか、若い女性に出国の許可を与えていいのか？　ときにメイセムは、役人にこっそり賄賂《わいろ》を渡したこともあった。

中国を脱出できる時間は残りわずかだとメイセムはわかっていた。

「陳全国が警察の措置をさらに強化しはじめたと肌で感じることができました」と彼女は言った。週が進むにつれ、警官のパトロールの頻度が増え、コンビニ交番と監視カメラの数が増え、より多くの人々が収容所に連行された。「ソフトウェア、ＡＩ……システムがどんどん高度になっていくのがわかりました」

「あなたは運が良かった」とメイセムの母は説明した。「でも、ここから逃げないといけないわ。どうにかして、安全な場所に移動しないと」

建国記念日の脱出

メイセムの母親は、10月1日に国全体が封鎖されるまえに娘を出国させなければいけないと心に決めていた。その日は、国共内戦のあとに共産党が政権を握ったことを祝う中国の建国記念日だった[3]。

事務手続きが終わるとすぐにメイセムの母親は娘のために、自治区首府のウルムチからアンカラまでの航空便を予約した。しかしメイセムはカシュガルに住んでいたため、まずはウルムチに行く必要がある。それは、けっして簡単なことではなかった。

「バスで行こう」と母親は言った。「丸1日、24時間で着くわ」

満員のバスの車内では、会話は筒抜けだった。ふたりは発言につねに気をつけ、メイセムの海外留学のための移動であることは絶対に口にしなかった。

「世界に戻ったとき、あなたはたくさんのことを証明できる」と、母親はわざとあいまいな言葉を使って言った。「あなたは声をあげることができる。わたしたちはここ中国でふつうに暮らしていくから、心配しないで」

「お父さんは大丈夫？」とメイセムは訊《き》いた。

父親と彼女の関係はいまだ複雑なものであり、未解決の問題がたくさんあった。過去の痛みの一部は癒《いや》されずに残ったままだった。

「お父さんもあなたを愛している。それだけは忘れないで」

父親は、メイセムの蔵書の小さなコレクションを燃やした人物だった。そんな人を許すことができるだろうか？　でも、あの本が当局に見つかっていたら、彼女はもっとひどい目に遭っていたかもしれない。だとすれば、父親が救ってくれたのだろうか？　メイセムには判断がつかなかった。

ふたりがウルムチに着いたのは真夜中だった。メイセムは書類が詰まった小さな鞄《かばん》をもっていた。一方、母親は財布しかもってきていなかった。どうしても避けたかったのは、メイセムが出国する予定だと警察の検問所で気づかれることだった。正式な書類をしっかり準備してはいたものの、警察がみずからの判断で行動し、メイセムの身柄をふたたび拘束する可能性があった。

ふたりは航空会社のチェックイン・カウンターに近づいていった。スタッフの女性はメイセムのパスポートと書類をたしかめながら、当惑した表情を浮かべた。

「この航空券には問題があります」と彼女は言って電話の受話器を持ち上げ、番号をダイヤルした。

「この航空券は２０１６年6月に購入されたものです」とスタッフの女性は説明した。「それから3回予約が変更されている。でも毎回、きちんとした許可を得ずに変更されています」

チケットの出発日を変更したのは、娘が解放される日を待ち望んでいたメイセムの母親だった。メイセムがプロパガンダのコースに出席することを求められ、その後にふたつの収容所に拘束されているあいだ、予約を3回にわたって変更しておいたのだ。規則上、強制収容所にいるあいだもメイセムは、自身で政府の許可を得て予約を変更することになっていた。

「冗談ですよね？」とメイセムはつぶやいた。

　これもまた、メイセムのような人々の行動を抑制するために仕組まれた〝板挟み状態《キャッチ22》〟だった。収容所に閉じ込められているあいだに、正式に航空券の予約の変更を申し込むことなどできるはずがない。そして航空券が手に入らなければ、出国することもできない。

　メイセムは、閑散とした空港のフロアの真んなかに立ち尽くした。疲れ切り、もうあきらめようとしていた。

「あんなに苦労して、あんなにつらいことを乗り越えてきたのに……チケットに関するくだらない官僚的な問題のせいで、逃げることができなくなった」と彼女は言った。「それに、すでに10月1日になっていました。カウンターのスタッフには、この問題を解決できるような航空会社の従業員はもう事務所にはいないと言われました。しばらく待たなければいけない、と。でも、それ以上待てば、わたしはまた身柄を拘束されてしまうかもしれなかった」

　メイセムにしてみれば、国のシステムが作りだそうとする〝官僚的抑圧〟は見事に機能していた。

メイセムの母親は、翌日にカシュガルに戻る航空券をもっていた。しかし母親は自身のチケットのことなど忘れ、娘とともにウルムチにとどまる決心をした。

「とにかく考えよう。1日でなんとか答えを導きださなきゃ。脱出するためのほかの方法を考えるの」

「何が起きているのか、世界は知ることになる」

ふたりがやっとのことで見つけたのは、バス路線だった。ウルムチから出発して何度か乗り継げば、最終的にインド北部へとつながった。過酷なタクラマカン砂漠の西側をまわり、昨日までいた故郷のカシュガルを抜け、チベット近くの小さな町や村を過ぎれば、4日後にはインドへとたどり着けるはずだった。運のいいことに、インドは中国国民にたいするビザ発給の条件を緩和したばかりだった。くわえてメイセムは、スマートフォンからインドの電子ビザを申請することができた[4]。

インドに入れば、メイセムはトルコ行きのフライトを予約することができる。危険な賭《か》けだった。不審者だと判断されれば、インドに入国するまえに中国の国境警備隊に捕まってしまうにちがいない。

メイセムがバスに乗り込む直前、母親は言った。「これで、きっとしばらく会えなくなる。でも、あなたに与えられた贈り物のことを忘れないで。あなたが経験したことは、贈り物なのよ。だって、あなたは安全なところに行き、そこで成長できる。ここで何が起きているのか、やがて世界は知ることになる」

ふたりは抱き合った。メイセムは振り返り、母親が遠くへと消えていくのを見やった。超高層ビルやおんぼろの建物を背景に、母の姿は小さな点になった。すぐに車窓の奥には、誰もいない荒涼とした砂漠の果てしない闇《やみ》が広がった。そこは、古代の財宝が埋まっていると噂《うわさ》され、冒険者や精霊たちが長いあいだ彷徨《さまよ》いつづけた場所だった。

メイセムの子ども時代の思い出を彩《いろど》ったカシュガルの魔法とタクラマカン砂漠の広がりは、もう消えてしまった。子どものころは毎年、砂漠の端にある寺院と殉教者や戦士の墓に祭りの群衆が集まった。しかし、もう人々が集まることはなくなった。カシュガル、農地、オアシス、そのすべてが不毛で、生気のない、抜け殻に変わった。政府は一部のモスクから尖塔《ミナレット》を撤去し、ほかの多くのモスクを完全に破壊した。何世紀もまえからメイセムの祖先たちが眠っていた共同墓地やモスクは、駐車場、公園、さらには公衆トイレに変わった。[5] バスの車窓の向こうの道路や砂利道の上を歩きまわる人々が、あたかも死体のように見えた。自分が何者であり、どこから来たのか、どこに向かっているのかを誰も理解できていないかのように見えた。

二度と戻ってくることはない、とメイセムにはわかっていた。

彼女は眼を閉じ、英雄や悪党たちが魔法や魔術を使って闘いを繰り広げる古代の叙事詩を頭に思い描いた。詩の朗読や音楽会のことを思いだした。週末に家族で出かけ、おいしい肉を食べ、楽しくおしゃべりをしながら過ごした時間の記憶を思い起こした。

それから彼女は言った。

さようなら。

第17章　心の牢獄《ろうごく》

精神状態が健全になれば、彼らは社会のなかで
幸せに暮らすことができるようになります。
——新疆《しんきょう》ウイグル自治区のメンタルヘルス・カウンセラー

２０１６年の秋、メイセムのボーイフレンドであるアルマンは、自分が担当する講義の教室に向かって歩いていた。そのとき、知らない番号から電話がかかってきた。いちど目は電話に出なかった。すぐに、同じ番号からまた電話がかかってきた。

「もしもし」と彼は言った。

「わたし、わたしよ。なんとか無事に着いたわ」

電話の相手は、インドにいるメイセムだった。アルマンが彼女と話をしたのは、4カ月ぶりのことだった。中国政府が通話の内容をチェックしていないとふたりが確信できたのも、数カ月ぶりのことだった。

「話したいことがいっぱいあるの。すぐにそっちに行くから」

数日後、アルマンが空港の到着ゲートで待っていると、メイセムがゆっくりと近づいてきて彼を抱きしめた。しかし、彼女は何も言わなかった。

考えることができない

収容所から出たあと、メイセムのなかで何かが変わった。中国から出国するバスのなかで、どこから来たのか人々に訊《き》かれたと彼女はのちにアルマンに説明した。スパイや情報提供者がどこにいてもおかしくないと疑っていたメイセムは、まわりの人々を信用などできなかったし、話をしたくもなかった。話すためにはあれこれ考える必要があったため、それだけでひどく疲れた。くわえて、考えることは危険だった。

「カシュガルです」とだけメイセムはそっけなく答えた。

「あそこはいま封鎖されてる」とある男性は言った。「どうやってここまで来たんです？」

「あなたはとても運のいい子だわ」と年配の女性は言った。

インドから飛行機に乗ってトルコに着いたメイセムは、入国審査のカウンターに行ってパスポートを見せる必要があった。職員の男性にも何も言いたくなかった。

「どこから来たんですか？」と男性は言った。

メイセムはぼんやりと相手を見つめた。権限をもつ役人をまえに、何を話すべきかためらった。故郷の中国ではこのような役人が、彼女の家族やキャリアの将来になんらかの影響を与える全面的な権力をもっていた。

「トルコ滞在の目的は？」

無言。

入国審査官はメイセムの中国のパスポートを見やった。彼女は学生ビザを保有しており、有名な大学の大学院に在籍していた。何も問題はなかった。

「わたしは学生です」とついにメイセムは言葉を発した。「夏休みの帰省から戻ってきたところです」。審査官はパスポートにスタンプを押し、入国を許可した。メイセムはタクシーに乗って自宅のアパートメントに行った。

「家に戻ったわたしは、シャワーも浴びず、だぼだぼの汚れたスウェットパンツ姿で室内をよろよろ歩きまわっていました」

朝になってもベッドから出ることができず、授業にも行かなかった。

実際に何があったのか、メイセムはくわしく話そうとはしなかった。それでもアルマンは、彼女が中国を脱出できたのがいかに幸運だったのかを理解しはじめた。メイセムが新疆を離れたわずか数週間後の２０１６年10月19日から、何百万人ものウイグル人住民が順に地元の警察署に呼ばれ、パスポートを引き渡すよう命じられた。警察はオンライン上にこの発表を掲載し、新しいパスポートの発行を停止すると宣した。かくして、ウイグル人たちは中国から出られなくなった。

しかしメイセムは、自分が幸運だとは感じていなかった。ぬかるんだ雪解け道を全速力で疾走しようともがく、ランナーのような気持ちだった。

「その年、２０１６年末から２０１７年にかけて、わたしはほぼ1年にわたってただ寝て過ごしました」と彼女は私に言った。「どこを見ても、権力の影が見えました。誰かに質問されると、相手は尋問しているのではないか、わたしは何かを隠さなくちゃいけないのではないかと思いました。スマートフォンやノートパソコンの画面を見ていると、機械がこちらを監視し、評価を下し、わたしについて考察しているように感じられました。

どうして踏み込んだ会話をするのか？　何かを読み、ほかの人に感想を伝えるのはなぜ？とわたしは自問しました。複雑さと人間性をもつことは、危険な賭《か》けでした」

メイセムは、個人的な感情や批判的な思考を軽蔑《けいべつ》するかのごとく振る舞うことができるようになっていた。それは、生き延びるための戦術だった。そして現実の世界に戻ったいまでも、考えたり感じたりすることができなくなってしまった。

「自分がコンピューターになったような気分でした。まわりの環境を取り込み、自分を守るために計算式をはじきだす。そういうふうに思考がプログラムされているかのようでした」と彼女は表現した。

ものが散乱し、ますます埃《ほこり》っぽくなったアパートメントをとぼとぼと歩きながら、暇を持て余したメイセムはときどき本を手に取った。以前からお気に入りだった『タイムトラベラーズ・ワイフ』を開き、またすぐに閉じた。そして、カメラや監視装置がないか室内をふたたびたしかめた。

窓の外をのぞいたとき、ライトを点滅させたパトカーやパトロール中の警察官が見えるたび、怖くなってまたベッドに戻った。

困惑する友人たち

メイセムを元気づけようと、友人、教授、支持者らがときおり出かけないかと声をかけてくれた。が、彼女はこう言ってすべて断わった。「眠らないといけないの。そんなことをしている時間はない。誰かほかの人を誘って」

友人たちは当初、怒りと悲しみが入り混じった反応をみせた。メイセムはもう交友関係を続けるつもりはないのだと彼らは判断した。

「あのときは苦しかった」と、ある友人はのちにメイセムに告白した。[1]

やがてアルマンの説得によってメイセムは、夕食と紅茶を楽しむ友人たちの小さな集まりに参加することにした。

「何日も着ていた服のままで行きました」と彼女は言った。「しわしわで汚れていました。通りで物乞《ものご》いをしてきたような恰好《かっこう》でした」

室内に入ったメイセムは、振り返った友人たちが居心地悪そうにしているのを感じた。いったい何が起きたのだろう、と彼らは不思議そうにしていた。

しばらくすると彼女は、アルマンやほかの仲間の学生にまた心を開きはじめた。

「ただ、奇妙なことが起こりました。わたしは友人たちに強制収容所のことを話しました。でも、なぜか自分の物語を三人称で伝えていたんです。まるで知り合いが経験したことのように話していました」

説明を聞いた友人たちは、さらに困惑するだけだった。彼らは、メイセムの説明を理解できていないように見えた。

「中国にいる友だちがそんな経験をしたから、悲しいのね？」と、ある友人は言った。

ある夜、メイセムは汗だくで喘《あえ》ぎながら眼を覚ました。片方の手が自然と胸の上へと動いていった。**わたしは死んでしまうの？** そこで、死を悟った人々が唱えるイスラム教の祈りの言葉をささやいた。「まことに我々はアッラーのもの。我々はアッラーのお傍《そば》に還《かえ》らせて戴《いただ》ける身[2]」

メイセムの心のなかの痛みは、耐えがたいものだった。

母親からのメッセージが途絶える

「体には何も悪いところはありません」と、一連の検査を終えた医師はメイセムに告げた。「最近の調子はどうですか？ 家ではすべて順調にいっていますか？」

メイセムは何も答えなかった。心理的な問題があると感じた医師は、彼女にカウンセリングを受けるよう勧めた。

しかし、メイセムはまだ誰とも話をしたくなかった。運のいいことに、母親がときどきテキスト・メッセージを送ってくれた。ふだんの生活を取り戻そうとするメイセムにとって、母の言葉がささやかな慰めとなった。

「今日はみんなで豪華な子羊肉のディナーを食べたの。ワインを飲みすぎちゃった」と母親は冗談交じりに綴《つづ》り、ほろ酔い気分のゲストたちの写真を送ってきた。状況が悪くなるなかでも、家族や友人たちはなんとか楽しみを見いだそうとしていた。母親からのメッセージは、月にいちど程度しか送られてこなかった。それだけだった。くわえて、細かなことは何も書かれていなかった。当局から眼をつけられないようにするには、それが唯一《ゆいいつ》の方法だった。中国国外に住む親戚《しんせき》にメッセージを送ったという理由だけで、当局は市民を拘束することがあったからだ。

　ほぼ毎回メイセムは、「会えなくてさみしいよ」と返信した。

　いちど、母からまったく返事が来なくなったことがあった。1カ月後、メイセムの携帯電話が振動した。

「メッセージを送らないで。安全じゃない」という母親からのメッセージだった。

「電話は危険すぎる。絶対に電話はしないで」

　メイセムは返事をしなかった。それから、もう1通メッセージが送られてきた。

「もしかしたら、しばらくのあいだ話ができなくなるかもしれない。でもいつか街にまた戻ってくることがあれば、この番号に電話して」。母親が送ってきたのは、比較的安全だと思われる親戚の家の電話番号だった。[3]

それが、母親からメイセムへの最後の連絡だった。

何が起きたのか、真相を知ることはできなかった。

「その段になってはじめて、わたしはほんとうに独りぼっちなのだと知りました」

わたしが安全で自由な場所に行けるように、母は自分を犠牲にした。みずから危険を冒した。自分も逃げることができたのに、母は家族と残ることを決めた。

ついにメイセムは、自分に選択肢などないことに気がついた。このタイミングで彼女が思いだしたのは、着替えの服の差し入れをもって強制収容所に来たときの母親の言葉だった――「この経験は贈り物よ。わたしはあなたのことをとても誇りに思う」。

「ここまでたどり着いたのに、あきらめるわけにはいきません」とメイセムは私に言った。「警察国家は勝利を手にしようとしていた。彼らはわたしを破壊した。何千キロも離れた、完全に自由な場所にいるこのわたしを」

彼女は自分のこめかみを指さして続けた。「頭のなかでは、わたしはまだ囚人だったんです」

人生を立て直すべきタイミングだった。暗闇のなかにいたメイセムは、光の源となった人々のことを思いだしはじめた。情熱、喜び、笑いを示すごく小さな行動によって、暴君に抵抗した人々だ。看守に殴られても童謡を歌いつづけた老紳士、ベフラムさんのことを思いだした。そして、かつて彼が教室の生徒たちに向けて挑戦的な態度で言った言葉を思いだした。

「〝死〟以外のことなら、なんだって嗤《わら》いの種にすることができる」とベフラムさんはウイグル語のことわざを自分なりに言い換えた。「なぜなら死んでしまったら、何を嗤うこともできなくなるからだ。風刺することは、生きていることの一部なのさ」

メイセムは、自分の存在意義に気がついた。皮肉にも警察国家から授けられた〝贈り物〟——苦難を生き抜く能力、現実を世界に伝える機会、強さ——を利用する、それが彼女の存在意義だった。

メイセムはカウンセリングを受けることを決め、心理学者に自身の物語を話した。それまでの出来事について語ることをとおして感情を解き放つと、はじめて自身の抑圧と喪失の気持ちをコントロールできるようになったと感じた。彼女は国家によって、受動的な犠牲者へと変えられてしまった。しかしもはや、情報を与えられて出力するだけの犠牲者ではなくなった。

「やっとのことで、生きているとまた感じはじめるようになりました。そして、なぜ人々が自分たちなりの物語を抱えているのか、その理由がわかりました。物語……物語を語り、それを理解する能力こそが、わたしたちを互いに結びつけるものだとわかったんです」

共産党はすばらしい

自身の経験を思い起こし、それに向き合いはじめたメイセムは、家族や友人の大切さにあらためて気づかされた。ときに怒りをぶつけ、冷たい態度をとったにもかかわらず、助けてくれた人がいた。つらいときに見守ってくれた人がいた。そして彼女は、国の大切さにも気づかされた。

「わたしは、家族を危険で不幸な場所へと導いてしまいました」とメイセムは言った。「家族はあらゆる手を尽くし、わたしの逃亡を手伝ってくれた。そして、わたしは彼らをその場に残して逃げた。わたしたち亡命者は、つねに罪悪感にさいなまれています。それは肉体的な拷問《ごうもん》よりもひどい心の拷問であり、容易に抜けだすことはできません。それこそが、警察国家が企《たく》んでいることなんです」

それからメイセムは、いまよりはるかに明るい世界について想像した。

「考えてみてください。わたしたちが、充足感と幸福に満ちた国に住んでいたら？誰もが自由に考え、自分で決定を下す権利を与えられた、民主主義と政治参加のための場所です。地域への愛をとおして、国と将来の世代のために人々はみずからを犠牲にする。どんな困難にも立ち向かい、敵から国と地域社会を守る。そのような人々が芸術、文学、科学的発見を生みだす……それらすべては、人々が安全で自由だと感じ、権利を与えられていると認識する社会から生まれる。思想と言論の自由がある社会です。だからこそ、強い共和国が大切になる。暴君から国民を守ることができる強い国家が必要です」

しかし、そのような世界がウイグル族に与えられる未来など想像できなかった。

「わたしはいつも、最終的に何かすばらしい結果につながることを願ってきました。でもおそらく、ビッグ・ブラザーがすべてを支配するようになるでしょう。人々は愛や神のことを忘れてしまう。全員の生活が、まえもって政府に決められる世界がやってくる」

大学院を1年休学したあと、メイセムは新しい人生の真実を受け容《い》れはじめた。彼女は毎朝ベッドから出てシャワーを浴び、新しい服を買い、かつて何日も着つづけていた古い服やスウェットパンツを捨てた。

中国を脱出してから1年後の２０１７年秋、メイセムは大学院に復学した。教授たちはすぐさま、かつて教室にいた上品な話し方の聡明《そうめい》な女性の存在に気がついた。

メイセムのつぎのステップは、恋人のアルマンとの結婚だった。ある日のこと、外出先から自宅に戻り、キャンドルに照らされたテーブルで夕食を食べたあと、アルマンはメイセムにプロポーズした。ふたりはトルコで小さな結婚式を挙げた。

メイセムの人生はふたたび軌道に乗ろうとしていた。あるとき、新疆にいる母親の近況がふと気になった彼女は、スマートフォンのアプリを開き、微信の母親のプロフィールをたしかめた。

母のプロフィール写真の横に近況が投稿されていた――「良い1日でした。わたしたちは元気にやっています」。

メイセムは驚いた。中国国内から海外にいる彼女に微信のダイレクトメッセージを送ることなどできるはずがない、メイセムはそうわかっていた。当局はそのようなメッセージを傍受し、外国にいる人物と連絡を取ろうとした国民をすぐに捕まえるにちがいない。相手がメイセムのような人物の場合、つまり強制収容所で過ごした経験のある〝国家の敵〟の場合、当局はなおさら敏感になる。

そうわかってはいたものの、微信でなんとか返信するというのが彼女の本能的な反応だった。近況の投稿という方法を使えば、母親と連絡が取れるかもしれない。

「結婚しました！」と彼女は書いて近況を投稿した。

数時間後、母親は「娘のことを誇りに思うわ！」と投稿した。

　メイセムは、アルマンといっしょに写る新しいプロフィール写真を投稿した。「大人になりました！」

「共産党と家族を愛しています！」と母親は投稿した。

「共産党はすばらしい」とメイセムは冗談を書いた。中国当局は皮肉を理解するのが苦手だと彼女はわかっていた。

「お父さんは元気よ。たくさんいいことがありますように」と母親は投稿した。母なりの言葉の使い方やリズムを知るメイセムは、それが実際に母が入力したものだとわかった。政府が母の微信アカウントを乗っ取って書いているわけではない、そう彼女は確信した。

　やり取りは8週にわたって続いた。メイセムは毎朝起きるたび、母からの新しい近況と新しいプロフィール写真の投稿がないかたしかめた。母のプロフィール写真の背景には、メイセムの住んでいた街の風景、母校の高校、おなじみの食料品店など、故郷の見慣れた風景が写っていた。

　そして、やり取りがはじまったときと同じように突然、更新が止まった。メイセムは新しい近況を投稿し、母からの反応を待った。

「いま、とてもおもしろい歴史の授業を受けています」と彼女は誰でも読める設定でメッセージを投稿した。何日、何週間、さらに何カ月たっても、母親からの返答はなかった。[4]

また独りぼっちになってしまった――。

見知らぬ女性からの連絡

ある日の昼食後、携帯電話が振動し、メイセムは画面をたしかめた。アルフィヤと名乗る見知らぬ女性から、微信のメッセージが送られてきた――家族が「ケア」を受けているから「帰国」したほうがいい。

「あなたの家のまわりは最近とてもきれいになりました」とアルフィヤは綴り、実家のある街角の写真を送ってきた。「近所の人たちはあなたのことが大好きなようです。友達も家族も、みんなあなたに戻ってきてほしいと言っていますよ」

メイセムは暗澹《あんたん》たる気持ちになった。〝アルフィヤ〟が政府の諜報《ちょうほう》部員であることはまちがいなかった。完璧な警察国家はおそらく微信の近況更新の内容をとおして、メイセムへとたどり着いた。当局は秘密の〝近況の更新〟をいつから監視していたのだろう、と彼女は考えた。

「その瞬間」とメイセムは言った。「家族が収容所送りになったと確信しました」

アルフィヤは、軽いジャブを続けた。彼女の微信のメッセージはいつも丁寧で控えめな内容だった。

「ここがわたしのアパートメントです」とアルフィヤは書き、自宅の台所と居間の写真を添付した。どうやら彼女は、メイセムと仲よくなろうとしているようだった。

アルフィヤは自宅のバルコニーの写真も送ってきた。

「わかります？　ここでは万事うまくいっているんですよ」

「ありがとうございます。どうしてこんな写真を送ってくるんですか？」とメイセムは訊いた。

「みんなあなたのことを気にかけているんです。わたしたちはひとつの共同体の一員ですから」

この奇妙な会話を無視するわけにはいかない、とメイセムは気がついた。言うまでもなく、辛辣《しんらつ》な言葉を使ったり、非難したり、罵倒《ばとう》したりすることなど許されなかった。家族の運命は、メイセムの理性にくわえ、中国にたいして肯定的であろうとする見せかけの意思にかかっていた。そのためには、つねに自制心を保たなければいけなかった。アルフィヤがメイセムの私生活に不自然なほどの興味を抱きはじめると、さらなる自制心が必要になった。

「どこに住んでいるんですか？　トルコのアンカラ？」とアルフィヤは書いた。

おそらく、彼女がトルコに住んでいることを家族の誰かが話してしまったのだろう、とメイセムは考えた。もしくは、母親の携帯電話やソーシャル・メディアのデータから割りだしたのだろうか？

メイセムはあいまいに答え、「勉強をしています」と書いた。

アルフィヤは詮索《せんさく》を続けた。「ここは地元の市場です。楽しい1日でした！」

彼女はまたメッセージを寄こし、難民や住民としてアンカラに住む仲間のウイグル人の写真を送ってほしいと乞うた。

メイセムはその要求を完全に無視した。[5]

第18章　新しい冷戦

永遠に強い国はない。永遠に弱い国もない。法を奉ずる者が強ければ、その国は強い。法を奉ずる者が弱ければ、その国は弱い。

――習近平（中国の哲学書『韓非《かんぴ》子《し》』からの引用）

２０１９年10月29日、メイセム、友人の女性、アルマン、私は車に乗り、アンカラのアタテュルク廟《びょう》への日帰り旅行に出かけた。丘の上に位置するこの霊廟には、トルコ共和国を建国した独立運動家ムスタファ・ケマルの遺体が安置されている。トルコ系の人々には、「父なるトルコ人」を意味する「アタテュルク」として知られる人物だ。ライオンの彫刻が両側に並ぶ長いライオン通りを抜け、隊列を組んだ儀礼兵たちによる衛兵交代を見学した。それから霊廟に入り、アタテュルクの石棺《せきかん》のまえに立った。ちょうどそのとき、兵士たちが棺の上に花輪を置いた[1]。

この日帰り旅行は、トルコの遺産や記念碑を見物するためのたんなる観光旅行のようなものだと私は考えていた。しかしそのうちに気がついたのは、ウイグル人の友人たちにとってここが象徴的な場所であるという事実だった。

「これが、自分たちの国をもつという意味なんでしょうか？　アタテュルクは、トルコという国が強くありつづけることを望んだ」とメイセムは言い、歴史的な展示物を見てまわった。「彼が築こうとしたのは近代的な共和国だった。迷信に頼らず、宗教と政府を切り離した。学校、道路、病院を建設し、国民の教育と健康を維持する、それこそ政府がするべきことだった。

では、軍隊の役割は？　当時、オスマン帝国は弱体化の一途をたどっていた」と、メイセムは15世紀から19世紀にかけて中東を支配した帝国について語った。「第1次世界大戦が勃発《ぼっぱつ》すると、イギリスが侵攻してきた。彼らはここを衛星国にして、石油の供給を支配しようとした。でもアタテュルクはそれを許さなかった。彼は国民を信じ、自国のために立ち上がるべきだと説いた」

「でも、トルコは民主主義国家ではなかった」と私は指摘した。「アタテュルクの政策は独裁的なものだった」

「そこはポイントではありません」とメイセムの友人が割って入ってきた。「もちろん、わたしたちは民主主義を求めています。でも、アタテュルクについて重要なのは、自分たちの国をもつということの意味をしっかりと示した点です。国は国民を守り、市民としての権利と責任を与える。そう示したんです」

　メイセムはアタテュルクの銅像にうっとりと見とれ、それから言った。「人々は団結し、共通の目標をもたなくてはいけない。自分たちが何者であり、どこから来たのか、世界のなかで何を望むのかというビジョンをもつべきです。でも、わたしたちウイグル人には何もありません。

　わたしたちの世界は崩壊している。中国政府はわたしたちを分裂させ、敵対させようとする。中国国外でさえも、ウイグル人はお互いを信用していない。いっしょに協力して、抵抗しようとさえしない。

　では、アメリカは？　ジョージ・ワシントンやエイブラハム・リンカーンは？　あるいは、マーティン・ルーサー・キングは？　彼らは、どのようにして目標を達成したのか？　自由で平等であることが何を意味するのかというビジョンのもと、彼らは大勢のアメリカ人を団結させた。シャルル・ド・ゴール、ネルソン・マンデラ、ガンジーも同じです」

そのとき私は、メイセムがウイグル族の世界をどのように見ているのかを理解することができた。壮大な物語もなければ、実現すべき目標もなかった。そこにあるのは、堕落した世界だった。

「指導者も英雄もいない。だからウイグルの世界は崩壊している。彼らはみんな刑務所に収監されていますから」

「あなた方が望む理想の指導者とは？」と私は尋ねた。

メイセムと友人はほぼ同時に答えた。「イリハム・トフティです」

「彼はただの学者ではありません」とメイセムは、終身刑で服役中のかつての恩師について話しだした。「彼は指導者です。演壇に立って長々と演説し、人を魅了することができる。彼はけっして腐敗を許さない。命を賭《と》してでも、自分の信念を守り抜くはずです。

でも、わたしたちが生きる現代では、世界じゅうの人々が自分たちの指導者、民主主義体制、国家を攻撃しようとする。指導者はみんな、恐怖と怒りを利用して国民を導こうとする。人々のあいだに憤怒《ふんぬ》を生みだそうとする。言論の自由や法律を尊重しようとしない。そんな状況下では、イリハム・トフティのような指導者が現われるのを期待することなどできません」

丘の上から街並みを見渡した。かつて独立運動の中心地だったその街は、いまではトルコの首都になった。夕暮れが迫っていた。オレンジがかった紫色の夕陽が、霊廟に反射してきらきらと輝いた。一瞬、私はまえが見えなくなった。

「そろそろ行きましょう」とメイセムの友人が言った。「ここもう閉まるわ」

世界各地に住むウイグル人たちは私とのインタビューのなかで、中国の動向を注意深く追いつつ、〝状況〟に転機が訪れることを祈っていると語った。メイセムもそのひとりだった。

ファーウェイがAT&Tと組む？

２０１８年７月以降、中国企業のファーウェイ、メグビー、センスタイム、ハイクビジョンは、アメリカを含む数十カ国の政府に敵対視されるようになった。それらの企業は、メイセムを収容所送りにした国家監視システム構築の手助けをした組織だった。

にもかかわらず、中国のテクノロジー企業は自分たちの能力を誇示しつづけ、（少なくとも一般市民には）よりよい未来を築くことを約束した。

「われわれが成し遂げたことは、かつては映画のなかにしか存在しないものだった」と、センスタイムの製品開発責任者である楊帆は２０１８年にフォーブス誌のインタビューのなかで答えた。同社の初期の功績について誇らしげに語った楊によると、センスタイムは、１００億の画像と動画からなるデータベースを構築し、顔認証の精度を向上させたという（その多くがオンライン上から収集されたものだった）。このシステムを活用した重慶市は大胆にも、40日のあいだに69人の容疑者を特定し、16人の逃亡者を逮捕した。[2]

　ファーウェイは、新疆《しんきょう》での監視活動向けのクラウド・コンピューティング・サービスを提供しただけではなかった。[3] くわえて、ウイグル人を認識したときに警察に警告する顔認証ソフトウェアを開発した。[4] そのファーウェイが、米通信大手ＡＴ＆Ｔとキャリア契約を結んでアメリカのスマートフォン市場に本格参入するという噂《うわさ》が広がった。この事業が成功すれば、いまやアップルとサムスンに次ぐ世界第3位の携帯電話メーカーになったファーウェイが、アメリカで影響力をもつ有名ブランドのチームに仲間入りを果たすことになるのはまちがいなかった。

　ところがアメリカ市場に乗り込むためのファーウェイの試みは、まったく反対の効果をもたらした。すべてがはじまったのは、２０１８年1月9日だった。この日、ファーウェイのコンシューマー事業部ＣＥＯの余承東《よしょうとう》（リチャード・ユー）は、ラスベガスで開催中の見本市コンシューマー・エレクトロニクス・ショー（ＣＥＳ）でのスピーチの準備を進めていた。その場で彼は、待望のＡＴ＆Ｔとの提携をとおしてファーウェイの最新スマートフォンＭａｔｅ１０Ｐｒｏをアメリカで発売することを発表する予定だった[5]。

「ＣＥＳの会場に着いたとき、ＡＴ＆Ｔが正式に手を引くことになったと知らせを受けました。アメリカ政府からの圧力があったと向こうは明言しましたよ」と私に語ったのは、現場で見本市の準備を手伝っていた米ファーウェイ広報部の元副部長テリ・デイリーだ。「（ＣＥＯの）リチャードは予定どおりステージに上がり、新製品について発表しました。流通ルートを示すスライドにたどり着いたとき、そこにＡＴ＆Ｔの文字はなかった。それを見たアメリカの技術系メディアから、ハッと息をのむ声が聞こえてきました」

　プロンプターに流れるスピーチ原稿を読みおえたあと、リチャード・ユーはアドリブで思いの丈をぶちまけた。「ＡＴ＆Ｔは、われわれのスマートフォンを利用する契約を解除しようとしています。これは当社だけでなく、通信事業全体にとっても大きな損失です。しかし、消費者にとってはさらに大きな損失となります。なぜなら、消費者から最良の選択肢を奪うことになるからです。われわれは中国の通信事業者の信頼を勝ち取り、新興市場の信頼も勝ち取ってきた……くわえて、ヨーロッパや日本のあらゆる事業者を含め、世界じゅうの通信事業者の信頼を勝ち取ってきました」[6]

新たなアップルやサムスンになるというファーウェイの夢は打ち砕かれた。「ファーウェイは、米中貿易戦争のイメージ・キャラクターのような扱いを受けるようになりました」とデイリーは言った。「それに、アメリカ政府は少なくとも２０１２年から準備を進めていたので、その動きはじつに組織立ったものでした」

２０１９年、ファーウェイにたいするある刑事裁判の記録が公表された。その資料によると、アメリカ政府がファーウェイの従業員ひとりを告発していたことがわかった。その従業員はファーウェイ本社の指示と後ろ盾のもと、２０１３年5月、ワシントンのＴモバイルの研究所に入り込んだという。与えられた秘密任務は、滑稽《こっけい》で奇妙とも思えるものだった。研究所に潜入した彼は、「タッピー」（Ｔａｐｐｙ）と呼ばれる試験用ロボットのアームを持ち去った。タッピーが担《にな》うのは、市場に出荷されるまえの新型スマートフォンを素早くタップし、品質を分析するという作業だった。

迅速かつ正確で、効率的な検査能力をもつタッピーは、携帯電話業界の羨望《せんぼう》の的だった。Ｔモバイルはタッピーを自社で厳重に管理しており、協力企業のごく一部の従業員にしかアクセスを許していなかった。

ホテルに戻ったファーウェイの従業員はその夜、ロボットのアームを計測して写真を撮影した。Ｔモバイルの研究員たちがすぐにアームがないことに気づくと、その従業員は自分は持ちだしていないと否定した。しかし翌日になると彼は、鞄《かばん》のなかにアームが「知らないうちに入っていた」とＴモバイル側に伝えた。[7] ファーウェイは、この騒動に関連してふたりの従業員を解雇したと発表。その後、民事訴訟と刑事訴訟がはじまった。[8] ２０１７年に出た民事裁判所の評決では、ファーウェイにたいして損害賠償としてＴモバイルに４８０万ドルを支払うことが命じられた。[9]

この民事裁判の評決が出てから2年後の２０１９年1月、刑事訴訟を担当したシアトルのアネット・Ｌ・ヘイズ連邦検事補はこう宣した。「この起訴は、ファーウェイの深刻な法律違反に光を当てるものである」。[10] ファーウェイから入手した社内の電子メールの内容にもとづき、検察官たちはつぎのように判断した。中国本土のファーウェイの各部署は、ほかの企業から機密情報を盗んだ従業員にボーナスを与える方針を正式に取り決めていた。[11]

タッピーのアーム窃盗《せっとう》計画の疑いが明らかになると、ファーウェイの産業スパイ活動疑惑にたいする憤《いきどお》りと不満が爆発し、米中のあいだで全面的な貿易戦争が起きた。

アメリカの強硬な姿勢は、中国の巨大テクノロジー企業の台頭への西側諸国の抵抗感の高まりを象徴するものだった。それらの中国企業は、国内の監視と統制の網の構築にも深くかかわってきた組織だった。

CESでのファーウェイの新製品発表会から4カ月後の2018年5月2日、アメリカ国防総省は、世界各地の米軍基地でのファーウェイと中興通訊（ZTE）の端末の販売を禁止した[12]。3カ月後にオーストラリアは、ファーウェイ主導の国内5Gネットワークの構築計画を中止することを発表した。5Gは、人工知能やビッグデータにおける将来的な発展の下支えとなるものであり、オーストラリアは新しいネットワークを通じた中国の監視やスパイ活動を恐れたのだった[13]。

その一方で、ファーウェイの成長は続いていた。同社は、2018年の上半期のあいだに全世界で1億台の携帯電話を出荷したと発表[14]。8月1日、ファーウェイはアップルを抜き、世界第2位の携帯電話販売業者になった[15]。

社会信用スコアが国の管理下に

中国のテクノロジーが世界じゅうに広がるなか、中国国内では〝社会信用情報〟を統一する動きが加速していた。このシステムは、ローン、就職、マンション購入、さらには旅行の割引などにたいする市民の〝信用度〟をランク付けするというものだ。かくして、中国の民間企業のデータにくわえ、政府がもつ裁判や逮捕記録を活用した、全国統一のシステムの構築が進んでいった。

２０１８年はじめ、中央銀行である中国人民銀行は、それまで4年にわたって社会信用システムを開発してきた8社の民間企業がもつ信用情報の管理をはじめた[16]。

国が管理レベルを強化した結果、より迅速で効率的なシステムが生まれた。その年、社会信用スコアが低いという理由で、航空券の販売が１７５０万回、列車の切符の購入が５５０万回阻止された[17]。さらに、企業弁護士の活動や上級管理職の採用が29万回阻止された[18]。

このシステムの運用にたいする市民の評判は、少なくともはじめのうちは悪いものではなかった。ベルリン自由大学の研究者たちは２０１８年3月から8月にかけて、北京と上海の住民２２００人を対象にオンライン調査を行なった。結果、高齢者にくわえ、より裕福で高度な教育を受けた都市在住者である「社会的に恵まれた市民」の多くが、社会信用システムにとりわけ好意的であることがわかった。実際、所得が高いほど支持率も高かった。これらの裕福な住民たちは、誰もが監視・格付けされる社会信用システムが、誠実なビジネス取引を後押しするものだと感じていた[19]。

トランプ・習会食後の逮捕劇

ドナルド・トランプ率いるアメリカと習率いる中国のあいだで貿易戦争が激しくなるなか、２０１８年12月1日、アルゼンチンのブエノスアイレスでふたりは会食し、90日間の休戦に合意した。トランプによると中国は、外国企業にたいして企業秘密や知的財産の引き渡しを求めるそれまでの慣例を見直すことに同意したという。トランプはさらに、中国が1兆２０００億ドル相当のアメリカ製品を購入することに合意したと主張した。一方の中国側は、この非公式の夕食会における合意内容をいっさい公表していない。[20]

同じ日、1万キロ以上離れたカナダ太平洋岸にあるバンクーバー国際空港に、ファーウェイの創設者・任正非の娘で同社の副会長を務める孟晩舟［第5章参照］が香港から到着した。メキシコ行きの便に乗り換えようとしていた彼女は、カナダ連邦警察に身柄を拘束された。警察は孟にたいし、移動の理由とイランのスカイコムとの関係について質問した。[21] アメリカ政府は、スカイコムがファーウェイの〝非公式の子会社〟だと考えていた。孟が同社を使ってファーウェイのイラン事業のためにアメリカの機密技術を手に入れ、さらにイラン国外に資金を移動させているとアメリカ側は踏んでいた。[22]

裁判資料によると、拘束された孟は「わたしがアメリカで詐欺《さぎ》を働いていると言いたいんですか？」と訴えたという。

３時間にわたる荷物検査と尋問の末に孟は、アメリカからの身柄引き渡し要求にもとづいて逮捕された。[23] 米司法省は、イランにたいするアメリカの制裁に孟が違反したと主張した。くわえて、イギリスのＨＳＢＣ銀行との会議のなかで、イランでのスカイコムの活動について嘘《うそ》の情報によって同銀行を欺《あざむ》いた疑いもあった。[24]

トランプ大統領との会食を終えたあと、習近平は逮捕について知った。孟がファーウェイの最高法務責任者に電話し、中国政府にこの情報が伝えられた。[25] 怒り狂った中国政府は、カナダとアメリカの大使を呼びだして説明を求めた。

孟の逮捕は中国で大騒動となり、国家の技術力の象徴となったファーウェイにたいする組織的な攻撃だと多くの人が非難した。中国の楽玉成《らくぎょくせい》外交部副部長は、孟の逮捕は「中国国民の法的かつ正当な権利と利益を著しく侵害するものであり、違法で、理不尽で、冷酷で、きわめて悪質」だと抗議した。孟が釈放されなければ、「深刻な事態になる」と彼は警告した。[26]

この抗議の３日後、北京に滞在中だったカナダの元外交官マイケル・コブリグが、

「国家安全保障を危険にさらした」容疑で身柄を拘束された。[27] のちに彼は、２０１５年制定の国家安全法にもとづいて起訴された。[28] その法律は、政府に広範な権限を与えることを定め、新疆ウイグル自治区での監視国家建設のために利用されたものだった。

コブリグ逮捕の数時間後、ツイッターのフィードをとおして私はあるニュースを知った。カナダ出身の実業家マイケル・スパバーが、中国東北部の街にある自身の拠点で、国家安全保障を危険にさらした同じ容疑で逮捕されたという。ジャーナリストとして北朝鮮を訪れたときから私は、スパバーとは長年のつき合いがあった。

陽気で社交的なスパバーは中国を拠点として活動し、北朝鮮との文化スポーツ交流を斡旋《あっせん》する会社を運営していた。彼は北朝鮮の人々を愛し、北朝鮮と欧米のアスリートによるスポーツの試合の開催を後押しすることを望んだ。[29]

北朝鮮の独裁者、金正恩《キムジョンウン》に会ったことのある数少ない欧米人のひとりであるスパバーは、物議をかもしたバスケット選手デニス・ロッドマンの訪朝を2度にわたって手配した人物だった。〝ワーム〟の愛称で知られるロッドマンは、金正恩と酒を飲んでべろんべろんに酔っぱらい、彼に「ハッピー・バースデー」を歌ったという。「元《げん》帥《すい》、あなたの父親と祖父はとんでもないことをしでかした」とロッドマンは金正恩に告げて乾杯した。「でもあなたはちがう。あなたは変化を起こそうとしている。だからこそ、おれはあなたを愛しています」[30]

あるとき、スパバーはプロレスの試合を企画し、日本の伝説的な元プロレスラーで、当時は政治家だったアントニオ猪木《いのき》の北朝鮮訪問を実現したこともあった。イラクで日本人の人質解放の交渉をしたこともあるアントニオ猪木は、人を惹《ひ》きつける活動的な男で、ファンの顔を平手打ちする「闘魂ビンタ」という儀式が有名だった。[31]

そして、明るく陽気なスパバーの身柄が拘束された。

「ふたりの逮捕はわれわれへの攻撃だと考えています」と、スパバーとコブリグの解放に奔走したカナダ人外交官が、私の取材に真剣な口調で答えた。「コブリグはつい最近まで外交官だった。中国がメッセージを送ろうとしているのはまちがいありません」

中国は、孟の逮捕への報復措置として人質をとったという事実を隠そうともしなかった。

「孟氏の逮捕への報復措置として中国が特定の人物を拘束したことを非難する人々は、まずカナダ側の行動について振り返るべきだ」と、駐カナダ中国大使の盧沙野《ろさや》はグローブ・アンド・メール紙に意見記事を寄稿した。[32]

「中国側が必要としたのは、なんらかの国際的な制裁措置に違反したともっともらしく非難することのできるカナダ人です。つまり、厳しい制裁を受けている北朝鮮などの国と取引をしているカナダ人です」と私に語ったのは、韓国の国民大学校の教授で、北朝鮮研究の第一人者であるアンドレイ・ランコフだ。彼はスパバーとも面識があった。「ここでは制裁というのが大切な点でした。なぜなら、アメリカは制裁への違反を理由に孟晩舟を告発したからです。『おまえたちは中国国民ひとりを人質にとった。われわれはおまえたちの国民ふたりを人質にとってやる！』という理屈ですよ」

拘置施設に収容されたスパバーとコブリグは、つねに監視下に置かれた。ふたりは毎日6～8時間にわたって尋問を受け、明るく電気が灯されたままの部屋で眠ることを強いられた。それは、心理的な拷問《ごうもん》の手法のひとつだった。[33] カナダの領事館員がスパバーとコブリグに接見したとき、ふたりはひどく狼狽《ろうばい》していたという。接見の様子についてくわしく知るカナダ人の外交官が、私にそう教えてくれた。[34]

スパバーの友人たちのグループから最新情報がつぎつぎと寄せられ、ニュースの詳細が少しずつ明らかになっていくなか、私は衝撃を受けつつ様子を見守った。同時に、外交官、投資家、実業家たちは、中国で活動を続けることについて以前のような確信をもてなくなったと私に打ち明けた。自分もいつか人質にとられるのではないかと不安を抱く人も少なくなかった。

「中国政府は、じつに奇妙で矛盾した態度をとっています」と、あるヘッジファンド投資家は私に語った。「これらの（ファーウェイのような）中国企業は民間企業であり、ほかの国々と同じ法律が適用されていると政府は主張しています。にもかかわらず、『これらの民間企業にしたがわなければ、われわれは報復措置をとる』と平気で言うんです」。つまり中国はその外交政策において、ファーウェイが国益のための一部門であり、同社が国家の庇護《ひご》を受けていることを認めたも同然だった。

そのヘッジファンド投資家はさらに、私が韓国と北朝鮮の外国特派員として活動していたころに起きたある出来事について口にした。２０１７年に韓国の小売大手のロッテは、アメリカ製ミサイル防衛システム設置のために韓国内の自社の土地を政府に提供した。その新型ＴＨＡＡＤミサイル・システムの韓国への配備に反対する中国は、以前からなんとか阻止しようと試みていた。

ロッテが土地提供を決めたとたんに中国は、消防法違反を理由に国内の多くのロッテマート店舗に営業停止を命じ、長々とした税務調査を行ない、少なくとも1店舗の不動産を差し押さえ、営業認可のプロセスを遅らせた。[35]さらに、中国のロッテマートの店舗の多くが市民によって襲撃され、不買運動が起きた。ロッテはそれまで中国を貴重な小売市場として位置づけ、96億ドルを投じて事業の拡大を進めていた。[36]しかしその年、百貨店事業の中心であるロッテマートは17億８０００万ドルの損失を計上した。[37]

中国で活動するほかの何十人ものビジネス関係者たちが、恐怖に満ちた神経質な感情を吐露した。べつのヘッジファンド投資家は私にこう言った。「徹底的な内部評価を行なった結果、ここ3、4年のあいだに中国のテクノロジー企業が驚くべき変貌《へんぼう》を遂げていたことがわかりました。それらの企業はもはやただの技術開発者ではなく、国家の機関に成り代わっていた」

中国がその力を誇示しようとしていたのは、かつてないほど世界が強く結びついた瞬間だった。ＡＩ、データ・ネットワーク、マスデータ収集などの新興テクノロジーをとおして、これほど多くの国と人々が密接に結びついたことはなかった。しかし、その世界はふたつの勢力のあいだで見事に分断されていた。それを証明するかのようにトランプ政権は、すぐに報復措置をとることを決めた。

ファーウェイとZTEを使用禁止に

カナダでの孟の逮捕からわずか1カ月後、トランプ政権は新たな大統領令の発令を検討しはじめた。その内容は、ファーウェイとＺＴＥが製造した通信機器のアメリカ企業での使用を禁止するというものだった。[38] さらに、上院議員のマーク・ウォーナー［民主党］とマルコ・ルビオ［共和党］は、「重要技術安全保障局」と呼ばれる新しい政府機関を設立するための法案を超党派で提出した。この機関が目指すのは、中国やロシアをはじめとする外国の技術がもたらす脅威を回避するための取り組みを調整することだった。[39]

さまざまな憶測が飛び交ったのち、ついに2019年5月15日にトランプ大統領は「情報通信技術およびサービスのサプライチェーンの保護に関する大統領令」を発表した。「外国の敵対者は、情報通信技術およびサービスにおける脆弱性《ぜいじゃくせい》をつぎつぎと作りだし、搾取《さくしゅ》しようとしている。米国の情報通信技術およびサービスは大量の機密情報を保存・通信し、デジタル経済を促進し、重要なインフラストラクチャーと必要不可欠な緊急時サービスを支えている。敵対者はその脆弱性を利用し、アメリカと国民にたいする経済・産業スパイ活動を含む、悪意に満ちたサイバー活動を行なっている」[40]

この大統領令はアメリカの各企業にたいして、米国の国家安全保障と技術を蝕《むしば》む意図をもつ外国政府と協力関係にあると考えられる外国企業との取引を禁止することを命じた。

大統領令の発令により、国家安全保障に関する問題や人権侵害への関与を理由に、ファーウェイ、センスタイム、メグビーなどの数多くの中国企業がのちにアメリカ政府の制裁の対象になった。一方、マイクロソフトやグーグルといったアメリカ企業は、ウィンドウズやアンドロイドなどの米国製ＯＳをハードウェア機器上で利用する中国企業にたいして、ソフトウェアを引きつづき販売することができた。ただしファーウェイに販売するためには、まず政府に許可を申請する必要があった[41]。この制裁は、すぐにファーウェイの事業に大きな打撃を与えることになった。ある時点でグーグルは、ファーウェイのスマートフォンへのアンドロイドＯＳ提供を取りやめた。自社でＯＳをまかなうことを余儀なくされたファーウェイは「ハーモニー」と呼ばれるシステムを開発したが、バグと欠陥だらけだった[42]。

「ファーウェイにとって最大の痛手は……アメリカ政府がファーウェイを制裁リストに載せたことです」と、ファーウェイ米国支社広報部の元副部長テリ・デイリーは私に言った。

アメリカ政府が懸念《けねん》したのは、中国企業がスパイ活動を活発化させるのではないかという点だった。ファーウェイの機器にバックドアや意図的なバグをインストールすることによって、スパイ行為やハッキングが可能になるのではないかと米政府は恐れた。[43]

一方、アメリカ司法省は独自のデータを発表し、産業スパイや特許侵害に関する裁判の数が異常なほど増えたことを指摘した。実際、その数はここ10年で急増していた。「過去7年のあいだに産業スパイの疑いで司法省が起こした裁判の9割以上は、中国に関連するものです」とロッド・J・ローゼンスタイン司法副長官は言い、3人の中国人ハッカーにたいする起訴を発表した。「企業秘密の窃盗に関する司法省の裁判の3分の2以上が、中国に関係しています」[44]

センセーショナルなスキャンダル、裁判、刑事告発が立てつづけに起きた。ポーランドでは、スパイ容疑でファーウェイの従業員ひとりが逮捕された。[45]そして2019年1月、アメリカ政府はファーウェイを相手取り、詐欺と企業秘密窃盗の容疑で23件の起訴状を提出した。[46]

中国政府の大胆な脅し

報復合戦と化した貿易戦争を追っていた私は、中国の対応に衝撃を受けた。中国政府は、ファーウェイとの協力を拒否した各国政府にたいして大胆な脅しをかけはじめた。一方で表向きには、ファーウェイは民間企業であり、同社の問題は政府とは無関係だと主張した。

「カナダ政府がファーウェイの5Gネットワークへの参加を実際に禁止した場合、どのような影響があるのかわたしにはわかりかねます。ただし、なんらかの影響があることはまちがいないでしょう」と中国の盧沙野大使は記者会見で述べた。「カナダ政府にたいしては、この問題について賢明な判断を下すことを求めます」[47]

第19章　大いなる断絶

中国はつねに世界平和の構築者、世界発展への貢献者、
国際秩序の支持者でありつづける。
――習近平

米中の〝技術の冷戦〟は、かつての米ソの冷戦とはまるっきり異なるものだった。資本主義社会から共産主義を隔てる鉄のカーテンもなければ、ベルリンの壁もなかった。新たにはじまろうとしていた貿易戦争は、より複雑で入り組んでいた。開かれた市場で貿易がさかんに行なわれ、共産党のエリート幹部たちは子どもをアメリカのアイビーリーグの大学に留学させた。シリコンバレーと中国は、異なるバブルのなかに

存在するわけではなかった。両者は部品、ハードウェア、ソフトウェア、さらには人材についても相互に依存しながら存在していた。じつのところ、中国人ソフトウェア開発者のうち驚くべき割合が、スタンフォード大学やマサチューセッツ工科大学で教育を受けた人々だった。

　アメリカと中国はもはや一蓮托生《いちれんたくしょう》も同然だったものの、両国は技術的・経済的な長期戦を見据えた準備を進めているように見えた。

大統領側近たちの不安

　２０１９年５月に開かれたアメリカ連邦議会公聴会のなかで、民主党のアダム・シフ下院議員がこう発言した。「イノベーションと独裁主義の結合はひどくやっかいな問題であり、その影響は中国を超えて世界に広がっている……この種の技術の輸出によって、中国政府の社会的・政治的統制モデルを模倣するために必要な技術的ツールが各国に与えられることになる」

　共和党のデビン・ヌネス下院議員は同じ公聴会のなかで、「中国は、政治的な支配を最適化するために設計された侵略的な監視手段を採用し、かつそれを輸出しようとしている」と警告した。[1]

にもかかわらずトランプ政権は、ウイグル族の窮状についてほとんど関心を示さなかった。

議会公聴会から1カ月後の２０１９年6月、トランプ大統領と習近平国家主席は、各国首脳と中央銀行総裁が集まるG20大阪サミットの夕食会に参加した。その席で、「習近平は「新疆《しんきょう》ウイグル」自治区に強制収容所を建設するそもそもの理由をトランプに説明した」と、国家安全保障問題担当補佐官だったジョン・ボルトンは『ジョン・ボルトン回顧録――トランプ大統領との４５３日』のなかで綴《つづ》っている。「米国側の通訳によれば、トランプは、遠慮なく収容所を建設すべきだ、中国がそうするのは当然だと思う、と答えたという」

同席したのが通訳だけだったため、ボルトンがのちに回顧録で暴露するまで、この会話の内容は外には伝わらなかった。

ボルトンにくわえ、マイク・ペンス副大統領やマイク・ポンペオ国務長官を含む同僚たちは、中国に制裁をくわえる理由のひとつである「ウイグル人への弾圧」というカードをトランプが排除しようとしているのではないかと不安になった。民主主義や人権の擁護に関する問題について、トランプのホワイトハウスはほとんど重要視していないように見えた。[2]

経済的および技術的なパイのより大きな一切れを得ようとする両者のあいだで、貿易戦争はいつしか手に負えない利益主義《レアルポリティーク》的争いに発展しようとしていた。

暴《あば》かれた中国企業と政府の共謀

2020年秋まで、中国における完璧な警察国家建設の証拠は、ウイグル人難民の証言、衛星写真、物語を裏づけるそのほかのオープンソース資料や漏洩《ろうえい》文書によって構成されていた。

しかし、貿易戦争がそれを一変させた。アメリカ政府や民間の研究所は突如として、独自の調査による詳細な結果を発表しはじめた。これらの調査によって、新疆ウイグル自治区の怪物のような監視システムの構築に多くの中国テクノロジー企業が深く共謀していたことを示す膨大な量の資料が出てきた。企業側は繰り返し否定したものの、協力の中身を把握したうえで彼らが関与していることにもはや疑いの余地はなかった。

ファーウェイは、新疆での弾圧には関与していないと一貫して訴えてきた。2019年6月、イギリスの議会公聴会で「ファーウェイは新疆で活動しているのか」と尋ねられると、幹部のひとりはこう答えた。「当社の契約は第三者と結ばれたものです。われわれが直接的に何かをするということはありません」[3]

実際には、ファーウェイやほかの中国のテクノロジー企業は、新疆での監視システム構築に密接に関与していた。

「公安部とともにファーウェイは、スマート警察活動の新たな時代を切り拓《ひら》き、より安全でスマートな社会の構築を支援します」とファーウェイの幹部が政府のウェブサイト上で述べた、と中国メディアは報じた。このウェブサイトには、新疆ウイグル自治区の当局とファーウェイのあいだの新しい合意内容が掲載されていた。さらに２０１８年に中国政府はファーウェイとべつの契約を結び、ウルムチに「情報セキュリティー産業」研究所を建設する計画を進めた。[4]この研究所が目指すのは、新疆の警察にたいする技術支援を行ない、歴史的都市アクスにあるデータセンターなどの〝成功事例〟をさらに広めることだった。[5]

これらすべてが、アメリカやほかの国々が中国のハイテク企業にたいして制裁を強めるさなかに起きていた。

「新疆におけるファーウェイの活動は大規模なものであり、同社は政府の公安部や地域警察と直接的に協力して活動している」と、オーストラリア戦略政策研究所（ＡＳＰＩ）の研究者たちは結論づけた。[6]アメリカ政府もまた、ファーウェイに制裁を科すときに同じ点を指摘した。

「まちがいなくこれらの組織は、新疆ウイグル自治区での中国によるウイグル族、カザフ族、そのほかのイスラム系少数民族にたいする弾圧、大規模かつ恣意《しい》的な拘束、ハイテク技術を駆使した監視の実施において、人権侵害と虐待《ぎゃくたい》に関与している」とアメリカ商務省は公文書のなかで説明し、２０１９年10月に新たに28社を制裁リストに追加した。[7]

　顔認証スタートアップ世界最大手の2社である中国のセンスタイムとメグビーも、制裁の対象になった。[8]アメリカのクアルコムとフィデリティ・インベストメンツから支援を受けるセンスタイムは、２０１７年にスマート警察活動のための合弁会社・立昂技術（レオン・テクノロジー）を設立し、２０１９年に所有権を売却した。レオン・テクノロジーは、ウルムチのセーフ・シティー計画の5割にあたる事業にくわえ、「新疆と周辺諸国の３０００〜５６００キロにおよぶ国境の監視インフラの建設と維持」を担当していると主張した。[9]２０１９年4月にニューヨーク・タイムズ紙は、センスタイムとメグビーが、ウイグル人追跡のために政府が使用するアルゴリズムを構築したと報じた。

　センスタイムは、社内の〝関連チーム〟は自分たちの技術が人種プロファイリングのために使われていることを認識していなかったと説明した。メグビーの大株主であるカイフ・リー率いるシノベーション・ベンチャーズ〔第５・15章参照〕はニューヨーク・タイムズの取材にたいし、すでに取締役会の席を手放し、メグビーの株式の一部を売却したと述べた[10]。

公安部の支援を受ける中国安防行業網という団体が２０１６年に発表した中国語の記事によると、メグビーが開発した犯罪容疑者特定のための顔認証ソフトウェア「天眼（スカイアイ）」が、新疆を含めた中国全土ですでに利用されていることがわかった[11]。

似たような内容は数年まえから一部の目立たない中国語ニュースサイトに掲載されていたものの、制裁について大きく報じられるにつれ、英語圏でも注目されるようになった。センスタイムと同じようにメグビーもこれらの報道を否定し、アメリカの制裁対象になったことに強く反対する声明を発表した。「当社が把握するかぎり、２０１８年のあいだに新疆でのプロジェクトから生じた売り上げは、総収入の１パーセントほどにすぎません。２０１９年6月30日までの上半期においては、新疆での収益はありませんでした[12]」

しかしながらアメリカ政府と非営利民間研究機関は、中国のハイテク企業が新疆ウイグル自治区で活動していたことを示す決定的な証拠と思われるものをつぎつぎと見つけだした。

映像監視産業向けのウェブサイトＩＰＶＭは、世界最大手の監視カメラ・メーカーである中国の杭州海康威視数字技術（ハイクビジョン）〔第４・５・18章参照〕が、政府と５３００万ドルの契約を結んだと報じた。[13] その契約の内容は、新疆ウイグル自治区のある県において、強制収容所内を含めた地域全体に顔認証システムを構築するというものだった。ハイクビジョンはやがてビデオ会議システムをとおして、国が認めた説教を各地のモスク内で放送し、カメラで室内の様子を監視するようになった。[14] フランスのＡＦＰ通信が入手した２０１７年の入札書類には、３万５０００台のハイクビジョン製カメラが学校、オフィス、通り、モスクなどに設置されたと書かれていた。それらのカメラの一部は、モスクを監視し、宗教指導者たちが説教のなかで事前に認められた文言を伝えているかどうかをたしかめるものだった。２０１７年のあいだにハイクビジョンは、似たような公共事業の入札を複数回にわたって勝ち取っている。[15]

アメリカの制裁リストはまさに、ここ10年のあいだに中国で急速に発展した技術エコシステムを築き上げてきた企業の一覧表のようだった。名前が挙がったすべての会社が、制裁対象になったことに抗議した。それは、技術戦争における避けられない闘いだった。

セーフ・シティーを採用する国々

２０１８年までに亀裂《きれつ》はさらに広がった。アメリカと中国はやっかいな状況に飲み込まれ、技術エコシステムをふたつの異なる勢力圏に分割していった。

一方の勢力圏は、中国による技術とインフラ整備を求める国々で構成されていた。ロシアやベネズエラのような独裁国家、エチオピアのような貧しい国だ。これらの国々は、セーフ・シティー計画や一帯一路構想のために中国が提供する優遇措置と安い価格を欲していた。

もうひとつの勢力圏は、西側のより豊かな国々で構成されていた。英語圏のファイブ・アイズ（オーストラリア、ニュージーランド、カナダ、イギリス、アメリカ）にくわえ、ＥＵと日本だ。これらの国々は、ノキア、エリクソン、アマゾン、グーグルの拠点となる場所だった。

年がたつにつれ、世界の何十もの国々が困難な立場へと追い込まれ、どちらの陣営につくのか選択を迫られた。多くが中国を選んだ。ほとんどの国にとって決定の最大の要因となったのは、国内の次世代データ・ネットワーク５Ｇの構築をどの企業に託すことを望むのかという点だった。ファーウェイに依頼すべきか？　あるいは、フィンランドのテクノロジー企業ノキアやスウェーデンのハイテク大手エリクソンなどの欧米の企業に依頼すべきか？　超高速大容量データ通信を備えた最先端ネットワークである５Ｇは、ＡＩ、スマート・マニュファクチャリング、スマート・シティーをはじめとする未来技術の支えとなるものだ。過去における鉄道や航空路線の構築に相当する、21世紀の大発明である。それは経済の起爆剤であり、国家の経済発展の原動力かつ象徴だった。

　ファーウェイは報告書のなかでこう説明した。「５Ｇ接続の普及は、情報格差を解消し、デジタル化されたシェアリング・エコノミーの繁栄をうながし、既存の生産方法やライフスタイルの変化を推し進め、最終的に人々の生活の質を向上させるものである[16]」

　２０１８年なかばまでにアメリカとその同盟国は、５Ｇ構築の契約をファーウェイと結ぶことに難色を示すようになった。アメリカはＥＵの同盟国とオーストラリアにたいし、ファーウェイと５Ｇ契約を結ばないよう圧力をかけた[17]。のちにアメリカはエリクソンやノキアと協力し、より安全で信頼できる代替ネットワークの構築について検討しはじめた[18]。

「独自の安全な５Ｇネットワークの開発は、中国のプロバイダーとの提携から得られる利益よりも大きなものをもたらしてくれるはずだ。中国のプロバイダーは国から多額の援助を受けており、党執行部の意向に逆らうことはできない」とアメリカのマーク・エスパー国防長官は言った。[19]

２０１８年8月、オーストラリアは5Ｇネットワークからのファーウェイ排除に踏み切った。結果、オーストラリア国内での同社の事業は大打撃を受けることになった。ファーウェイ・オーストラリアは、２０１９年の利益が78パーセント減少して４２０万ドルにまで落ち込んだと発表し、[20]オーストラリア政府を痛烈に批判した。5Ｇネットワークからの締めだしは中国政府を怒らせ、中国大使はそれを「痛いところを突く問題、あるいはやっかいな問題」と呼んだ。[21]

一方、イギリスは、ファーウェイ製品の禁止をなんとか阻止しようとする中国からの政治的圧力にさらされた。「それはファーウェイだけでなく、多くの中国企業に非常に悪いメッセージを送ることになるでしょう」と駐英中国大使の劉暁明《りゅうぎょうめい》はＢＢＣに語った。「そのような決定は貿易のみならず、投資にも悪影響をおよぼすおそれがあります[22]」

イギリス政府は、ますます狭まっていく道の上で妥協点を見つけようと試みた。結果として導きだされた答えは、ファーウェイの参加を5Ｇネットワークの非中核部分の構築に限定し、機密性の低い場所への関与のみに制限することによって、安全保障上のリスクを減らすというものだった。しかしこの決定は、イギリス最大の同盟国であるアメリカを苛立《いらだ》たせた。[23] アメリカ政府は、ファーウェイのネットワークの存在がイギリス国内の米軍基地やその設備の安全に与える影響について見直し、偵察機の撤退やステルス戦闘機の配備中止の方針について検討をはじめた。[24] より貧しい国々は、中国との全面的な協力のほうにメリットを見いだし、アメリカの援助を拒否した。

それらの国の政府はこう考えた。結局のところ5G、セーフ・シティー、ＡＩは、犯罪との闘いや生活の質向上におおいに役立つものであり、新疆ウイグル自治区で起きているような住民への弾圧と監視やディストピア建設だけに使われるものではない。多くの政府は、高度な交通規制、警察活動、学校教育の実現のほうが安全保障上の懸《け》念《ねん》よりも大切だと結論づけた。

ワシントンＤＣを拠点とする大手シンクタンク、戦略国際問題研究所は報告書のなかで、ファーウェイのスマート・シティー技術を採用する国には3つの共通の特徴があると論じた。①ある程度民主的な国、あるいは民主的でない国。②アジアやアフリカの国。③裕福でも貧しくもない「中所得国」。たとえば、パキスタン、バングラデシュ、ケニア、マレーシアなどがファーウェイのセーフ・シティー・プログラムを採用している。[25] ワシントンＤＣのブルッキングス研究所で非常勤上級職員を務める中国研究家シーナ・チェストナット・グレイテンズは、中国の監視・治安プラットフォームの世界での採用状況をまとめたデータセットを作成した。「中華人民共和国にとって戦略的に重要な国々ほど採用する傾向が強く、くわえて犯罪率の高い国も採用する傾向が強い」と彼女は結論づけた。

　中国のセーフ・シティー・プログラムの普及の速さと規模について、アメリカが過小評価していた可能性があるとグレイテンズは考えた。「いくつの国でどれだけの数のセーフ・シティー・プログラムがファーウェイによって展開されているのか、正確な数はわからない」と彼女は説明する。みずから発表した報告書のなかでファーウェイは、世界１００の国と地域で７００都市がセーフ・シティー・プログラムを採用したと主張した。

「実際のところは、欧米のシンクタンクが２０１９年に予測した52カ国と、ファーウェイの主張する１００カ国のあいだの数であると考えられる。ただし、後者の１００カ国というのは、マーケティング用の誇張かもしれない」とグレイテンズは論じた。[26]

　実際の数がどうであれ、独裁国家の指導者たちは、反対者を取り締まるためにファーウェイのシステムを積極的に採用するようになった。

たとえばウズベキスタン政府は、２０１９年５月に開かれた安全保障会議の席で、首都に８８３台のカメラを設置するセーフ・シティー・システム構築のためにファーウェイと契約を交わしたことを発表した。ここでウズベキスタン政府はあからさまにオーウェル的な言葉を使い、「政治問題をデジタル管理する」ことになると主張した。[27]２０１９年８月のウォール・ストリート・ジャーナル紙の報道によると、ウガンダのファーウェイ技術者たちは政府に協力し、大統領を批判する反対派ブロガーのフェイスブックのページへのアクセスや電話傍受の手助けをしたという。[28]

いつものようにファーウェイはこれらの疑惑を否定した。しかし同社は、独裁政権に技術を提供することの倫理や市民権にまつわる諸問題については、傍観主義的なアプローチをとっていることを認めた。

「ファーウェイが開発するのは技術であり、公共政策ではありません。後者は政策立案者や議員の役割です」とファーウェイ南部アフリカ部門の責任者は言った。[29]それは、「われわれは銃を製造・販売しているだけで、銃を撃つことはしません」と似た倫理的な逃げ口上だといっていい。

一方、アメリカの干渉から逃れることを期待し、中国の一帯一路プロジェクトに参加した多くの貧困国と中所得国は、自分たちが新たな問題に直面していることに気がついた――中国の融資による債務の罠《わな》だ。

　中国の経済成長の勢いは、２０１０年から劇的に衰えていった。中国にはもはや、国内の大規模なインフラ整備計画を管理する余裕もなければ、技術や工学の提供を求める海外の国々にちょっとしたインセンティブを与える余裕もなかった。このころから、中国の〝借金漬け外交〟は一帯一路の新たな特徴のごとく位置づけられるようになった。

「1兆ドル規模の〝一帯一路〟構想をつうじて中国は、戦略的な場所に位置する発展途上国のインフラ整備計画を支援している。支援のおもな方法は、その国の政府に巨額の融資をするというものだ。結果として各国は債務の罠に陥り、中国の影響をより受けやすくなる」と主張するのは、〝借金漬け外交〟という言葉の生みの親であるインドの著名な地政学戦略家ブラフマ・チェラニーだ。彼は、一帯一路は地域経済を支えるためのものではなく、天然資源への中国のアクセスを確保し、「低コストで粗悪な輸出品」を売りさばく市場を開拓するためのものだと考えた。

「多くの場合、中国は自国の建設労働者まで派遣するため、現地で創出される雇用を逆に抑え込んでしまっている[30]」

エクアドルは、橋、高速道路、かんがい設備、学校などを建設するために中国から190億ドルの融資を受けた。計画の目玉となったのが、コカ・コード・シンクレアと呼ばれる大規模なダムの建設だった。このダムは、慢性的なエネルギー不足を解消し、国を貧困から救うものだと喧伝《けんでん》された。エクアドルは融資の多くを現金ではなく石油で返済し、石油の8割を中国に優先的に輸出することに合意した。中国は石油を割引価格で購入し、転売して利益を得ることができた。

やがて、このダム建設は国家的スキャンダルへと発展した。「稼働《かどう》から2年後、ダムに数千もの亀裂やひび割れが見つかった。どの貯水池にも、沈泥《ちんでい》、砂、木が堆積《たいせき》していた。エンジニアたちがいちどだけ施設を完全稼働させようとしたことがあったが、激しい揺れが起き、全国の電力網がショートした」とニューヨーク・タイムズ紙は2018年12月に報じた。にもかかわらずエクアドルは、中国への借金を返済するために大慌《おおあわ》てで石油を汲《く》み上げなければいけなかった。政府は、すでに森林破壊の被害が深刻なアマゾンの熱帯雨林のさらに広い範囲で石油を採掘し、福祉予算を減らし、行政機関を閉鎖した。

「中国の戦略は明らかだ」とエクアドルのエネルギー担当大臣はニューヨーク・タイムズに語った。「ほかの国々の経済を支配しようとしているんです[31]」

一帯一路の恩恵を受けたにもかかわらず政治的な要求を拒んだ国にたいし、中国は悪意のある圧力をかけた。

石油大国であるカザフスタンは、１８００万の人口を擁する戦略的な国家だ。中国の新疆ウイグル自治区の北西部に位置するこの国の人々は、中国の影響力の増大に怒りを抱いていた。

２０１５年11月、カザフスタン政府はいわゆる土地改革法を成立させ、外国人への土地貸与期間を従来の10年から25年に延長した。多くの国では、そのような法改正が深刻な影響をおよぼすことはなく、実際には市場の開放へとつながるケースも多い。しかしカザフスタンは中国と国境を接しているため、国内の農民たちは最悪の事態を恐れた。中国人投資家が押し寄せてきて、25年契約で土地を買い占めるのではないか？　貸与期間を政府が政令でさらに延長し、結果として農民たちは中国の労働奴《ど》隷《れい》に成り下がってしまうのではないか？

BBCの報道によると、２０１６年4月、カザフスタン各地の主要都市で１０００〜２０００人が街頭で抗議活動を行なったという。これまで反体制派を完全に封じ込めてきた国家にとって、それは驚くべき規模の抗議だった。[32]

カザフスタンが抱えるジレンマは、中国の政府系企業が国内の石油・天然ガス会社の支配権を握っているという点だった。[33] くわえてカザフスタンは、上海ファイブの創設メンバーでもあった。ユーラシア5カ国〔中国、ロシア、カザフスタン、キルギス、タジキスタン〕によるこのグループは、１９９６年に協定を結び、治安の改善とテロ対策の強化において協力することを約束した。[34] よってカザフスタン政府としては、中国と外交的に正面衝突するわけにはいかなかった。

　中国は各国の政府に圧力をかけるだけではなく、批判者を個人的に攻撃することもあった。被害者のひとりに、カザフスタンの活動家サリクジャン・ビラシがいる。２０１６年以降、ビラシ率いる非営利組織アタジュルト（「祖国」の意）は、カザフスタン最大の都市アルマトイを拠点に活動を続けていた。アタジュルトは、中国の強制収容所で働いていたカザフ系中国人サイラグル・サウトバイ〔第14章参照〕のメッセージを世界に広める手助けをした団体だった。前述の反中デモから2年後の２０１８年7月に裁判にかけられたサイラグルは、中国に強制送還される危機に直面した。彼女が裁判で問われていたのは、中国との国境を越えてカザフスタンに不法入国した罪だった。カザフスタンに逃れたのちにサイラグルは、強制収容所やそこで利用される技術に関する中国の国家機密を暴露した。彼女の裁判は、カザフスタンで一大センセーションを巻き起こした。

「ほんとうに怖かった」と彼女は私に言った。「中国に戻ったら、死刑になるんじゃないかと考えていました」

２０１８年8月、裁判所はサイラグルに6カ月の執行猶予《ゆうよ》付き判決を言い渡した。のちに彼女はスウェーデンに亡命した。

裁判のあと、サイラグルと支援者らは脅迫を受け、自分たちの身に危険がおよぶ恐怖に駆られた。ある夜、担当弁護士の自宅に忍び込んだ誰かが、家で飼われていた愛犬を殺した。２０１８年3月9日には、サリクジャン・ビラシが運営するアタジュルトの事務所に４人の謎《なぞ》の男がやってきた。彼らは誰の命令で来たのか明らかにすることを拒み、撮影するなと訴え、そして突如として立ち去った。アタジュルトのスタッフは４人が逃げる姿を撮影した。

その夜、身の危険を感じたビラシは緊急避難のための措置としてホテルにチェックインした。翌朝、ビラシが電話に出ず、事務所にもやってこないことに気づいたスタッフはホテルに行った。ビラシの姿はなかった。ホテルの従業員たちは、何が起きたのか口にしようとしなかった。事務所のスタッフたちは、ビラシが拉致《らち》されたのではないかと不安になった。

直後、ビラシの妻のもとに知らない番号から電話がかかってきた。相手はビラシ本人だった。昨晩、正体不明の政府関係者によってホテルから無理やり連れだされ、1000キロほど離れた首都アスタナに移動させられたという。

「妻はひどく心配していました」とビラシは私に言った。「何度も何度も電話をかけてきました。わたしが突如としていなくなったことに、ショックを受けていたんです」

その後、警察はビラシを「民族間の不和を扇動した」罪で起訴した。警察が問題視したのは、彼が「聖戦《ジハード》」という言葉を漠然かつ無害な言い方で口にした映像だった。そのなかでビラシは、中国の政策にたいする「情報のジハード」が必要だと訴えた。彼には、7年の懲役刑が下される可能性があった。

2019年8月、ビラシは私にこう言った。「司法取引を受け容《い》れることにしました。取引のひとつとして、わたしは活動をやめることに同意しました。政府からの圧力にさらされた状況のなかで、仕方なく署名したんです[35]」

その後ビラシはトルコに移り住み、ふたたび活動をはじめた。

新世界の〝原材料〟は中央アジアにある

ところが、すべての国が中国の影響力を恐れたわけではなかった。なかには、それを歓迎する国もあった。

パキスタンは東西冷戦のあいだずっと、アメリカの安定した同盟国と位置づけられていた。しかし２００１年以降に対テロ戦争がはじまると、パキスタンは信頼できないとアメリカは不満を吐露するようになった。パキスタンは表向きには西側に軍事協力しているように見せつつ、裏でアフガニスタンの民兵組織タリバンを支援しているとアメリカは訴えた。

パキスタンは、何十年にもわたる不安定な状態から抜けだそうともがいていた。アメリカのアフガニスタンへの軍事介入によって、地域の状況はさらに悪化していた。パキスタンの側にも、アメリカについて自分たちなりの不満があった。アメリカはパキスタンの領土内でほぼ毎晩のように、テロ容疑者にたいする無人機攻撃を行なっていた。

「約束を守るということに関していえば、アメリカは最悪の相手であることを時間とともに学んでいきました」とパキスタンのある元大臣はフィナンシャル・タイムズ紙に語った[36]。

パキスタンにとって中国は強力な代替案であり、対抗勢力となりうるものに見えた。

２０１７年のある日、「われわれの友情はヒマラヤ山脈よりも高く、世界一深い海よりも深く、ハチミツよりも甘い」と書かれた横断幕が、パキスタン第2の都市ラホールのパール・コンチネンタル・ホテルの室内に掲げられた。会議場では、「中国・パキスタン経済回廊」と呼ばれるプロジェクトを推し進める会議が開かれていた。習主席が長年温めてきた計画だと説明するこの「世紀のプロジェクト」をとおして中国は、インフラ整備のために５５０億ドルをパキスタンに投資することを打ちだした。計画のなかには、慢性的な電力不足を解消するために21基の発電所を建設する案も含まれていた。[37]

パキスタンはアメリカ製の高性能兵器の購入を取りやめ、代わりに中国製の攻撃型潜水艦を買い、新型戦闘機の共同開発を進めるようになった。[38]

中央アジアでの覇権争いをはじめた中国は、技術の構築に役立つ〝原材料〟から利益を得ようとしていた。

２０１６年の時点で、電池やノートパソコンの製造に使われるジスプロシウム、テルビウム、イットリウムといったレアアースの世界の生産量の80パーセント以上を中国が占めていた。中央アジアの近隣諸国には、未来の技術の原動力となるレアアースを求める採掘者にとって、さらに多くのチャンスが広がっていた。くわえてこの地域には、産業の活気を保つための石油も充分にあった。

「未来学者やネットワーク構築の先駆者たちは、人工知能、ビッグ・アース・データ、機械学習の刺激的な世界が、わたしたちの生き方、働き方、考え方をどのように変容させるかについて語る」と、シルクロード研究家でオックスフォード大学の歴史学者ピーター・フランコパンは著書のなかで説明する。「一方で、デジタル化された新世界を形づくる材料がどこから来るのかを問う者はほとんどいない。あるいは、供給が枯《こ》渇《かつ》したらどうなるのか？　あるいは、世界の供給をほぼ独占する人々によって、それが商業的または政治的な武器として使われたらどうなるのだろう？　そう問う人は少ない[39]」

第20章　安全な場所など存在しない

利益、幸福、安心の感覚は、あらゆる民族集団の人々のなかで増しつづけている。

——習近平

２０１９年４月、私がイスタンブールにいるあいだに、トルコ国内のウイグル人ももはや安全ではないという噂《うわさ》が広まりはじめた。それまでトルコは主要なイスラム教国のなかで唯一《ゆいいつ》、ウイグル族にたいする中国政府の扱いを非難してきた。「１００万人以上のウイグル系トルコ人が恣意《しい》的に逮捕され、強制収容所や刑務所で拷問《ごうもん》や政治的洗脳の被害を受けていることは、もはや秘密でもなんでもありません」と２０１９年２月、トルコ外務省の報道官は語った。「国際社会と国連事務総長にたいしてわれわれは、新疆《しんきょう》ウイグル自治区におけるこの人類の悲劇を終わらせるための有効な措置を講じることを求めます」[1]

「これはすばらしい声明だ」と、メイセムを紹介してくれたアブドワリ・アユップは私に強調した。「でも、トルコがいつまでこの立場を保つかなどわかりません。なんといってもトルコは独裁国家であり、中国マネーから恩恵を受けている。いつ寝返ってもおかしくありません」

　東西冷戦のあいだトルコはアメリカの忠実な同盟国として、ＮＡＴＯの南東部の境界線をソ連の影響から守りつづけた。しかしトルコ経済は衰退しはじめ、２０１８年には通貨暴落に陥るほどの危機に見舞われた。この状況は、アメリカとの貿易摩擦によってさらに悪化した。トランプ政権は２０１８年8月にトルコへの制裁をはじめ、鉄鋼関税を2倍の50パーセントに引き上げた。両国の関係はみるみる悪化した。その背景には、アメリカが支援するシリアのクルド人にたいするトルコの軍事行動にくわえ、トルコ西部でキリスト教の布教活動をしていたアメリカ人宣教師の逮捕騒ぎなどがあった（のちに釈放）[2]。

　アメリカからの非難にさらされ、景気低迷にあえぐ国はほかにもたくさんあった。トルコは、似たような状況に置かれた多くの国と同じ行動をとった。中国に眼を向けたのだ。２０１８年にトルコは、エネルギーと輸送産業の立て直しのために中国から36億ドルの融資を受けた。[3] さらに２０１９年6月には、中国の中央銀行から10億ドルがトルコに送金された。[4] その見返りに、トルコは何を約束したのか？

「ぼくはトルコ政府を信用していません」とアブドワリは私に言った。「中国マネーに眼がくらみ、ウイグル人たちを追放するのではないかと心配しています」。実際、それが2年まえにエジプトで起きたことだった。アブドワリは、作家向けの助成金を受けてノルウェーに行き、そこで亡命を申請するつもりだと私に打ち明けた。

「宗教色が薄い、強力な民主主義体制のなかにいるほうが、ぼくは安心して生活できます。中国の圧力や金に屈服せず、宗教の自由が認められた社会です。民主主義こそがただひとつの道なんです。市民は自分たちがもつ権利を大切にし、それを守らなくてはいけない」

アブドワリが自分の身の安全を心配するのは、しごく当然のことだった。彼はコミュニティー内でも注目を浴びる存在であり、注目を浴びるウイグル人には悲しい結末が待っていることが多かった。そのような人物のほぼ全員が、スパイ活動をしていると地元のニュースで激しく非難され、中国国内での政府のプロパガンダ活動のなかで中傷され、ときに不可解な状況下で中国に強制送還された。

ある朝、取り乱したアブドワリから送られてきたＷｈａｔｓＡｐｐのメッセージに私は眼を覚ました。ハンマーがついに振り下ろされたのだ。トルコの保守系新聞が一面でアブドワリについて大々的に書き立て、アメリカの中央情報局（ＣＩＡ）とつながりのある人物だと非難した。[5] その後、彼はテロ集団から脅迫を受けるようになった。「ぼくたちは危険にさらされている」とアブドワリは言った。「中国の手が迫っています」

すぐに出発しなければいけなかった。アブドワリは自身の出口戦略にしたがった。彼は２０１９年4月にパリへと旅立ち、それから7月にノルウェーのベルゲンにたどり着いて亡命を申請した。彼には住むところもなかったが、自由だった。

国連人権理事会で

4カ月後、アブドワリがトルコについて恐れていたことが現実になった。２０１９年8月、トルコ当局はウイグル人の一家族を国外に追放し、彼らが市民権をもつタジキスタンに移送したのだ。タジキスタンの空港に到着するなり、一家の身柄は中国当局に引き渡された。活動家たちはフィナンシャル・タイムズ紙にたいし、トルコで暮らす3万人のウイグル人のうち40人が居住権を失ったと報告した。[6] 強制送還された人々の多くは有効なパスポートをもっていなかった、とアブドワリは私に説明した。古いパスポートの有効期限が切れると、トルコにある中国大使館は新しいパスポートの発行を拒んだ。それは帰国をうながすための圧力だとアブドワリは考えた。

皮肉にも中東のイスラム諸国は、同じイスラム教徒が大多数を占めるウイグル人にたいする中国の扱いを、積極的に批判しようとはしなかった。それらの国の多くは、イスラム法にもとづいて支配される完全なる独裁国家だった。代わりに彼らが選んだのは、気前のよい中国の政策——一帯一路、セーフ・シティー、監視技術——から恩恵を受けるという道だった。1世紀以上にわたるヨーロッパとアメリカの支配から解放されつつあった中東諸国は、事実上、中国の技術的・地政学的な勢力圏にくわわろうとしていた。私が取材した世界各地のウイグル人たちの多くが、この流れに恐怖と警戒感を抱いていた。

「あまりに多くの国が大きな過《あやま》ちを犯している」と、収容所送りになった経験をもつウイグル人が私に言った。「彼らは、ひとつの植民地支配をべつの植民地支配に置き換えようとしているだけです」

２０１９年7月、親欧米派と親中派のあいだの分裂がさらにはっきりとする出来事が起きた。国連人権理事会の参加国が、新疆ウイグル自治区の状況について2通の書簡を提出した。ひとつはウイグル人にたいする中国政府の処遇を非難するもので、もうひとつはそれを支持するものだった。

前者にはこう書かれていた。

> われわれは中国にたいし、新疆および全土において国内法と国際的な義務を守り、宗教や信仰の自由を含む人権と基本的自由を尊重することを求める。くわえて、新疆におけるウイグル人、そのほかのイスラム教徒、少数民族への恣意的拘束や移動の自由の制限を停止するよう求める。[7]

この声明への署名国には、ノルウェーやイギリスをはじめとするほぼすべてのヨーロッパの民主主義国、カナダ、日本などが含まれていた。アメリカはその1年ほどまえに国連人権理事会から脱退していたため、署名国には含まれていなかった。新疆ウイグル自治区での中国の監視システムを非難するという話題になると、安定した豊かな民主主義国は自分たちの価値観を貫こうとした。

これに反論する形で出されたもうひとつの書簡に署名したのは、カタール、アラブ首長国連邦、クウェート、エジプト、サウジアラビア、シリアなどのイスラム系アラブ諸国や、南米、アフリカ、アジアのさまざまな独裁国家だ。こちらの書簡の文章は、まったく異なる物語を伝えようとするものだった。

テロリズムと過激主義にもとづく深刻な挑戦に直面した中国は新疆において、職業教育訓練センターの設置などを含む、テロ対策と脱過激化のための一連の施策を講じてきた。現在までに安全と安心が新疆に戻り、すべての民族集団のすべての人々の基本的人権が強固に守られるようになった。[8]

タイムリミットが迫っている

２０１９年夏までに、メイセムはなんとか生活を立て直した。自身の物語を話すのはセラピーのようなものであり、過去の苦しみと折り合いをつけるための方法なのだと彼女は私に言った。「でも、心配もあります」と彼女は打ち明けた。「トルコもずっと安全というわけではありませんから」

メイセムは、アメリカで博士号を取得することを望んでいた。

「それがわたしの夢です。学者として生きていきたいんです」

その時点までにメイセムは、タイムリミットが迫っているのを感じていた。彼女もまた、トルコでいつトラブルに巻き込まれてもおかしくなかったからだ。２０１９年から２０２０年にかけて毎月のように、ウイグル人が拘束され、一部が中国に強制送還されたというニュースが飛び込んできた。拘束された人数の多さに私は危機感を抱いた。私がインタビューしたべつのウイグル人作家アブドゥレヒム・イミン・パラチは、２０２０年3月のある日、イスタンブールのウイグル料理店にいたとき、突然やってきた私服警官に説明もなしに拘束された。

「寒い建物に連れていかれました。何百キロも離れた場所です」と彼は私に教えてくれた。「3カ月後、またなんの説明もなく釈放されました。向こうは、中国を批判するなとわたしに言いました」

将来の状況はどうなるのか？　中国問題の専門家はみな口をそろえてつぎのように指摘する。共産党はいずれ、海外でも国内と同じように振る舞うことになる。そう想定しておいたほうがいい。「新疆式の社会統制の輸出」は最悪のシナリオではあるものの、想像を絶するシナリオではない。

エピローグ　パノプティコンを止めろ

20世紀に入って全体主義、世界大戦、大量虐殺《ぎゃくさつ》がはじまると、先見の明に長《た》けた数名の作家が、何か行動を起こさなければ世界はディストピアに向かって進んでいくと予測した。１９３２年に発表された『すばらしい新世界』のなかでイギリス人作家オルダス・ハクスリーは、子どもたちに厳格なカースト制度を教え込む26世紀の世界政府について描いた。幸福の薬を与えられた登場人物たちは、眼のまえに広がるディストピアの絶望感のことなどすっかり忘れてしまう。[1] 17年後の１９４９年にはジョージ・オーウェルが『一九八四年』を発表し、パノプティコンをとおして人々を管理する、より露骨なファシズム政府について描いた。[2]

なかには、今日の状況をもっと正確に予言した本もあった。あまり有名な作品ではないものの、１９６８年発表の『スタンド・オン・ザンジバル』（*Stand on Zanzibar*［未訳］）のなかでイギリス人ＳＦ作家ジョン・ブラナーは、２０１０年の世界をつぎのように不可思議なほど正確に予測した。その年までに世界の人口は70億人に増え、住民たちはつぎつぎに発表される短いニュースを読み、ツイッターのようなソーシャル・ネットワーク上でリアルタイムで反応を示す。そして中国がアメリカの主要な競争相手として台頭し、アフリカ系の「オボミ大統領」なる政治家が登場する……[3]。

　これらのＳＦ作家たちは、「もし〇〇になったら？」という問いを投げかけた。彼らが望んだのは、未来がまちがった方向に進んでしまった場合を想定し、いま眼のまえにある決断について慎重に考えるよう読者にうながすことだ。その決断が社会をディストピア的な未来へと駆り立てることもあれば、あるいはよりよい方向に導くこともある。新疆《しんきょう》は、それらの作家たちが想像したディストピアそのものだった。

　そしていま、「もし〇〇になったら？」という問いからつぎの段階に移るときがやってきた。私たちがいま問うべきなのは、「〇〇にどう対処すべきか」だ。

　新たなテクノロジーは、往々にして気づかぬうちに広く浸透していく。日常生活を包み込むそれらのテクノロジーを制御する方法を見いだすことに、私たちはいつも大きく遅れがちだ。スマートフォンの設計、ソーシャル・メディアによる意思疎通《そつう》、電子商取引におけるここ10年の進歩を経たいま、世界は新たな技術革命の危機に直面している。特定の分野のなかで生みだされる〝超知能〟の後押しによって人工知能はいまや、一部の領域において人間の能力を超えるものになりつつある。

それでも著名な未来学者や技術者たちは、近いうちにＡＩが人間の脳を完全に再現できるようになるとは考えていない。だからといって、「ＡＩが脳の再現に絶対に失敗する」「新疆で展開されている監視戦術が世界の大部分に広がることはない」と結論づけるのは、あまりにも楽観的すぎる。ＡＩはすでにあらゆる場所に存在し、大きな規制を受けることも充分に理解されることもないまま、人々の購買や閲覧の履歴を監視し、ユーザーの行動を刺激する方法を学んでいる。ＡＩはいまや飛行機の離着陸を制御し、10億ドル規模の投資の判断を下し、心電図を診断し、製造プロセスを管理することができる。

「もし世界じゅうのすべての知的ソフトウェアが突如として機能しなくなったら、現代の文明の動きは止まってしまうだろう」と未来学者のレイ・カーツワイルは２００５年に主張した。まだＡＩがほとんど普及しておらず、その精度も低かった段階で、彼はすでにそう予言していた。[4]

よって問題となるのは、近いうちにＡＩによる監視が私たちの社会に浸透するかどうかではない。貴重な知的財産を所有する政府や企業が、民主主義を守るためにＡＩを制御する手段を手に入れることができるかどうかである。それとも政府や企業は、より大きな利益を求める株主の要求や、ウイルスの世界的大流行《パンデミック》や犯罪へのより強固な対策を求める社会の要求に応《こた》えようとするのか？

　過去10年のあいだにアメリカの何百もの警察署が、ＡＩや顔認証システムを築き上げようと模索してきた。中国と似たようなシステムではあったが、そこまで極端に独裁的なものではなかった。とはいえ、システムの運用には不透明な部分が多く、外部からの監査を受けることもほとんどなかった。

　２０１８年から２０１９年にかけて行なわれた数多くの研究のなかで、アメリカ国立標準技術研究所などの研究機関は、ＡＩシステムが有色人種や女性に不利に働く傾向があることを一貫して明らかにしてきた。２０１９年に公表された政府の調査結果によると、アジア系およびアフリカ系のアメリカ人男性のほうが、白人男性に比べてＡＩに誤認される確率が１００倍ほど高いことがわかった。さらに、女性は男性よりも誤認されやすい傾向があった。一方で、中年の白人男性にたいする誤認率はほぼゼロだった。[5]

　いったい何が起きたのか？　ＡＩは法執行機関の超知能的な救世主であり、人間の偏見を排して差別をなくすための解決策だったのでは？　しかし、アメリカで出たさまざまな調査結果が指し示していたのは、「ＡＩは制作者の意図を反映したもの」という認識が政府トップのあいだで高まっているという事実だった。人間がアルゴリズムを作り、そのアルゴリズムにデータを入力する。当然ながらそのアルゴリズムには、設計者の欠点も含まれることになる。くわえて、私たちはすべての流れを完全に理解しているわけではない。警察がどのようにデータを集めているのか、それが質の高いデータなのか、不透明なアルゴリズムがデータをどのように処理しているのか？　このようなシステムには、抑制《チェック》と均衡《バランス》のプロセスがほとんど存在しない。

新疆ウイグル自治区に〝状況〟をもたらしたのも、技術的な進歩そのものではなく、しかるべき抑制や注意なしにその技術を圧制的に使うという判断のほうだった。結果、テロリストの思想をもっているというバカげた理由によって無辜《むこ》の人々が誤認され、濡《ぬ》れ衣《ぎぬ》を着せられ、連れ去られた。

新型コロナウイルスが危険なのは……

世界の情勢はどうあれ欧米諸国では、新疆で使われているのと同じ技術を導入することへの抵抗がはじまっていた。

まず口火を切ったのはロサンゼルス市警（ＬＡＰＤ）で、予測的取り締まりの分野における先駆的プログラム「プレッドポル（ＰｒｅｄＰｏｌ）」の運用を取りやめた。このプログラムははじめ、窃盗《せっとう》犯罪の起きやすい地域を特定するために使われる予定だった。しかし、２０１９年7月にＬＡＰＤがプログラムの終了を発表すると、ほかの警察署も続々と同プログラムの運用中止を決めた。

「犯罪の解決には役立ちませんでした」と、カリフォルニア州パロアルト市の警察広報担当者はロサンゼルス・タイムズ紙に語った。

ところが、問題はまだ終わっていなかった。全米にある1万８０００の警察署のうち、60の署でいまだプレッドポルが使われていた[6]。

そして、世界屈指の監視システムをもってしても中国は、この１００年でもっとも破滅的なパンデミックをただちに特定することはできなかった。そう、新型コロナウイルス感染症の大流行だ。

２０１９年12月31日、中国は世界保健機関（ＷＨＯ）にたいし、中部の武漢市で肺炎のクラスターが起きたことを報告した[7]。中国が「肺炎」と呼んだその病気は、非衛生的で雑然とした生鮮市場《ウェット・マーケット》で発生したものだと考えられた。市場では生の豚肉、牛肉、鶏肉が乱雑にカットされ、ひどい管理状態のまま長いあいだ屋外に陳列されていた。のちに、そこで発生したとされるものが新型コロナウイルスCOVID－19であると判明した。[8] このウイルスは世界の動きを止め、2020年の経済活動の大部分を破壊した。

新型コロナウイルスがアメリカに伝播《でんぱ》すると、街の中心部やビーチリゾートから人がいなくなった。不透明な独裁政権として台頭した中国が、アメリカの国土に直接的な影響をもたらしたのだ。中国はもはや、はるか離れた場所にぼんやりと現われた警察国家ではなかった。たいした影響をおよぼすことなく、遠くのほうに存在する何かとして、その文化と行動を西側が無視することはできなくなった。貿易、旅行、観光をとおして中国は世界のほかの地域と密接に結びついていたため、新型コロナウイルスの世界的かつ急速な蔓延《まんえん》を阻止する手立ては何もないように思われた。世界は、中国の指導者のお粗末な決断に正面から向き合わなくてはいけなかった。中国の役人たちは、悪いニュースを伝えた内部告発者たちを逮捕し、[9] 大量の〝荒らし〟を雇ってインターネット上の報道を抑え込んだ。[10] 結果、大流行への対応も後手後手になった。[11]

中国のいわゆる「戦狼《せんろう》外交官」たちは、このパンデミックを世界的な問題ととらえて対処するかわりに、隠蔽《いんぺい》工作の有無についての調査を求めた国にたいして怒りに満ちた辛辣《しんらつ》なレトリックで応酬した。中国の国営メディアは、オーストラリアは「中国の靴底に張りついたガム」だと揶揄《やゆ》した。在仏中国大使館は、「フランスの介護施設の多くの職員が突如として職場放棄したせいで、大勢の高齢者が飢えと病気によって死んだ」と非難したが、それは事実ではなかった[12]。

　中国東南部の広州市のアメリカ領事館は、中国政府が国内に住む黒人にたいして差別行為を煽《あお》っていると警告を出した。中国政府は、ウイルスがアフリカ由来であるという印象を与えようと意図的に試み、中国由来であるという事実から注意を逸《そ》らそうとした。

「この活動の一環として警察はバーやレストランにたいし、アフリカ系と思われる客にサービスを提供しないよう命じた」とアメリカ領事館の警告文には書かれている。「くわえて地元当局は、最近の渡航歴や隔離期間の完了の有無にかかわらず、『アフリカ系の外国人と接触した』全員に新型コロナウイルスの検査、その後の自己隔離を義務づけた[13]」

　ツイッター上で外国の政府関係者やジャーナリストと言葉の応酬を繰り広げるのが大好きな中国外交部報道官の趙立堅《ちょうりつけん》は、アメリカ軍の兵士が新型コロナウイルスを中国に持ち込んだと示唆《しさ》する一連のトンデモツイートを投稿した。

「武漢に感染を持ち込んだのは米軍かもしれない」と彼は書いた。「透明性をもて！

データを公開しろ！　アメリカは中国に説明する義務がある！」。アメリカ軍が新型コロナウイルスを持ち込んだという陰謀説はその後、中国国内で一気に広まっていった[14]。

　新型コロナウイルスが危険なのは、ウイルスそのものの脅威のせいだけではなかった。その突然の出現があまりにも圧倒的だったため、各国政府は、社会統制のための過剰な権力――放棄する義務のない権力――を大急ぎで手に入れようとした。それはじつに危険な動きだった。

　一部の政府はすでに危険な兆候を見せはじめている。彼らは、新たに手に入れた権力を手放そうとせず、新型コロナウイルスとの闘いのなかで得たデータを政敵の監視や法執行機関の支援のために使おうとしている。それらの緊急事態用の法的権限の多くには、一定期間後の失効を定めるサンセット条項が盛り込まれていない。つまり政府が廃止することを選ばないかぎり、効力はずっと続くことになる。２０２０年３月にイギリス議会は、３４０ページにおよぶ法律を速やかに成立させた。この法律によって政府の大臣たちには、住民を無期限に隔離・拘束し、空港や港を閉鎖し、公《おおやけ》の場での集会や抗議活動を禁止するほぼ独断的な権限が与えられた。同月、イスラエルのベンヤミン・ネタニヤフ首相は、テロ対策のために秘密裏に構築された携帯電話データを使い、治安当局が市民を追跡することを許可した。ハンガリーのオルバーン・ビクトル首相は、緊急事態宣言の発令後に制定した新たな法律によって、既存の法律を一時停止する権限をみずからに与えた。[15]

一方、アメリカの企業はいまだ中国の技術に注目しつづけていた。新型コロナウイルスの世界的流行のさなかの２０２０年４月29日、ロイター通信は、アマゾンが中国の監視カメラ大手ダーファ・テクノロジー〔第４章参照〕から１５００台のサーマルカメラを約１０００万ドルで購入したと報じた。ダーファは、新疆での人権侵害に加担したとしてアメリカ政府のブラックリストに指定された会社だった。アマゾンによる購入は従業員の体温を測定することを目的としたものであり、アメリカの制裁にたいする明らかな違反行為ではなかった。しかし米産業安全保障局はつぎのように警告した。「制裁リストに記載された組織との取引はいかなる性質であれ〝危険〟をともなうものであり、そのような取引については慎重に進めることを米国企業に推奨する[16]」

欧米企業が顔認証を中止しはじめた

２０２０年５月の黒人男性ジョージ・フロイドの死をきっかけに、その年の夏にかけて、ミネアポリス、シカゴ、ポートランド、ワシントンＤＣなど全米各地で警察による残虐行為にたいする何百もの抗議活動が行なわれた。新型コロナウイルスのパンデミックとの闘いにおけるテクノロジー利用法に関する公の議論が続くなか、警察によるテクノロジー利用についての論争も過熱した。

アメリカの巨大テクノロジー企業は、世間の反発と政府の懸念《けねん》の両方に直面することになった――これらの技術には少数民族を差別する傾向があり、不正な手段のために活用されているのではないか？　たとえば、ＡＩスタートアップ企業のデータマイナー（Ｄａｔａｍｉｎｒ）は、抗議者の所在地や行動についてのソーシャル・メディア上の投稿を警察が監視する手助けをしていた。抗議者たちが不安を抱いたのは、同社にツイッターのファイヤーホースへの特別なアクセス権が与えられていたことだった。この機能によってデータマイナー社は、各ユーザーが「送信」をクリックするたび、すべての公開ツイートをリアルタイムで拾い上げることができた[17]。

２０２０年６月、ＩＢＭのアービンド・クリシュナＣＥＯは連邦議会に書簡を送り、顔認証技術の開発から撤退することを発表した。

ＩＢＭは今後、汎用《はんよう》的なＩＢＭ顔認証・分析ソフトウェアの提供を中止します。

> ＩＢＭは、ほかのベンダーが提供する顔認証技術を含め、集団監視、人種プロファイリング、基本的人権と自由の侵害など、当社の価値観や「信頼と透明性の原則」に合致しない目的のためのいかなる技術の利用にも断固として反対し、容認しません。当社は、国内の法執行機関による顔認証技術の利用の可否とその方法について、いまこそ全国的な議論をはじめるべきタイミングだと考えます。
>
> 人工知能は強力なツールであり、法執行機関が市民を守るために役立つ可能性があります。しかし、ＡＩシステムのベンダーとユーザーには以下のような共通の責任があります。まず、とくに法執行機関で使用される場合、ＡＩにバイアスがないかどうかを検査する必要があります。さらにバイアス検査は、しかるべき外部機関によって監査・報告される必要があります。[18]

２日後にアマゾンは、警察による同社の顔認証技術の利用を1年間禁止することを発表した。[19] つづいてマイクロソフトは、連邦政府が顔認証技術を規制するための「人権にもとづく」法律を成立させるまで、警察機関に技術を提供しない声明を出した。[20] アメリカの監視体制は、少なくともその時点では限界に達していた。

新疆ウイグル自治区では、〝状況〟が悪化の一途をたどっていた。２０２０年７月、中国当局は新疆が「戦時状態」に突入したと宣言した。その後、警察が住民の家を一軒一軒訪ねた。ニューヨーク・タイムズの報道によると、警察はすべての住民に家のなかにとどまるよう警告し、建物を封鎖したという。

医療当局は同月、新疆ウイグル自治区で８００件の新型コロナウイルス感染例を確認。７カ月まえの武漢での大流行がはじめて報道されて以来、中国国内で最大の感染事例だった。１００万人以上の住民が身柄を拘束され、ほかの数十人の被収容者とともに拘留施設の監房に押し込まれている新疆には、パンデミックを引き起こす最悪の条件がそろっていた。[21]

当局は、新疆全土の収容所の被収容者や一般住民にたいして、抗ウイルス効果が証明されていない伝統的な漢方薬の服用を強制しはじめた。

ある収容所の看守たちは、被収容者たちに全裸になって顔を覆《おお》うよう指示し、体に消毒薬を吹きかけた。[22] 中国の基準に照らし合わせても異常なほど厳しいこのロックダウン措置には、完璧な警察国家の力を強化すること以外の目的はほとんどないように思われた。

危険な報復合戦

アメリカと中国は、出口のない危険な報復合戦から抜けだせなくなっていた。２０２０年5月にアメリカ政府は、ファーウェイへの半導体の供給を停止した。結果としてファーウェイは、ＡＩ革命の原動力となるハードウェアを購入することができなくなった。中国南部にあるファーウェイの緑豊かな〝キャンパス〟［拠点］は、非常事態に陥った。チップセットの備蓄は２０２１年で底をつくため、幹部たちは必死になって解決策を模索した。[23]

その年の夏、アメリカの大学に通う多くの中国人学生たちが、正式な学生ビザを保有しているにもかかわらず、空港で尋問や検査を受けたと報告した。学生たちは、それを「嫌がらせ」と呼んだ。[24]

〝ゼロサム〟的な闘いを挑むことを宣言したアメリカは、みずから墓穴を掘り、必要不可欠な中国人ＡＩ人材を逃がしてしまう危険に直面していた。アメリカは技術面で世界を大きくリードしていたものの、その地位は「優秀な人材を集める能力」にかかっていた。

シカゴを拠点とするポールソン研究所の中国研究専門シンクタンク、マクロポロが行なった２０２０年6月の調査によると、世界の〝トップレベル〟ＡＩ研究者のうち60パーセントがアメリカの大学や企業のために働いていることがわかった。しかし、アメリカで働くそれらのトップレベルの研究者の3分の2以上は、米国以外の大学の卒業者だった。

さらに、世界のトップレベルのAI研究者のうち、29パーセントは中国の大学の卒業者だったが、それらの中国人研究者のうち56パーセントはアメリカで生活・就労することを選んだという。[25]

中国もまたゼロサム的な苦境へとみずからを追い込み、世界じゅうの人々が多少なりとも抱いていた信頼を失ってしまった。中国はウイグル族を迫害し、習近平にたいする個人崇拝を築き上げた。国家権力を拡大する法律を制定し、ファーウェイの技術に懸念を示した国々を脅した。脆弱《ぜいじゃく》な統治による不透明なシステムを作り上げ、新型コロナウイルスの蔓延を後押しした。「戦狼」ナショナリズムの波に乗り、中国の命令にしたがわない外国政府を見つけるたびに外交官たちが叱《しか》りつけて脅した。

〝歴史上の帝国〟へ

２０２０年という劇的な年のあいだに世界が傾きつつあるなか、中国は死力を尽くして国家復興プロジェクトを完了した。習近平政権のもと、中国は国家的な誇りと独裁支配の感覚を新たにし、〝歴史上の帝国〟へと近づいていった。復興の核となったのはテクノロジーだった。中国が過去にさかのぼって誇りを取り戻そうとする一方で、新しいテクノロジーが国の近代化を推し進めて繁栄をもたらした。

新疆ウイグル自治区につづいて香港でも中国当局は弾圧を一気に強め、民主化運動家たちを取り締まるために顔認証技術を使った。２０２０年６月、中国議会は国家安全維持法を成立させ、事実上、香港を中国の一部に組み込んだ。１９９７年にイギリスから返還された香港は、それまで特別行政区と位置づけられ、中国本土とは異なる特別な民主的特権が与えられていた。しかしこの新たな法律は、中国にたいするあらゆる〝破壊行為〟を禁止するものであり、ほぼすべての反対行動が懲罰の対象となった。

当局はこの法律を適用しながら長期的な弾圧を続け、8人の議員や裕福な新聞社オーナーを皮切りに、民主化デモ参加者をつぎつぎに逮捕した。民主派の大多数の議員は辞職を余儀なくされた。香港は事実上、中国が支配する一地域に成り代わった。[26]

軍事技術の新たな武器庫を手に入れた中国は、その国家ビジョンにもとづく現在進行形の領土拡大計画を加速させた。同じく２０２０年６月、ヒマラヤ地帯で中国軍とインド軍の小競《こぜ》り合いが発生し、60人が死亡するという事件が起きた。中国によるスパイ活動とサイバー侵入を恐れたインドは、アメリカとともに中国製アプリＴｉｋ

Ｔｏｋと微信の禁止へと動きだした。

２０２０年10月に中国は、台湾への侵攻を想定した動画を公開し、戦闘機を台湾領空に接近させて威嚇《いかく》した。１９４９年に中国共産党が本土を掌握して以来、中国は長いあいだ、反共産主義勢力が実質支配する台湾の〝奪還〟を目指してきた。[27]２０２０年のあいだずっと、中国は国際法を無視して南シナ海の広い範囲を自国の領海だと主張し、アメリカ、インド、ベトナムなどの艦艇を挑発した。[28]

大規模な検閲体制を強化しつづける中国は、習近平の指導力と新型コロナウイルス感染症への政府の対応を批判した大物企業家ひとりと大学教授ふたりを逮捕した。[29] 11月、オーストラリアにたいする報復として中国は、豪州産ワインに最大２１２パーセントの関税を課し、同国の最大の輸出市場での取引を邪魔した。中国は、それはダンピングの疑いにたいする措置だと主張した。一方のオーストラリアは、新型コロナウイルスのパンデミックの発生源の調査を求めたことへの報復だと考えた。[30]

欧米の指導者たちは何十年もまえから、中国の台頭に首尾よく対応するための準備を進めておくべきだと訴えてきた。しかしいま、緊張緩和への望みは打ち砕かれた。

ガス室を使わない集団虐殺《ジェノサイド》

メイセムは、こうした中国の台頭を不安とともに見守っていた。

彼女のほかにも何十人ものウイグル人が、友人や家族が収容所から解放されることはないかもしれない、完璧な警察国家はこれからも繁栄しつづけるのではないかと私に不安を吐露した。

2年以上まえの２０１９年に私がインタビュー取材した元スパイのユスフ・アメット［第8章参照］は、テレビ番組のなかで自身の正体を明かした。その後、彼はトルコ国内で暗殺の標的になった。ユスフは、自身の命を狙《ねら》っているのは中国の諜報員《ちょうほういん》だと考えた。２０２０年11月2日の夜11時、イスタンブールの友人宅を出たユスフに、何者かが2発の銃弾を発砲した。肩に重傷を負った彼はそのまま病院に搬送された。トルコ警察は捜査をはじめたものの、２０２１年2月現在、犯人は見つかっていない。[31]

２０２０年12月、中国がトルコとの犯罪者引き渡し条約に批准《ひじゅん》したというニュースにメイセムは危機感を抱いた。条約にもとづいて中国がトルコにたいし、〝テロ容疑者〟のウイグル人を強制送還するよう圧力をかけることも考えられたからだ。しかしトルコ側はまだ条約を批准しておらず、いつ批准する予定なのかも明らかにしていなかった。[32]

中国に強制送還されるというメイセムの恐怖は増すばかりだった。もしアンカラ市内で見つかった場合、扇動罪をでっち上げられて中国に身柄を引き渡されてしまうかもしれない。中国政府にたいして反対の声をあげた彼女は、ふたたび強制収容所送りになる可能性があった。

「トルコのことが心配です。中国マネー欲しさに、条約に批准するんじゃないかと心配しています。投資は重要ですから」

2021年2月現在、トルコはまだ条約に批准していない。

完璧な警察国家の影響力が世界じゅうに広がっていくなか、新たな人生をゼロからはじめることのむずかしさをメイセムは痛感していた。まわりで劇的な出来事がつぎつぎと起き、その余波から逃れることはできなかった。

「これは、21世紀版の警察国家です」と彼女は言った。「わたしたちは新しい時代にいる。独裁的であることの意味は、むかしとはもうちがいます」

ウイグル族の出生率は急激に下がっている、とメイセムは指摘した。20世紀の暴君たちが利用したような悪名高いやり方はもう必要なかった。ガス室や集団墓地に人々を送ることなく、ゆっくりと巧妙に特定の民族を殲滅《せんめつ》させる。それが、21世紀版の政府の戦略だとメイセムやほかの多くの研究者たちは考えた。

新疆の当局は長年にわたって、ウイグル族やそのほかの少数民族の女性にたいし、避妊、中絶や不妊手術、子宮内避妊器具（ＩＵＤ）挿入のための医療処置を強制してきた。いま、その政策の効果がはっきりと現われはじめていた。

「研究によると、過激派を撲滅するプロセスのなかで、新疆に住むウイグル人女性たちの心が解放され、男女平等と性と生殖に関する健康《リプロダクティブ・ヘルス》が促進されたことがわかりました。彼女たちはもはや子どもを作るための機械ではなく、より自信を抱き、自立するようになりました」とアメリカの中国大使館は２０２１年１月に、お決まりの二枚舌論法を使って声明を発表した[33]。

２０２１年１月19日、アメリカ国務省は強制的な不妊手術を引き合いに出し、新疆ウイグル自治区の〝状況〟を集団虐殺《ジェノサイド》だと宣した。「このジェノサイドは現在も続いており、われわれは、中国の一党制がウイグル族を組織的に破壊しようとする試みを目《ま》の当たりにしているとわたしは考える」とマイク・ポンペオ国務長官は声明のなかで主張した。「中国当局は脆弱な少数派宗教民族の強制的な同化と最終的な抹消を進めている」[34]。この「ジェノサイド」の指定はより厳しい制裁へとつながり、欧米社会からの中国の孤立をさらに深める可能性があった。

２週間後、収容所内で組織的なレイプがあったと報じられた[35]。メイセムやノルウェーに亡命したアブドワリは恐怖をあらわにしたが、驚きはしなかった。実際に目撃したことこそないものの、「そういう噂《うわさ》はわたしも聞いたことがあります」とメイセムは言った。

レイプの報道が出てからおよそ3週間後の2月22日、カナダの議会は拘束力のない動議を可決し、中国によるウイグル族の扱いをジェノサイドと認定した。中国はこれらの訴えを真っ向から否定した。「ジェノサイドに類することは新疆ではいっさい起きていません」と駐カナダ中国大使の叢培武《そうばいぶ》は反論した。[36]

それが「ジェノサイド」であれ、「人道にたいする犯罪」であれ、「人権蹂躙《じゅうりん》」であれ、私がインタビューしたほぼすべての人は、〝状況〟が今世紀最大の人道的危機だと同意した。テクノロジーの急速な進歩に対処する術を学ぶことができなければ、いったい何が起きるのか？　新疆の状況はその前兆だと誰もが考えた。

「デジタル化された牢獄《ろうごく》のなかで暮らしている」

あるときアブドワリは、数カ月にわたって姪《めい》のミルフレから電話で相談を受けていたことがあった。かつて彼女は、アブドワリが新疆に設立したウイグル語教育の幼稚園で教師として働いていた。「姪はとても頭が良かった。彼女に教わると、小さな子どもたちがたった2カ月で文字を読めるようになりました」。アブドワリは、自身とミルフレは同じような人生を歩んできた似た者同士だと語った。

２０１４年12月、ミルフレは奨学金を得て日本に留学した。言語学者であるおじのアブドワリにならい、まずは東京大学で語学関連の研究をはじめた。およそ4年後、〝状況〟が悪化するなか、中国当局は新疆から彼女に電話をかけて嫌がらせをはじめた。当局は、トルコにいるアブドワリがオンライン上で発信する反体制的な声明を問題視していた。ミルフレは政府からのメッセージをおじに伝えた。「活動はもうやめて、と姪は何度も言ってきました」とアブドワリは言った。

やがて警察はミルフレにたいし、すぐに帰国しなければ、カシュガルにいる母親の身柄を拘束すると脅すようになった。２０１９年6月、圧力に屈したミルフレはカシュガルに戻った。

正確な日時はわからないものの、ミルフレはどこかの時点で拘束されて強制収容所に連れていかれた。２０２１年2月23日、中国の友人から電話を受けたアブドワリは、まだ30歳の若さだった姪のミルフレが不可解な状況で病院に搬送され、死亡したことを知った。状況にかんがみれば、自然死である可能性はきわめて低かった。中国当局が関与していることはまちがいなく、もしかすると自身の海外での活動にたいする報復措置なのかもしれないとアブドワリは考えた。

「姪にとって、ぼくは悪いお手本だった」とアブドワリは罪悪感にさいなまれながら言った。「姪はぼくのような人間になることを望んだ。ぼくがちがう人間だったら、ただお金を稼いで人生を楽しむタイプの人間だったら、彼女が死ぬことはなかった。どんなに手を尽くしたとしても、収容所にいる家族を守ることはできない。そう悟りました」

　絶望と悲しみに打ちひしがれたアブドワリは、それまでの人生について振り返り、自身の現在の立ち位置について思案した。

「まだ若いころ、中国の大学で講義をしたことがあります。これらの新しいテクノロジーが世界を変えるだろう、とぼくは言いました。誰も表現の自由を止めることはできない、自由を求める人々を止めることはできない、と。そう学生たちに伝え、そう仲間たちに伝えました。よりよい世界がかならず待っている、と彼らに約束したんです。

　でも、ぼくはその約束を守れなかった。テクノロジーは自由など与えてくれなかった。外にある現実の世界がどんなに自由なものだとしても、ぼくたちはデジタル化された牢獄のなかで暮らしている。望んでいた世界、それが訪れることはなかった」

　一方のメイセムは、自身の物語を伝えることに区切りをつけようとしていた。どんな将来が待っているのかはわからなかった。しかし不安をなんとか乗り越え、自分の人生を生きていくと決めた。「二度と同じ体験をしたくはありません」と彼女は私に言った。「人生を立て直すために、わたしは懸命に努力を続けてきました。自分の身に何が起きたのか、いまは理解できるようになりました。あとは、まえに向かって進むしかありません」

　ひとまずさようなら、と彼女は言った。「今後何が起きるかはわかりません。でもわたしはずっと、物語を語ることの意味について考えてきました。物語には、それ自体に命がある」とメイセムは別れ際《ぎわ》に言った。「わたしたちの物語が生きつづけるかぎり、わたしたちもきっと生きつづける」

謝辞

何十人もの難民、学者、外交官、ジャーナリストたちの勇気と無私無欲の心がなければ、私はこの本をけっして上梓《じょうし》することはできなかった。私は幸運にも彼らの証言を聞く機会を得、彼らが書いた文章を称賛とともに研究することができた。そのような証言者の多くは、新疆《しんきょう》の監視国家についての一連の証拠をはじめて確立した人々であり、結果として自身の安全とキャリアを危険にさらすことになった。その一方でアメリカのハリウッドの映画製作者、ＮＢＡのバスケットボール関係者、大学管理者らは中国マネーと市場の獲得に躍起になり、自分たちや従業員の言動を率先して検閲することが当たりまえになった。

たとえば、２０１９年10月にバスケットボール・チーム、ヒューストン・ロケッツのゼネラルマネージャーだったダリル・モーリーが、香港の民主化デモを支持する内容の文章をツイートした。そのデモは、香港政府にたいする中国本土による侵略的行動にくわえ、抗議者への警察の残虐《ざんぎゃく》行為に反対するものだった。このツイートについてＮＢＡの花形選手レブロン・ジェームズは、モーリーは「状況をきちんと理解していない」と発言。[1] ２０２０年8月にＮＢＡと選手たちがアメリカ国内で「警察と刑事裁判の意義のある改革」に取り組むことに合意した事実にかんがみれば、ジェームズの発言はじつに奇妙なものだった。[2]

２０２０年、中国は世界最大の映画市場になった。潜在的な観客が14億人にのぼる中国は、ハリウッドにとって大きな収入源となる市場だ。ジェームズ・ボンド・シリーズの『００７ スカイフォール』が中国で公開された際には、中国警察による拷問《ごうもん》について言及する字幕に変更がくわえられた。[3] ２０２０年9月に公開されたディズニーの実写版『ムーラン』のエンドロールでは、現地での撮影許可の取りつけに協力した新疆ウイグル自治区の8つの政府機関にたいして謝意が示されていた。そのなかには、少数民族のウイグル族とカザフ族向けの強制収容所を運営するトルファン市公安部も含まれていた。[4]

２０２０年6月、テレビ会議ソフトウェア会社のＺｏｏｍは、中国政府の要請にしたがって３つのアカウントを停止した。中国政府によると、これらのアカウントでは、１９８９年６月に天安門広場で起きた民主化暴動を振り返る〝違法〟オンライン・イベントが開催されていたという。

３つのアカウントは、中国本土の住民のものでさえなかった。ふたつはアメリカ在住の活動家のもので、もうひとつは香港在住の活動家のものだった。Ｚｏｏｍはそれが「まちがい」だったと認め、「今後、中国本土外のユーザーにたいして影響をおよぼそうとする中国政府からの要請を受け容《い》れることはありません」と発表した。しかし一方で、中国における国家的な検閲を支援するシステムを開発中だと説明した。「Ｚｏｏｍは今後数日のうちに、ユーザーの所在地にもとづいて参加者の削除やブロックを可能にするシステムを開発しています[5]」

２０２０年12月にはアメリカの司法省が、中国の複数のＺｏｏｍ従業員にたいし、国外のユーザーの名前、メールアドレス、ＩＰアドレスを中国の諜報《ちょうほう》機関に提供したとして起訴した。そのうちひとりの従業員は、天安門事件に関するオンライン会議を開催した一部のアカウントについて、テロリズムやポルノを助長していると故意に誤認させるよう証拠を捏造《ねつぞう》した疑いでも起訴された[6]。

本書の制作にあたっては、アブドワリ・アユップにとりわけお世話になった。トルコのイスタンブール滞在中、作家であり言語学者の彼は、私の通訳・翻訳者兼アシスタントとしてこの本の執筆に協力してくれた。ウイグルの言語と文化を次世代へと伝承するため、〝言語権〟を擁護する執筆活動を行なっていたアブドワリは、中国の拘留施設で拷問を受けたことがあった。２０１５年８月になんとか出国したのちにトルコに渡った彼は、ウェブサイト上で民主主義についての執筆活動をはじめた。私が彼に会ったのもそのころだった。やがてアブドワリは、シリアとつながりのあるテロリスト集団から殺しの脅迫を受けるようになり、トルコの新聞からスパイ容疑をかけられた。２０１９年４月にトルコを離れた彼は、いまノルウェーで暮らしている。

私の妻であり、人生のパートナーであるギョズデにもありがとうと伝えたい。彼女と出会ったのは、イスタンブールでこの本の調査・執筆を進めているあいだのことだった。原稿を提出したあとすぐ、トルコとギリシャ間で領有権争いがあるエーゲ海の船上で私たちは婚約した。そして２０２０年７月、イスタンブールの西にある商業の中心地テキルダーの風光明媚《めいび》な場所で結婚式を挙げた。

また２０１８年には、ウイグル人の詩人で映画監督のタヒル・ハムットにもたいへんお世話になった。親友が強制収容所に連行されたと聞いたタヒルは、２０１７年８月になんとか家族とともに新疆から逃げだすことに成功した。少し遅ければ、彼らもまた「再教育（政治的洗脳の婉曲《えんきょく》表現）」の標的になっていたかもしれない。タヒルは、30時間以上にわたって私のインタビュー取材に応じ、完璧な警察国家での個人的経験について細かく教えてくれた。

ワシントンＤＣ在住の私のウイグル人アシスタント、メフメトジャン・アブドゥガイティは、２０１１年10月に単独で中国から脱出した。何年ものあいだ、家族とは連絡が取れていないという。

ワシントンＤＣの非営利組織ラジオ・フリー・アジア（ＲＦＡ）のウイグル語版のひたむきなジャーナリストたちにくわえ、バズフィード・ニュースの元中国支局長メガ・ラジャゴパランは、新疆ウイグル自治区についての２０１７年秋の画期的な報道によって水門を一気に開いた。ラジャゴパランは、それまで生活の軸を置いてキャリアを積み重ねてきた中国から去ることを余儀なくされた。ＲＦＡのウイグル人記者たちの驚くべき報道にたいする報復として中国政府は、新疆に住む彼らの家族を強制収容所送りにした。

かつて新疆に居住していたジャーナリストのジーン・ブニンもまた、地域から離れるよう命じられた。彼は、キルギスでは外国人スパイだと新聞に非難され、ウズベキスタンでは入国を拒否された。おそらく、それらの国で活動家に取材してきた過去が問題視されたのだろう。それでも彼は無私無欲の活動を続け、ウイグル族、カザフ族、そのほかのテュルク系少数民族の物語を集め、自身が運営するウェブサイト shahit.biz 上で発表しつづけてきた。Shahit はウイグル語で「証言者」を意味する。

ワシントンＤＣのジョージタウン大学の歴史学者ジェームズ・ミルワードは、本書の執筆をはじめたばかりだった私の背中を強く押し、新疆ウイグル自治区や中央アジアの歴史についての基礎知識を教えてくれた。

私の母校でもあるワシントンＤＣのジョージ・ワシントン大学の人類学者ショーン・ロバーツは、新疆と〝テュルクの世界〟の文化と社会へと私を誘《いざな》ってくれた。そこは、中国西部から中央アジアにかけてオアシス、大草原《ステップ》、山々が広がり、それからカスピ海と黒海に挟まれた地域があり、最後にトルコへとつながる場所だった。

ヒューマン・ライツ・ウォッチ（ＨＲＷ）の中国担当リサーチャー王松蓮（マ

ヤ・ワン）は、数々の貴重な報告書を発表した。私がマヤから話を聞いたのは、エジプトを脱出しようと試みるウイグル人のコミュニティーを取材している最中だった。その当時彼らは、中国の工作員の協力を得たエジプト警察から追われていた。私はマヤと協力し、ウイグル人たちのフランスへの亡命を支援するため、彼らの証言を裏づける裁判所への手紙をまとめた。

　ウイグル人権プロジェクトの事務局長のオメル・カナットとプロジェクト・マネージャーのニコール・モーグレットは、証拠集めの手助けにくわえ、ウイグル人コミュニティーの重要人物を紹介してくれた。サリクジャン・ビラシとカザフスタンを拠点とする活動家団体アタジュルトもさまざまな情報を提供し、インタビュー取材のためにカザフ族の重要な証言者を紹介してくれた。

　ミネソタ州在住のドイツ人人類学者アドリアン・ゼンツは、強制収容所の建設に関する中国国営メディアの報道や入札書類にもとづく大量の資料を集めた。

　トルコ文学の分野で活躍する著名な学者であるビクトリア・ロウ・ホルブルックとムジャヒド・カジャールは、この本のために15世紀の詩を翻訳してくれた。

　本書の構想と執筆にあたっては、以下の方々にお世話になった。

パブリック・アフェアーズ社のクライブ・プリドルは、編集者として出版全般の業務を担当してくれた。クライブは本書の物語に深い意味を見いだし、いまこそ出版すべきタイミングだと判断した。彼とアシスタントのアヌ・ロイ＝チョードリーは、私の書いた文章を出版に値するものへと修正してくれた。

本作と前作において執筆段階から構成レベルで編集を担当したアラン・リンズラーは、この本に同じく可能性を認め、初期段階の私のメモ書きを精査し、骨格とストーリーラインを作る手助けをしてくれた。その後、ウィル・マーフィーがさらに編集を行ない、文章を大胆に修正してくれた。

ニューヨークのロビンズ・オフィスのエージェントであるデイビッド・ハルパーンは、私の担当を引き受け、私の保証人となり、作家としての能力を信じてくれた。

台湾在住の才能豊かな技術ジャーナリスト李玟儀は、本書の内容を徹底的にファクトチェックし、入手困難な資料を見つけだしてくれた。

ジョシュア・クルランツィック、レムコ・ブロイカー、故デビン・スチュワート、ジュヌビエーブ・フリード、ヤーン・アルトサールは親切にも私の原稿を読み、アドバイスをくれた。

「調査報道のための基金」は、移動と調査報道にかかる費用を快く提供してくれた。

トルコ・イスタンブールにて
2021年2月23日

ジェフリー・ケイン

解説——目を背けてはならない中国政府によるウイグル人への弾圧

阿古智子

中国の政府系メディアは、誤ったイメージを植え付ける情報を意図的に流布《るふ》することがある。本書が紹介するように、特にウイグル人は、学術研究や平和的な社会活動、宗教行事に参加していただけで「テロリスト」（恐怖分子）のカテゴリーに分類され、逮捕され、監視下に置かれている。

中国では「少数民族」の「ウイグル族」と分類される人たちは、4世紀から13世紀に中央ユーラシアで活動したテュルク系遊牧民族の後裔《こうえい》とされる人たちであり、現在は中国の新疆《しんきょう》ウイグル自治区内だけでなく、中国国内の他の地域や、カザフスタン・ウズベキスタン・キルギスなど中央アジアにも居住している。それらの人たちが持つ、中国政府による「ウイグル族」の民族の識別を受け入れないという考えを尊重し、本論では、テュルク諸語のウイグル語を話すムスリムを「ウイグル人」と表す。

中国政府のウイグル人への厳しい弾圧

中国政府はウイグル人に対し、民族的・宗教的アイデンティティを理由にした恣意《しい》的な拘束、強制収容施設への収容、拘禁された人々に対する肉体的・精神的拷問《ごうもん》、性的虐待《ぎゃくたい》、強制労働、強制的な不妊手術、家族の分離、強制失踪《しっそう》、文化的迫害を繰り返している。

２０２２年5月下旬、新疆ウイグル自治区の公安当局からウイグル人に対する非人道的な強制収容に関する内部資料が流出した。「新疆公安ファイル」と呼ばれ話題になったそのファイルは、収容の理由として、「イスラム教の聖典『コーラン』を学習した」「携帯電話の電源をオフにした」など些《さ》細《さい》な行為を挙げた。収容所内の様子も画像によって明らかになったが、目隠しされた収容者が腕や足を縛られたまま施設内を移動させられたり、何かを注射されたりしており、周囲を固める武装した多数の看守は棍棒《こんぼう》を持っていた。

中には、ジムで体を鍛えたことを理由に12年も収容された者もいた。外見上「不放心人」（不穏な人物）、国旗掲揚式など地域の会合に欠席する、産児抑制政策に反して出産、「敏感な国家」への渡航も問題視されていた。テロ活動を準備したという項目もあったが、肝心の準備の詳しい中身は記されていなかった。

米国務省は同年6月、世界各国の信教の自由の現状をまとめた２０２１年の報告書を発表し、ウイグル人などに対する迫害をジェノサイドと明記している。ジェノサイドとは、「国家あるいは民族・人種集団を計画的に破壊すること」であり、集団殺害や大量虐殺だけを意味しない。１９４８年に国連総会で採択された「ジェノサイド罪の防止と処罰に関する条約」（通称「ジェノサイド条約」）の第2条は、「国民的、民族的、人種的または宗教的な集団の全部または一部を集団それ自体として破壊する意図をもって行われる次のいずれかの行為」であるとし、（1）集団の構成員を殺すこと、（2）集団の構成員に重大な肉体的または精神的な危害を加えること、（3）全部または一部の身体的破壊をもたらすよう企てられた生活条件を故意に集団に課すこと、（4）集団内の出生を妨げることを意図する措置を課すこと、（5）集団の子どもを他の集団に強制的に移すことを挙げている。

イギリス、カナダ、オランダ、リトアニア、ベルギー、チェコ、フランス、アイルランド、欧州連合等、世界各国の議会も米国政府と同様にジェノサイド、或《ある》いはその深刻なリスクを認める決議を採択した。

国連が「人道に対する罪」の可能性を指摘

２０２２年8月31日には、国連人権高等弁務官事務所（ＯＨＣＨＲ）が衛星画像や証言をベースに作成した約50ページの報告書を公表し、中国のウイグル人に対する侵害行為は「人道に対する罪を含む、国際犯罪の遂行」に当たる可能性があると公式に認め、13項目に及ぶ改善要求を盛り込んでいる。ＯＨＣＨＲの報告書はこれまでに出たシンクタンクや人権団体のレポートと重なる内容が多く、さらに、中国政府が否定してきた事実の数々を国連機関が認定した意味は大きい。

ＯＨＣＨＲの主な要求

✓ 収容所などの施設で恣意的に自由を奪われているすべての人を解放する

✓ 新疆ウイグル自治区における国家安全保障、テロ対策、少数民族の権利に関する法的枠組みを全面的に見直し、国際人権法への遵守《じゅんしゅ》を確保する

✓ 自治区におけるウイグル人、その他のイスラム系少数民族に対する差別的法律、政策、報告書で詳述した人権侵害につながることを早急に撤廃する

✓ 拷問、性的暴力、虐待、強制医療、強制労働、獄中死を含む、収容所及びその他の施設における人権侵害の疑惑を速やかに調査する

✓　オンライン・オフラインを問わず、監視が合法かつ必要であることを確認できない限り、個人の基本的権利と自由を侵害しないようにする

✓　人権侵害の被害者に適切な救済と賠償を提供する

報告書は収容所が存在する証拠として、収容所に言及した中国政府の文書や運営のための官僚機構、高い壁、監視塔、有刺鉄線などを備えた施設の存在を挙げた（衛星画像で確認）。収容所には教育が必要とされた人が送られ、拷問や性的虐待が疑われるケースもあった。

２０１９年の『中国衛生健康統計年鑑』によると、２０１８年の自治区での不妊手術の件数は人口10万人あたり２４３件（中国全体は32・１件）。２０２０年の『中国統計年鑑』からは、自治区の１０００人あたりの出生率は17年の15・８人から２０１９年の８・１人へと半減したことがわかる。これらから、ＯＨＣＨＲは不妊手術の強制があったことが疑われるとしている。

ＯＨＣＨＲのインタビューを受けた人の半数が厳格な監視の下で、時折しか親族との面会や電話を許可されていなかった。残りの半数は家族との連絡もできず、家族は居場所を知らないという。外部の人が家族を訪問する時には「うまくいっている」

「勉強している」と肯定的に話すよう指示され、毎日愛国の歌を歌わされ、顔に水をかけられながら尋問された者もいた。中国側は強制労働の事実はなく「任意の雇用契約」だと説明するが、労働に合意しなければ収容所から出られなかったという。

イスラム教に関わる活動への監視も強化しており、礼拝施設やモスクの取り壊し、巡礼者の旗に囲まれていた墓標が更地にされるといった状況が衛星画像で確認された。だが、中国政府側は老朽化したモスクを再建したと主張する。「過激派」の兆候を捉《とら》え、潜在的脅威である人々のデータを集約するとして、警察用アプリが宗教教材のダウンロードや海外の人々とのコミュニケーションを監視している。

中国政府が推進する「テロとの戦い」

中国の全国人民代表大会は２０１５年12月27日、反テロリズム法を成立させた。テロリズムを「暴力、破壊、恐喝等の手段を通じて社会の恐慌《きょうこう》を引き起こし、公共の安全に危害を及ぼし、若《も》しくは身体・財産を侵害し、又は国家機関若しくは国際機関を脅迫することにより、政治、イデオロギー等の目的を実現しようとする主張及び行為」と定義し、封じるべきテロ活動を5項目に分けて列挙している（第3条）。

①人員の死傷、重大な財産損失、公共施設の損壊、社会秩序の混乱等の社会に深刻な危害を及ぼし、又は及ぼすことを意図する活動を組織し、計画し、実施準備し、及び実施すること

②テロリズムを宣伝し、テロ活動の実施を扇動し、又はテロリズムを宣伝する物品を不法に所持し、若しくは公共の場所でテロリズムを宣伝する服飾及び標識の着用を他人に強制すること

③テロ活動組織を結成し、指導し、及びそれに参加すること

④テロ活動組織、テロリスト及びテロ活動又はテロ活動訓練の実施のために、情報、資金、物資、労役、技術、場所等の支援、協力及び便宜を提供すること

⑤その他のテロ活動

このうち、具体的に記していない第５項目の「その他のテロ活動」には、正当な宗教活動や抗議活動など、国際人権法で保護されるべき活動まで含まれる可能性がある。中国政府は２０１７年３月に「新疆ウイグル自治区脱過激化条例」を発表し、15の過激化の主要な特徴として、ラジオやテレビの視聴の拒否、異常に濃いひげの蓄え、全身を覆《おお》うニカブや頭を隠すヒジャブの着用、定時の祈り、突然の断食《だんじき》や禁酒、禁煙、

宗教や文化に関わる本や文書の所持、文化・スポーツ活動の拒否などを挙げている。外国、特にイスラム教徒が多い国での就業や留学、あるいは国外の人たちとの通信や接触も条例違反を疑われる。こうした行動は必ずしもテロや暴力と結びつくとは限らず、本来、個人の選択の自由を制限することがあってはならないはずだ。

この条例が自治区内の下級政府に設置を求める「職業技能教育訓練センター」は、中国当局が過激思想の影響を受けたとみなした人を収容して再教育を行う。ここではウイグル語が使用できず、社会復帰のためと称して、思想や行動が矯正される。

中国政府のＯＨＣＨＲ報告書への反応

ＯＨＣＨＲ報告書に対して、中国外務省の汪文斌《おうぶんひん》副報道局長は２０２２年９月１日、記者会見を開き、「西側諸国による捏造《ねつぞう》」だと述べている。

「このいわゆる評価報告書は、米国と一部の西側諸国が捏造したもので、完全に違法で無効だ。報告書は虚偽情報の寄せ集めであり、中国を支配するために新疆を利用するという欧米の戦略に役立つ政治的ツールである。ＯＨＣＨＲは、ＯＨＣＨＲとしての職責を果たさず、普遍性、客観性、非選択性、非政治化の原則に重大な違反をしている海外の一部の反中国勢力の政治的陰謀に基づいて報告書をでっち上げた。違法で信用できない報告であり、いわゆる『ジェノサイド』、『強制労働』、『宗教的弾圧』、『強制断種』などの新疆をめぐるアメリカと西側が捏造した世紀の嘘《うそ》は破綻《はたん》している」

さらに、新疆ウイグル自治区は「持続的な経済発展、社会の調和と安定、人々の生活の継続的な改善、前例のない文化的繁栄、宗教的調和」を経験しており、「少数民族、宗教家、出稼ぎ労働者、教育訓練センターの卒業生など、新疆のあらゆる階層の人々が自発的に人権高等弁務官に手紙を送り、個人的な経験に基づいて新疆の実際の状況を説明」している。新疆に行ったことのある外国の友人たちは、「自分の目で見たものは西側メディアの報道や反中国勢力が描いているものとはまったく異なる」と述べており、「正義を支持する60カ国以上が共同でこの虚偽報告の公表に反対する人権高等弁務官への書簡《しょかん》に署名した」と強調した。

中国政府は西側諸国から価値観を押し付けられることを拒否し、国連外交の場などで自らを正当化して影響力を行使してきた。しかし、国連の機関が中国の内部文書なども根拠とする詳細な報告書を出し、問題を指摘したことから、中国政府も苦しい立ち位置に追い込まれた。

プロパガンダビデオを制作したウイグル青年の悲しみ

２０２３年末、私は半ば逃れるような形で日本にやってきた美しい目をしたウイグル人青年の話を聞き、とても胸が締め付けられた。彼はまず、私たちに、自分が作ったという愛国精神の尊さを伝えるためのビデオを見せた。

ビデオの主人公である青年の祖母は、幼少時から漢語教育を受け、優秀な成績を収め、北京の中央民族学院に進学した。毛沢東や周恩来等、当時の指導者がいかに国民の生活を良くするために尽力したか、雄大な自然に育まれた新疆ウイグル自治区が、政府からの多くの経済援助を得て、ますます発展していると語り続ける。途中、女の子がブランコに乗る場面があった。子どもが幸せに、すくすくと成長している様子が伝わってくる。

もちろん、このビデオはプロパガンダそのものであり、私は彼の祖母がどうしてこのようなビデオに出たのか、不思議に思った。真相はこういうことだった。

祖母がプロパガンダビデオの主人公になることを承諾したのは、懲役25年の判決を受け、服役している自分の息子をなんとかして助けたいからだった。北京で高等教育を受けたエリートである青年の祖母は、文化大革命などの時代を経て、大学時代の友人たちと連絡が取れなくなっていた。中国の国営テレビ局である中央電視台で放送されるというこのビデオに出演すれば、中央政府の要職に就く旧友の誰かが自分を思い出し、連絡してくれるのではないかと考えたのだ。

　それにしても、彼女の息子はなぜ、懲役25年もの重い刑を科されたのか。青年によると、地元当局が期日までに自らの行動について報告書を提出するように伝えていたにもかかわらず、期日までに提出していない人を庇《かば》い、既に提出したと虚偽の報告をしたためだという。締め切りに間に合わなかったことは事実だが、数日の遅れであり、懲役25年の判決はあまりにも重すぎる。詳しくはわからないが、何か別の理由があったようだ。

　このビデオは完成した後、予定通りに中央電視台では放送されなかった。「政治犯の母が主人公の番組など放送できない」というのが、その理由だった。それを聞き、さらに身が引きちぎられる思いがした。

　青年は北京などで映像編集の仕事をしてきたこともあってか、このビデオの制作を依頼された。しかし、祖母の気持ちを考え、心を痛めながら撮影を行ったのだ。彼によると、映像に出てきた美しい花々に囲まれた大きな庭でブランコに乗る子どもは、実は、発達障害があるため、就学年齢になっても学校に行くことができないのだという。映像では幸せそうに見えるが、実際には就学年齢になっても受け入れてくれる学校がない状態だ。

ちなみに、ウイグル人の青年は来日前、中国のソーシャルメディア『小紅書』（レッド）の「おすすめの留学先はどこか」というスレッドに「日本がおすすめ」と書き込んだところ、警察に一時拘束されたとも話していた。日本を肯定的に扱うことは間違いなのだ。警察での取り調べにおいて、他に問題となる情報が出てこず、さらに、政府関係の仕事をしている家族のコネも利用できたため、彼はすぐに釈放されたが、出国できるまで気が抜けなかったという。

ウイグル人の青年に話を聞き、青年の一家に愛国プロパガンダビデオを制作させることは、極めて冷淡で残酷な、拷問に等しい行為だと思った。不当な扱いを受け、刑務所で服役している家族を助けたいがために、決して言いたくもないことを言い、笑いたくない時に笑わなければならず、泣きたい時に泣けない。つまり、笑顔も涙も常に偽物だ。こんな状態で、人間らしい生き方ができるというのか。

国際社会、そして私たち一人ひとりが、中国政府によるウイグル人に対する非道な扱いから目を背けてはならない。

（二〇二四年二月、東京大学教授・現代中国研究）

この作品は二〇二二年一月新潮社より刊行された。

T・トウェイツ
村井理子訳
ゼロからトースターを作ってみた結果
トースターくらいなら原材料から自分で作れるんじゃね？　と思いたった著者の、汗と笑いの9ヶ月！（結末は真面目な文明論です）

M・クマール
青木　薫訳
量子革命
—アインシュタインとボーア、偉大なる頭脳の激突—
現代の科学技術を支える量子論はニュートン以来の古典的世界像をどう一変させたのか？量子の謎に挑んだ天才物理学者たちの百年史。

P・スヴェンソン
大沢章子訳
ウナギが故郷に帰るとき
どこで生まれて、どこへ去っていくのか？アリストテレスからフロイトまで古代からヒトを魅了し続ける生物界最高のミステリー！

A・ハンセン
M・ヴェンブラード
久山葉子訳
脱スマホ脳かんたんマニュアル
集中力がない、時間の使い方が下手、なんだか寝不足。スマホと脳の関係を知ればきっと悩みは解決！　大ベストセラーのジュニア版。

H・A・ジェイコブズ
堀越ゆき訳
ある奴隷少女に起こった出来事
絶対に屈しない。自由を勝ち取るまでは——残酷な運命に立ち向かった少女の魂の記録。人間の残虐性と不屈の勇気を描く奇跡の実話。

R・カーソン
青樹簗一訳
沈黙の春
自然を破壊し人体を蝕む化学薬品の浸透……現代人に自然の尊さを思い起こさせ、自然保護と化学公害告発の先駆となった世界的名著。

出口治明著

全世界史（上・下）

歴史に国境なし。オリエントから古代ローマ、中国、イスラムの歴史がひとつに融合。日本史の見え方も一新する新・世界史教科書。

塩野七生著

ローマ人の物語 1・2
ローマは一日にして成らず（上・下）

なぜかくも壮大な帝国をローマ人だけが築くことができたのか。一千年にわたる古代ローマ興亡の物語、ついに文庫刊行開始！

網野善彦著

歴史を考えるヒント

日本、百姓、金融……。歴史の中の日本語は、現代の意味とはまるで異なっていた！ あなたの認識を一変させる「本当の日本史」。

小松左京著

やぶれかぶれ青春記・大阪万博奮闘記

日本SF界の巨匠は、若き日には漫画家としてデビュー、大阪万博ではブレーンとしても活躍した。そのエネルギッシュな日々が甦る。

司馬遼太郎著

司馬遼太郎が考えたこと 1
—エッセイ 1953.10～1961.10—

40年以上の創作活動のかたわら書き残したエッセイの集大成シリーズ。第1巻は新聞記者時代から直木賞受賞前後までの89篇を収録。

片山杜秀著

左京・遼太郎・安二郎 見果てぬ日本

小松左京、司馬遼太郎、小津安二郎。巨匠たちが問い続けた「この国のかたち」を解き明かし、出口なき日本の今を抉る瞠目の評論。

神長幹雄編

山は輝いていた
—登る表現者たち十三人の断章—

田中澄江、串田孫一、長谷川恒男、山野井泰史……。山に魅せられた者たちが綴った珠玉の13篇から探る、「人が山に登る理由」。

石川直樹著

地上に星座をつくる

山形、ヒマラヤ、パリ、知床、宮古島、アラスカ……もう二度と経験できないこの瞬間。写真家である著者が紡いだ、7年の旅の軌跡。

井上靖著

敦（とんこう）煌
毎日芸術賞受賞

無数の宝典をその砂中に秘した辺境の要衝の町敦煌——西域に惹かれた一人の若者のあとを追いながら、中国の秘史を綴る歴史大作。

井上靖著

楼（ろうらん）蘭

朔風吹き荒れ流砂舞う中国の辺境西域——その湖のほとりに忽然と消え去った一小国の運命を探る「楼蘭」等12編を収めた歴史小説。

吉村昭著

羆（くまあらし）嵐

北海道の開拓村を突然恐怖のドン底に陥れた巨大な羆の出現。大正四年の事件を素材に自然の威容の前でなす術のない人間の姿を描く。

吉村昭著

戦艦武蔵
菊池寛賞受賞

帝国海軍の夢と野望を賭けた不沈の巨艦「武蔵」——その極秘の建造から壮絶な終焉まで、壮大なドラマの全貌を描いた記録文学の力作。

筒井康隆著

おれに関する噂

テレビが突然、おれのことを喋りはじめた。そして新聞が、週刊誌がおれの噂を書き立てる。黒い笑いと恐怖が狂気の世界へ誘う11編。

筒井康隆著

夢の木坂分岐点

谷崎潤一郎賞受賞

サラリーマンか作家か？ 夢と虚構と現実を自在に流転し、一人の人間に与えられた、ありうべき幾つもの生を重層的に描いた話題作。

筒井康隆著

虚航船団

鼬族と文房具の戦闘による世界の終わり――。宇宙と歴史のすべてを呑み込んだ驚異の文学、鬼才が放つ、世紀末への戦慄のメッセージ。

安部公房著

砂の女

読売文学賞受賞

砂穴の底に埋もれていく一軒屋に故なく閉じ込められ、あらゆる方法で脱出を試みる男を描き、世界20数カ国語に翻訳紹介された名作。

安部公房著

飛ぶ男

安部公房の遺作が待望の文庫化！ 飛ぶ男の出現、2発の銃弾、男性不信の女、妙な癖をもつ中学教師。鬼才が最期に創造した世界。

安部公房著

（霊媒の話より）題未定

―安部公房初期短編集―

19歳の処女作「（霊媒の話より）題未定」、全集未収録の「天使」など、世界の知性、安部公房の幕開けを鮮烈に伝える初期短編11編。

AI監《かん》獄《ごく》ウイグル

新潮文庫　ケ－18－1

Published 2024 in Japan
by Shinchosha Company

令和六年四月一日発行

訳者　濱《はま》野《の》大《ひろ》道《みち》
発行者　佐藤隆信
発行所　株式会社新潮社
郵便番号　一六二―八七一一
東京都新宿区矢来町七一
電話　編集部(〇三)三二六六―五四四〇
読者係(〇三)三二六六―五一一一
https://www.shinchosha.co.jp

組版／新潮社デジタル編集支援室

価格はカバーに表示してあります。

乱丁・落丁本は、ご面倒ですが小社読者係宛ご送付ください。送料小社負担にてお取替えいたします。

印刷・株式会社光邦　製本・株式会社大進堂

ISBN978-4-10-240481-2 C0136